KB272921

인터넷 광고와 문화

KSI 한국학술정보㈜

인터넷 광고와 문화

김 은 희 著

책 머리에

인터넷의 이용은 지난 10여년간 양적으로나 질적으로 눈부시게 성장했다. 인터넷은 이메일, 인터넷 쇼핑, 인터넷 뱅킹 등 다양한 영역에서 활용되면서 우리의 일상생활에 중요한 기반으로 자리잡았다.

인터넷이라는 새로운 커뮤니케이션 머체를 이용하는 사람의 수가 폭발적으로 늘어나면서 마케팅 커뮤니케이션 도구로서의 인터넷에 대한 학문적 관심이 증가되고 있다. 특히 미디어로서의 인터넷은 이제 제 5의 매체로 불릴 정도로 비중이 커지고 있으며, 신문과 TV를 비롯한 기존 매체와 광고환경에 큰 영향을 끼치고 있다.

이 책은 광고 매체로서의 인터넷의 가치를 살펴봄과 동시에 국가 간 광고의 표준화-현지화 전략에 대한 논의들을 온라인 상으로 확장하여 인터넷 광고의 표준화-현지화 전략에 대한 논의의 접목가능성을 탐색해보고자 한다. 또한 그 가능성을 보다 객관적이고 체계적으로 살펴보기 위해 '정브문화'와 '온라인 마케팅 환경적 특성'이라는 새로운 설명변인을 도입하여 국가 간 인터넷 광고의 차이를 살펴봄으로써 국가 간 정보문화와 온라인 마케팅 환경이 인터넷 광고의 정보내용과 표현전략에 미치는 상대적 영향력을 비교 분석하여 국제광그의 쟁점이 되어온 메시지의 표준화와 차별화 시비를 규명해보고자 하였다.

이 책은 총 6 장으로 구성되어 있는데, 먼저 제 1 장 글로벌시대의 인터넷 광고는 인터넷을 통해 글로벌 광고를 집행할 경우 과연 전통적인 매체와 같은 전략으로 집행해야하는지에 대한 의 문을 제기하고 인터넷 광고에 대한 전반적인 특성을 설명하고 있다.

제 2 장 인터넷 광고와 문화는 문화와 커뮤니케이션, 인터넷 광고와 문화, 인터넷 광고에 대한 비교문화 연구들로 구성되어 있다. 먼저 문화와 커뮤니케이션에서는 그동안 전통적인 매체의 국가 간 비교문화연구에서 주로 사용된 Hofstede와 Hall문화차원을 설명하고 있다. 또한 인터넷 광고와 문화에서는 인터넷을 이용하면서 형성되는 문화 즉, 정보문화와 인터넷 광고에 영향을 주는 온라인 마케팅 환경적 특성을 소개하고 있으며 이들 정보문화와 온라인 환경적 특성으로 형성된 국가 간 디지털 거리(digital distance)에 대해 설명하고 있다.

제 3 장은 제 2 장을 토대로 국가별 정보문화와 온라인 마케팅 환경특성들은 최근의 자료를 통해 비교설명 하였다. 제 4 장은 인터넷 광고의 국가 간 비교문화 연구를 위한 연구목적과 방법론을 다루고 있으며 특히 광고 관련요소들에 대한 각 국가별 독특한 의미를 비교분석하기 위한 수단인 다차원 개념도에 대해 설명하고 있다. 제 5 장은 한국·중국·미국 인터넷 광고의 국가 간 비교문화 연구에 대한 결과를 다차원 개념도와 함께 제시하였다.

마지막으로 제 6 장은 연구 결과가 지닌 의의와 한계점을 제시하면서 앞으로 인터넷을 통한 글로벌 광고를 집행할 경우 정보문화와 온라인 마케팅 환경이 인터넷 광고를 표준화할 것인지 또는 차별화 할 것인지를 채택하는데 기여하는 주 요인으로 반드시 고려되어야 한다는 것에 대해 논의하였다.

이 책을 출판하는데 많은 도움을 주신 분들에 대해 깊은 감사를 드리고 싶다. 먼저 늘 아무 말 없이 마음으로 저를 지켜봐

주는 가족들에게 감사를 드린다. 또한 이 책의 출판을 기꺼이
허락해주신 한국학술정보에 마음으로부터의 감사를 전한다.

2005년 8월

김 은 희

목 차

그림 차례

제 1 장 글로벌시대의 인터넷 광고

1. 왜 인터넷 광고인가?

인터넷의 등장과 함께 전 세계가 하나의 생활권화 되는 이른바 21세기 정보화시대가 도래하였다. 그러나 국가 간 정보통신 기술 및 이용 등의 차이로 컴퓨터 보급, 인터넷 이용 등 정보화 정도에서는 많은 차이를 보이고 있는 실정이다.

IT강국으로 불리는 대한민국의 인터넷 이용은 지난 10년 간 양적·질적으로 눈부시게 성장하였으며, e-mail, 인터넷 쇼핑, 인터넷 뱅킹 등 다양한 영역에서 인터넷이 활용되면서 인터넷은 이제 일상 생활의 중요한 기반으로 자리잡고 있다. 특히, 미디어로서 인터넷은 이제 제 5의 매체로 블릴 정도로 그 비중이 커지고 있으며, TV를 비롯한 기존 매체와 시대의 변화에 가장 민감하게 반응하고 있는 광고환경에 커다란 영향을 끼치고 있다. 인터넷 광고는 기존의 광고개념을 흐리게 해놓았을 뿐 아니라 광고에 대한 접근방법 역시 새로운 것을 요구하고 있다.

인터넷을 이용한 마케팅 커뮤니케이션의 가장 큰 특징은 그 도달 범위의 글로벌화와 인터넷이란 매체가 갖는 상호작용성에 있다. 글로벌 인터넷 광고는 지역적 혹은 세계화된 커뮤니케이션의 일환으로 상호작용성을 통하여 소비자를 광고 과정에 적극 몰입시키기 위해 의도적으로 계획하고 수행하는 여러 문화권을 교차하는 마케팅 커뮤니케이션 활동이라고 할 수 있다.

Schultz & Kitchen(2000)은 인터넷에 의한 새로운 온라인 환경 속에서 현재 국제광고 실무자들은 패러다임의 변화[1]를 경험하고

18

있으며, 이러한 변화의 핵심에는 "디지털화(digitalization)", "정보 기술(information technology)", "지적재산(intellectual property)", "커뮤니케이션 시스템(communication system)"을 근간으로 이루어졌다고 지적하였다.

미국 인터넷광고협의회(IAB)에 따르면, 전 세계 인터넷 이용자수는 2003년 말 현재 약 6억 8,700만 명으로 이는 2002년도의 약 6억 2,600만 명보다 약 6,100만 명 정도 증가한 수치이며 2004년에는 9억 4천5백만 명으로 증가할 것으로 예측하고 있다. 국내의 경우도 2004년 말 기준 인터넷 이용자수가 3천 150만 명으로 2003년 12월 대비 4.7% 상승한 70.2%에 이르는 것으로 나타났다. 미국은 2002년 말 1억 5천9백만 명으로 전체 인터넷 이용자의 23.1%를 차지하고 있으며, 중국은 2001년 7월 2천5만 명에서 2004년 말 9천 4백만 명으로 2003년 대비 18% 증가한 수치로 가입자 규모에서 세계 제 2위를 차지하고 있다. 이들 세 국가의 총 인터넷 이용자수는 전 세계에서 28.9%를 차지하고 있어 그 위상을 단적으로 보여주고 있다.

인터넷 이용자의 수가 이처럼 급격히 증가함에 따라, 인터넷을 통해 기업들이 제품이나 서비스 등을 판매 또는 촉진하거나 광고를 포함한 마케팅 커뮤니케이션을 위한 대안매체로서 인터넷 활용이 크게 늘어나고 있는 실정이며, 최근 몇 년 동안 새로운 광고매체로서 인터넷은 놀라운 성장을 하였다(Hoffman & Novak, 1996). 따라서 인터넷이 전통적인 매체에 대한 대안시장, 대안매체로서의 가능성으로 인해 앞으로의 광고 시장은 더욱 확대되고 그 규모 또한 세계적으로 증가할 것이라는 전망이 선진

---

1) Schultz & Kitchen(2000)은 이러한 패러다임의 변화를 일컬어 "old globalism"에서 "new globalism"으로의 전환으로 설명하고 있다.

국을 중심으로 여전히 논쟁의 초점이 되고 있다. 물론 이러한 인터넷의 급성장에도 불구하고 인터넷 광고가 전체 광고비에서 차지하는 비중은 여전히 TV, 신문, DM(직접우편)의 광고비에 비해 그리 높지는 않기 때문에 전체 광고시장 규모에서 인터넷 광고가 차지하는 비중이 아직까지는 미약한 수준이라는 지적도 있다(이현우, 2001).

그러나 기존의 전통적인 매체와 대비하여 현재 인터넷은 급속한 성장세를 보이고 있고, 세분화된 공중에 광고를 노출시킬 수 있으며, 본질적으로 쌍방향 커뮤니케이션이 가능하기 때문에 광고 매체로서 이와 같은 차별적인 특성으로 인해 인터넷은 전 세계적으로 생산성 높은 차세대 광고매체라 하지 않을 수 없다(한은경, 2001).

미국의 인터넷 조사기관인 E-marketer는 인터넷 광고 시장이 2000년 77억 달러에서 2004년에는 388억 달러 규모로 성장할 것으로 전망하고 있으며(E-marketer, http://www.i-biznet.com), 국내[2]

---

2) 국내의 경우 매체별 광고비를 보면 신문이 2조 1,214억 원으로 총 광고비 중 36.2%의 점유율을 보여 2조 687억 원으로 35.3%의 점유율을 보인 TV를 약간 앞서 전년과 같이 1위를 지켰다. 다음은 옥외 및 SP 등의 매체가 7,227억 원으로 12.3%의 점유율을 보이며 3위를 차지하였고 라디오가 4위(2,504억 원, 4.3% 점유), CATV가 5위(1,736억 원, 3.0%)에 랭크되었다. 잡지는 1,634억 원으로 2.8%, 인터넷 및 PC통신은 1,360억 원으로 2.3%를 점유하여 전체 광고시장에서 차지하는 비중이 아직 미미한 수준을 보였다. 하지만 인터넷 및 PC통신은 '99년 대비 67.5%의 성장률을 보여 가장 빠른 성장속도를 기록하였고 라디오가 43.0%로 2위, TV가 38.6%로 3위를 차지하여 통신과 전파매체의 성장이 두드러졌다. 다음은 CATV, 잡지, 신문 순으로 각각 35.5%, 25.6%, 17.5%의 성장률을 보였다(제일기획 2001. 2).

에서도 인터넷 광고 시장은 2004년 3,300억 원에서 2005년에는 25% 성장한 4,120억 원에 이를 것으로 예상하고 있다. 한편 미국의 인터넷 광고 시장은 2004년 23억 7,000만 달러로 전년 같은 기간에 비해 43%로 증가했으며, 상반기 매출은 46억 달러로 전년 같은 기간에 비해 40% 급증했다.

중국은 1997년 7월 처음 인터넷 광고를 시작하여, 1999년 전국 인터넷 광고 수입액은 약 RMB 8천만 위엔(약 950만 달러)을 기록하였고, 2001년에는 인터넷 광고의 총 지출은 RMB 4.2억 위엔에 달하였으며 이는 1999년에 비해 5배 이상 증가한 수치이다.

이런 관점에서, 인터넷 광고 역시 효과적인 마케팅커뮤니케이션전략에 의존하여 접근되어야 하며 특히, 이질적인 문화와 시장구조를 지닌 국가 간 광고에 있어서 오프라인에 못지 않은 새로운 대안전략이 필요하다는 의견이 대두되어 왔다. 인터넷을 통해 저렴한 비용으로 국제적인 마케팅 활동의 교두보를 효율적으로 마련할 수 있게 된 시점에서 국제시장에서 인터넷 광고를 집행하는데 있어서 표준화(standardization)전략을 사용해야할 것인지, 아니면 지역 현지의 특성에 맞는 현지화 또는 차별화(localization or specialization)전략을 사용해야할 것인지가 오늘날 다국적 기업과 해외 광고회사가 당면한 현안 문제이며, 이는 인터넷마케팅의 중요한 전략으로 채택될 수 있을 것이다.

인터넷은 그 특성상 전통적인 매체와는 달리 시간과 공간의 제약을 받지 않기 때문에 국가와 국가 간의 마케팅 장벽을 허물 수 있고, 더 나아가 진정한 세계화가 가능해져서 변화하는 시장 여건이 문화적 이질성을 극복하고, 글로벌화로 인하여 동질적 여건이 확대됨에 따라 인터넷 광고의 표준화가 점점 가능해진다는 것이다(Levitt, 1983; Mueller, 1987; 김춘식, 1998). 그러나 인터넷이 시간과 공간의 제약을 받지 않는 글로벌한 매체임에도

불구하고 인터넷은 그 나라의 문화적 요인뿐만 아니라 문화외적
요인에 의해 영향을 받기 때문에 인터넷 광고를 집행하는데 있
어서 차별화전략을 세울 필요가 있다는 연구결과들이 나타나고
있다. 이렇듯 차별화전략의 뒷면을 보면 결국, 문화와 기술적 요
인에 따른 국가 간 상이성에 근거하고 있음을 알 수 있다(Oh &
Cho, 1999; Chung & Ahn, 1999; Choi, 2000; 김유경과 김은희,
2001). 이들 연구에서 사용된 문화적 차원은 Hofstede(1991)의 개
인주의-집단주의차원과 Hall(1984)의 고상황-저상황 차원으로
문화가 인터넷 광고에 어떠한 영향을 미치는지를 설명하는데 있
어서 부족함이 있다고 하겠다. 그밖에도 인터넷 광고에 영향을
미치는 문화외적요인에 대한 연구(Chung & Ahn, 1999; Choi,
2000, Ju-Pak, 1999; 김유경과 김은희, 2001; Oh & Cho, 1999)도
이루어졌다. 이처럼 인터넷 광고를 이용한 국가 간 비교연구는
대체로 기술 수준과 인터넷으로서의 독창성에 따른 차별화를 강
조하는데 그치거나 귀납적 차원에서 문화적 차원을 설명요인으
로 제시하였다.

그러나 실제 인터넷상에서도 표준화전략을 사용하는 글로벌
사이트(global site)가 있는가 하면, 그 나라의 문화 특성과 시장
구조에 맞는 지역적 사이트(regional site)가 함께 공존하고 있다.
따라서 글로벌 매체인 인터넷 광고를 집행하는데 있어서도 다양
한 지역 및 문화권에 존재하는 소비자들을 어떻게 수용할 것인
가라는 문제에 대해 보다 체계적으로 거론해야 할 필요성이 있
다. 경제 규제의 완화와 기술의 발달로 지역 경제가 하나로 집결
된 것은 사실이지만, 인터넷 환경에서도 지역 간 서로 다른 상이
한 사회·문화적 갭은 여전히 존재한다는 것이 국가 간 인터넷
광고의 효과적 집행에 큰 걸림돌일 수박에 없다(김유경, 1997).

이제까지 인터넷 광고에 대한 연구는 주로 인터넷의 광고 매

22

체적 성격에 대한 연구(Hoffman & Novak, 1996; Meeker, 1996; Thomsen, 1996; McDonald, 1997; 윤각, 1995; 이두희, 1997; 박성호, 1997; 이현우, 1997), 인터넷 이용자의 특성(최문영과 윤영민, 1998)에 관한 연구 등 다양하게 이루어져 왔으나, 인터넷 광고의 국가 간 비교연구는 아직 시작 단계에 머물러 있기 때문에, 글로벌 매체로써 국제시장에서 인터넷 광고를 집행하는데 있어서 광고 메시지와 표현전략에 미치는 영향 요인들이 무엇인지 명확하게 제시하지 못하고 있는 실정이다. 또한 이제까지 이루어진 대부분의 연구는 대체로 인터넷의 기술 수준과 인터넷으로서의 독창성에 따른 차별화를 강조하거나 귀납적 차원에서 문화적 차원을 설명요인으로 제시하는 것에 그쳤다.

본 연구에서는 오프라인 상에서의 국가 간 광고의 표준화-현지화 전략에 대한 논의들을 온라인 상으로 확장하여 인터넷 광고의 표준화-현지화 전략에 대한 논의의 접목 가능성을 탐색해보고, 그 가능성을 보다 객관적이고 체계적으로 살펴보기 위해 '정보문화'와 '온라인 마케팅 환경적 특성'이라는 새로운 설명변인을 도입하여 국가 간 인터넷 광고의 차이를 살펴봄으로써 국가 간 정보문화와 온라인 마케팅 환경이 인터넷 광고의 정보내용과 표현전략에 미치는 상대적 영향력을 비교 분석하여 국제광고의 쟁점이 되어온 메시지의 표준화와 차별화 시비를 규명해보고자 한다.

따라서 본 연구는 한국·중국·미국 세 국가를 대상으로 인터넷이 지니는 기능적 특성 외에도 각 국가의 정보 문화적 특성과 온라인 산업 환경 즉, 인터넷 이용자수, 인터넷 쇼핑환경 그리고 인터넷 광고비가 인터넷 광고의 정보내용과 표현전략에 어떠한 영향을 미치는지에 대해 인터넷 광고의 내용적 특성과 광고유형을 토대로 비교 분석하는데 그 목적이 있다.

2. 인터넷 광고의 특성

1) 인터넷의 특성과 인터넷 광고

매체의 특성상 인터넷은 상호작용성, 정보의 무제한성, 시간과 공간의 무제약성, 효과측정의 용이성, 내용변경의 유연성과 같은 특징을 지니고 있기 때문에 전통적인 매체에 비해 매우 강력한 새로운 광고매체로 떠오르고 있다(Berthon, Pitt & Watson, 1996).

전통적인 매스미디어 광고는 일방향(one-way) 커뮤니케이션 방식을 취하고 있는데다가, 높은 광고비 부담 때문에 긴 시간 노출이 불가능하며, 광고에 노출만으로는 실제 판매로 연결시킬 수 없다. 이에 비해 인터넷 광고는 쌍방향 커뮤니케이션을 통한 상호작용이 가능하며, 시간과 공간을 무제한으로 확보할 수 있어서 방대한 양의 정보를 소비자들에게 제공할 수 있을 뿐만 아니라, 정보를 목표 소비자에게 정확하게 전달할 수 있기 때문에 전통적인 매체는 시장 세분화를 통하 가능한 일이지만 인터넷 광고에서는 소비자를 세분화하는 노력을 필요로 하지 않는다. 또한 인터넷을 통해 소비자 정보를 입수하고 이용자의 이용실태를 즉각 파악할 수 있기 때문에 광고효과 측정이 전통적인 매체보다 훨씬 용이하며, 인터넷 광고의 제작비용이나 매체집행 비용은 타 매체에 비해 저렴하다는 특징을 갖고 있다[3](Ju-Pak, 1999: 이현우, 2001).

---

3) 이 밖에도 인터넷 광고는 멀티미디어적 요소로 다양한 크리에이티브 창출이 가능하며, 정보 제공은 물론 광고를 구매로 연결시킬 수 있다. 또한 기존 매체에 비해 정보의 갱신이 용이하며, 기업의 이미지 향상에 기여할 수 있는 특징을 갖고 있다(이두희, 한영주, 1997).

인터넷이 지닌 이러한 특징들로 인하여 인터넷을 하나의 대안 매체로 인식하여 온라인 광고와 오프라인 광고를 각각 따로 수행하는 것이 아니라 서로 병행하여 실시함으로써 더 큰 시너지 효과를 거둘 수 있으며, 또한 전통적인 매체가 지니지 못한 인터넷만의 독특한 기술적 특성으로 인하여 오프라인 상에서는 할 수 없는 광고를 온라인 상에서는 가능하게 할 수가 있는 장점을 지닌 매체가 되었다.

하지만 인터넷이 지닌 이러한 특징들과 상반되는 여러 가지 제한점들도 지적되고 있는데, 그것은 인터넷 광고가 많은 양의 정보를 전달하는 능력은 매우 높지만, 인터넷 광고의 침투력은 비교적 낮으며, 배너 광고의 경우 크리에이티브가 제한적이고, 수용자가 지나치게 세분화되어 있다는 것이다(McDonald, 1997). 인터넷 광고가 침투력이 결핍되어 있다는 것은 TV광고, 잡지광고처럼 소비자가 원하지 않아도 강제로 노출되어 광고가 침투되는 것이 아니라 선택적 노출행위로 접근하기 때문에 침투력이 상대적으로 낮으며, 배너 광고의 경우 공간이 매우 작기 때문에 크리에이티브가 제한적일 수밖에 없다.

그러나 인터넷 광고는 이러한 제한점에도 불구하고 TV와 같은 뛰어난 영상효과, 수용자와의 직접적인 상호작용 능력 및 매체 이용자의 능동적인 참여와 라디오나 잡지와 같은 선별적 타겟팅과 시장세분화 능력 등 인쇄 광고와 방송 광고 양자간의 특성을 모두 지니고 있기 때문에 상대적으로 효과적인 광고전략을 펼칠 수가 있다(Hoffman & Novak, 1996; Xavier & Fred, 1997).

인터넷 광고와 기존의 전통적인 매체 광고의 특성을 비교한 Baker와 Gronne(1996)은 인터넷과 주요 광고매체인 신문, TV, 라디오, 직접우편(DM), 잡지 등 6가지 매체를 도달률과 선택성(수용자를 선택하여 세분화할 수 있는 정도), 피드백, 정보량, 비용의

5가지 기준으로 각 매체의 특성을 비교하였으며, Thomsen(1996)
은 Baker와 Gronne의 5가지 척도에 광고 효과의 측정 가능성 척
도를 추가하여 비교하였다. 두 연구결과 인터넷은 선택성이나 피
드백, 정보용량, 효과측정성 등이 다른 매체에 비해 매우 높게
평가되었고, 도달률은 낮지만 비용은 매우 저렴한 것으로 나타났
다. 따라서 인터넷 광고의 낮은 도달률(텔레비전의 89%에 비해
인터넷은 2%)만 극복한다면 인터넷은 새로운 마케팅 패러다임에
적합한 강력한 광고매체로서의 활용 가능성은 높을 것이다.

〈표 1-1〉 주요 광고 매체와 인터넷 광고의 특성 비교

구 분	도달률	선택성	피드백	정보 용량	비용	효과측정성
신 문	높음	보통	낮음	보통	높음	낮음
T V	매우 높음	매우 낮음	매우 낮음	낮음	낮음	낮음
라디오	높음	낮음	매우 낮음	매우 낮음	매우 낮음	매우 낮음
직접우편 (DM)	매우 낮음	매우 높음	낮음	보통	매우 높음	높음
잡 지	보통	보통	낮음	보통	높음	보통
인터넷	낮음	높음	매우 높음	대우 높음	매우 낮음	매우 높음

출처: Baker & Gronne(1996), "Advertising on the World Wide Web",
Unpublished Master's Thesis, Copenhagen Business School., p.71,
Thomsen(1996), "Advertising on the Inte- rnet", Unpublished
Master's Thesis, University of West- minster, p.34.

2) 인터넷 광고의 종류

인터넷 광고는 마케팅 커뮤니케이션 영역에서 새로운 형태의 커뮤니케이션을 가능하게 만들고 있다. 인터넷 광고란 넓은 의미로는 기업이나 조직이 인터넷을 이용하여 행하는 소비자와의 커뮤니케이션 활동을 포함하며, 특히 홍보를 목적으로 웹사이트를 구축하여 각종 기업의 정보제공, 고객관리, 제품소개, 각종 이벤트 프로모션, 상거래 등의 인터넷마케팅 커뮤니케이션 활동을 전개하는 것을 말하며, 좁은 의미로는 특정 웹사이트에 띠 모양의 광고용 배너를 게재하여 배너 클릭을 통해 자신의 웹사이트로 이동시키거나, 검색엔진이나 다른 사이트에 자신의 사이트를 하이퍼링크시키고 매체에 광고비용을 지불하는 광고활동을 인터넷 광고라고 한다(Dreze & Hussherr, 1999; 홍종필, 2001).

인터넷 광고는 기존의 전통적인 매체광고와는 달리 소비자가 자신의 선택에 따라 광고내용에 접근하는 메커니즘을 갖고 있기 때문에, 배너 광고나 스폰서쉽 광고처럼 인터넷상에 표출되는 형태와 이를 선택함으로써 접할 수 있는 내용으로 구성된다.

인터넷 광고는 기존의 광고 개념을 흐리게 해놓았을 뿐 아니라 광고에 대한 접근방법 역시 새로운 것을 요구하고 있다. 수용자의 적극성과 능동성을 요구하는 인터넷 광고는 다양한 종류와 기법으로 수용자에게 다가서고 있다.

인터넷 광고의 종류에 대해서는 학자마다 의견이 다양하다. 먼저, Jupiter Communications(1997)에서는 인터넷 광고를 유료로 구매하여 광고 내용을 알리고 자사의 웹사이트로 하이퍼링크시키는 'media buys'와 자체 웹사이트를 통해 광고 내용을 전달하는 'ad content' 그리고 인터넷 이용자가 개개인에게 광고 내용을 전달하는 '선택형 ad platform'으로 구분하고 있다(최환진, 2000).

이혜갑(1997)은 인터넷 광고를 배너 광고, 컨텐츠형 광고, 틈입형(interstitial)광고, 푸시(push)형 광고, 인터넷 접근형 광고로 구분하고 있으며, 이현우(1997)는 인터넷 광고의 유형을 배너 광고, 단일 페이지광고, 정보센터 광고, 가상상점 광고로 분류하고 있다.

인터넷 광고의 종류는 이렇듯 다양하게 구분되고 있으나, 본 연구에서는 인터넷 광고의 여러 유형 가운데 홈페이지 광고(homepage ads), 배너 광고(banner ads), 스폰서쉽 광고(sponsorship ads), 틈입형 광고(interstitial ads) 4가지를 의도적으로 선정하여 광고 유형에 따라 메시지전략에 차이를 나타내고 있는지 살펴보고자 한다.

인터넷 매체를 통해 인터넷 이용자들에게 다양한 수준의 정보와 커뮤니케이션 맥락을 제공할 수 있으며(Trevino et al, 1987), 이는 웹을 기반으로 한 커뮤니케이션을 통해 소비자에게 전달될 수 있는 제품과 서비스 관련 인터넷 광고의 정보성과 표현전략의 다양성은 광고유형에 따라 다양하게 나타날 수 있을 것으로 기대된다.

(1) 홈페이지 광고

홈페이지 광고는 기업이 운영하는 홈페이지로 해당 사이트를 운영하는 회사와 회사의 제품이나 서비스에 관한 정보를 전달하며, 전자상거래, PR, 이벤트 등 통합적인 마케팅 커뮤니케이션을 수행한다. 홈페이지 광고의 형태로는 ① brochureware(기업이나 제품을 직접 소개하는 가장 단순한 형태의 광고), ② show biz(오락적 요소나 특정 정보를 포함시켜 이용자들로 하여금 다시 방문할 수 있도록 유도하는 광고), ③ utilitarian(특정 마케팅전략에 따라 예비 가입자 모집, 고객 불만 접수, 판촉 캠페인, 이벤트 등을 하는 광고) 세 가지 광고 형태로 구분하여 볼 수 있다.

홈페이지 광고는 기업이 직접 운영하는 사이트이므로 다른 종류의 광고에 비해 많은 양의 정보를 실을 수 있으며, 공간이 넓기 때문에 다양한 표현전략을 사용할 수 있는 장점이 있다. 또한 홈페이지 광고는 인터넷 이용자들과 상호작용 할 수 있는 다양한 노드를 지닐 것으로 기대된다.

(2) 배너 광고

인터넷상에서 가장 보편적으로 활용되고 있는 광고가 바로 배너 광고[4]이다. 배너 광고[5]란 일반적인 웹사이트 화면 일부에

---

4) NAA(The newspaper Association of America)와 IAB(Internet Advertising Bureau) 및 CASIE(The Coalition for Advertising Supported Information and Entertainment)는 배너 광고의 크기를 full banner1 468×60(단위: 픽셀), full banner2(수직탐색 바가 있는 경우) 392×72, half banner 234×60, 수직 banner 120×240, 사각 banner 125×125, button1 120×90, button2 120×60, micro button 88×31로 나누어 배너 광고 형태에 관한 표준 권고안을 제시하였다. 최근 Internet Advertising Bureau에서는 배너 광고 크기를 468×60 픽셀 크기의 full banner, vertical banner, 직사각형 button, 정사각형 button, micro button과 같은 다양한 크기의 배너 표준을 확립하여 제시하였다(Internet Advertising Bureau, 2001).
5) 쥬피터 미디어 메트릭스(Jupiter Media Metrix)의 조사에 따르면, IAB(Interactive Advertising Bureau)가 '중형직사각형', '대형직사각형'으로 부르는 '수직형 타워 배너(skyscraper)' 광고를 도입한 1년 후, 새로운 광고 유형들이 모든 인터넷 광고의 9% 가량을 구성하고 있으며, 이는 2001년 4월 4%보다 두 배 이상 증가한 수치이다. 대형광고(정사각형, 직사각형, 수직형 타워 배너) 중 '수직형 타워 배너'가 2001년 4월 이후 436%나 증가하여 가장 급속한 성장을 보이고 있다. 대형 광고의

노출시키는 띠 모양의 광고로, 웹사이트의 특정 위치에 유료 또는 무료로 게재되어 이용자들의 클릭을 유도함으로써 다른 특정 웹사이트로 이동시키기 위한 효율적인 광고이다. 이러한 배너 광고는 온라인 브랜드에 대한 소비자의 인지도를 증가시키기는 하지만 여전히 클릭률은 감소하고 있다(Dou, Linn & Yang, 2001).

배너 광고의 유형에는 ① static 배너(특정 기술을 사용하지 않고 단지 그래픽 이미지와 텍스트 그리고 링크만을 사용하여 만든 배너), ② animated 배너(배너 내에서 그래픽과 글자가 바뀌거나 순환하는 배너로 대부분 2~20프레임을 사용한다), ③ interactive 배너(이용자의 마우스에 반응하여 움직이거나 이용자와 정보를 주고받을 수 있는 배너로 게임, 추가정보, 퀴즈, 구매 등이 추가되어 있어 '클릭'만으로도 직접적인 상호작용이 가능하다)가 있다((Zeff & Aronson, 1999, 이현우 외, 2001).

배너 광고는 방문량이 많은 웹사이트에 배너를 게재하여 그 사이트를 방문하는 인터넷 이용자가 배너 광고 메시지에 노출됨으로써 제품과 관련된 메시지를 인지하고, 호감을 형성하여, 설득이 이루어지는 것을 목적으로 한다는 점에서 전통적인 매체광고 유형과 유사하다고 할 수 있다(홍종필, 2001). 그러나 인터넷이 지닌 쌍방향 커뮤니케이션의 특성상 광고에 노출된 소비자가 배너 광고를 클릭하면 홈페이지 광고 혹은 기업 홈페이지로 이동할 수 있고, 그 사이트 내에서 수용자와 광범의한 상호작용의 기회를 제공한다는 점에서 기존의 전통적인 매체광고와 차별화 되며, 이러한 특성으로 인해 배너 광고는 통합적 마케팅 커뮤니케이션의 수

성장에도 불구하고 배너 광고가 계속해서 인터넷 광고를 주도하고 있으며, 모든 인터넷 광고 가운데 50% 이상을 구성하고 있다(Jupiter Media Metrix, http://korea.internet.com/).

단으로 많이 활용되고 있다.

(3) 틈입형 광고

틈입형 광고는 요청된 페이지가 다운로드 되는 동안 좁은 공간에 나타나는 광고를 말한다. 틈입형 광고는 다른 웹사이트로 다운로드 되는 동안 갑자기 스크린에 나타나 인터넷 이용자를 방해하는 광고유형으로 광고가 프로그램을 방해한다는 점에서 TV광고와 유사하다고 할 수 있다(Zeff & Aronson, 1999).

틈입형 광고에는 ① 팝업 틈입형 광고(Popup interstitial ads: 목적지의 웹 페이지가 다운로드 되는 동안 작은 창이 열려서 제품이나 서비스를 광고, 홈페이지를 접속하는 순간 자동으로 광고창이 나타나기 때문에 이용자의 의도와는 상관없이 광고를 보게 되므로 주목률도 상당히 높다)[6]와 ② 인라인 틈입형 광고(inline interstitial ads: Shockwave[7]나 JAVA[8]와 같이 용량이 큰 파일이

---

6) 이 광고의 접속률은 해당 홈페이지를 찾는 사람의 10~13% 정도가 이러한 유형의 광고에 클릭 하는 것으로 나타나고 있다(노병성 외 2001).
7) Shockwave는 동화상, 사운드 등을 재생할 수 있도록 미국 MacroMedia사가 개발한 넷스케이프용의 플러그인 프로그램이다. 즉, 디렉터, 오소웨어에서 만들 수 있는 인터넷용 멀티미디어 파일을 말한다.
8) JAVA는 이전의 인터넷의 멀티미디어 기능을 더욱 보완해 정보 제공자와 정보 검색자의 상호작용을 강화시킬 목적으로 개발되었다. 웹은 멀티미디어화면을 보여주기는 하지만, 이용자 측에서 보면 대화에 한계가 있어 파일을 완전히 다운로드 한 다음에 재생하는 방법을 취할 수밖에 없었다. 그러나 JAVA는 정적인 웹페이지에 애니메이션, 게임 등 여러 가지 interactive한 프로그램을 추가시켜 준다.

포함된 페이지가 다운로드 되는 동안 작은 용량의 애플릿 (applet)[9]이나 동영상을 화면에 먼저 제공해서 방문자의 주의를 유지시키는 광고)가 있다[10].

(4) 스폰서쉽 광고

스폰서쉽 광고는 인터넷상에서 기업 혹은 브랜드에 대한 인터넷 이용자들의 인식 증대, 이미지 형성 및 태도 강화를 목적으로 인터넷 매체와의 협찬 형식을 통해 웹사이트의 내용 부분에 광고 메시지, 브랜드, 제품을 삽입하는 광고를 말한다. 스폰서쉽 광고는 자사의 웹사이트를 방문하기 위해 반드시 이동하지 않아도 인터넷 이용자들이 검색을 하는 동안 간접적으로 기업이나 브랜드를 알릴 수 있는 효과를 가지고 있기 때문에 광고주들이 성공적으로 광고캠페인을 할 수 있게 해준다.

특히, 스폰서쉽은 인터넷 웹 상에서 특정 이벤트 혹은 프로그램들을 후원함으로서 기업 혹은 브랜드의 이미지를 제고할 수 있는 기업 커뮤니케이션의 수단으로 효과적이다. 일반적으로 고객들은 정보 획득을 위해 반복적으로 방문한 웹사이트에 명시된 브랜드를 신뢰한다. 따라서 믿을만한 브랜드의 범위 안에서 웹사이트에 해당 브랜드의 광고 메시지를 전달하는 것은 그 메시지를 더욱 설득력 있게 해줄 수 있는데, 스폰서쉽 광고가 그와

---

9) HTML 페이지에 삽입될 수 있는 작은 JAVA 프로그램.
10) Zeff와 Aronson(1999)은 틈입형 광그를 "e-mercials" 또는 "intermercials"(푸시 프로그램인 '포인트 캐스트'에서 쉽게 볼 수 있는 형태로서 뉴스나 정보가 흐를 때 그 위 또는 옆 혹은 아래에 위치하여 애니메이션 형태로 광고판이 움직이는 광고)라고 하였다.

같은 역할을 가능하게 한다(Zeff & Aronson, 1999).

스폰서쉽 광고에는 ① 협찬(sponsorship: 매스미디어의 협찬과 같은 형태로 웹사이트의 내용에 기업 명이나 브랜드명을 명시하는 형태), ② 제품삽입(PPL: 웹사이트 내용 중에 특정 제품을 자연스럽게 노출시키는 형태), ③ 기사식 홍보(advertorial: 웹사이트 내용의 일부로서 회사나 제품에 대해 언급하는 형태로 새롭게 특화 제품군에 대한 상식과 함께 특정 상품의 우위를 표현하는데 적합한 광고형태)가 있다.

제 2 장 인터넷 광고와 문화

1. 문화차원과 커뮤니케이션

커뮤니케이션은 문화규범과 밀접한 관련이 있기 때문에 광고 커뮤니케이션에 있어서 문화는 상당히 중요하며(Hong et al, 1987), 특정한 사회의 문화규범과 일치하여 발전된다. Hofstede는 문화가 표현되는 방식을 상징, 의례, 영웅, 가치 등 제 가지로 구분하였다. 이들 중 가치는 문화의 핵심으로 상징, 의례, 영웅 등의 표현적 내용은 가치라는 보이지 않는 요소에서 발현된다는 것이다. 문화가 광고나 기타 커뮤니케이션 현상에 중요하다고 하는 것은 국가 간 독특한 가치가 이처럼 안정적이어서 문화간 상호작용에 커다란 장벽이 될 수밖에 없다는 결론에 기인한다. 따라서 사회 커뮤니케이션의 한 형태로써 광고는 그 나라의 문화를 반영한다(Belk & Pollay, 1985; Hong et al, 1987; Mueller, 1987, Firth & Firth, 1991; Ramaprasad & Hasegawa, 1992; Zandpour et al, 1994; Kim, 1996). 이는 문화 사이의 비유사성(dissimilarity) 정도가 크면 클수록 광고 스타일에 있어서도 커다란 차이를 보이며, 문화 사이의 유사성 정도가 크면 클수록 유사한 광고 스타일을 사용한다는 것이다. 광고가 그 사회의 고유한 문화를 반영하고 있다는 점에 대해서는 여러 학자가 동의하고 있다(Mueller, 1987; Taylor, Miracle & Wilson, 1997; Cutler & Javalgi, 1992). 각 국의 문화가 어떻게 광고에 반영되었는가를 이해하는 것은 다국적 광고주들에게 매우 중요한 문제인데 왜냐하면 특정 형태의 광고소구에 표현되어 있는 문화적 차이점에 대한 정보는 문화적 규범과 가치에 있어서의 문화간의 차이점에 대한 정보를 제공할 뿐만 아니라, 국제 광고전략이나 제작방향을 세우는데 있어서도 중요한 지침을 제공하기 때문이다.

1) Hofstede의 문화차원과 커뮤니케이션

문화차원이란 문화의 다양성을 관계 있는 것끼리 개념화하여 유형을 만든 것이다. 문화적 차원의 판단기준들은 서로 완벽하게 배타적이거나 독립적이지 않기 때문에 문화적 요인의 유형은 아직까지 정립되지 않고 있다. 지금까지 가장 보편적으로 조직과 집단 커뮤니케이션에서 전형적인 문화유형으로 구분되어 온 Hofstede의 문화적 특성 즉, 개인주의/집단주의(Individualism/Collectivism), 권력거리(Power Distance), 불확실성회피성향(Uncertainty Avoidance), 남성주의/여성주의(Masculinity/Feminity) 그리고 단기지향성/장기지향성(Short-Term Orientation/Long-Term Orientation)의 구분이 가장 보편적이다. 또한 Hall의 상황적 문화(Context Culture)는 Hofstede의 차원을 보완하는 중요한 문화 유형이다.

(1) 개인주의/집단주의(Individualism/Collectivism)

개인주의 문화는 개인의 의사표명과 자아실현에 중요한 의미를 두는 반면 집단주의 문화는 인간관계에 우선권을 두고 그들의 주체성은 그들이 속한 사회체계에 근거를 두고 있다.

집단주의 문화에서는 구성원들 사이에 쉽게 정보가 교류되고 메시지들은 함축적이며 간접적인 커뮤니케이션을 사용한다. 또한 집단주의 문화에서는 커뮤니케이션에 있어 비언어적이고 모호한 표현적 특징을 지닌다. 이에 비해 개인주의 문화의 커뮤니케이션 스타일은 다분히 직접적이고 외연적인 방법을 특징으로 하며 의사결정을 위한 사실적 정보에 의존하는 개인이 독창성과 업적이 강조된다. (Zandpour et al., 1994: Gudykunst, Ting-Toomy, & Stewart, 1985: Gudykunst & Kim., 1984)

(2) 권력거리(Power Distance)

권력거리란 권위와 이에 대한 사회적 인식의 수용정도를 의미한다. 그 정도에 따라 권력거리가 큰 문화에서는 부모, 스승, 상관 등의 권위적 실체에 복종하는 편이며, 작은 권력거리의 문화는 권리와 기회의 평등성을 강조한다. 권력거리가 큰 문화는 권력거리가 작은 문화에 비해 다양한 권위를 지닌 유명인사(celebrity)를 이용하여 보다 심리적인 소구에 의존하는 경향이 높으며, 특히, 신분 상징에 의한 광고소구방식을 많이 사용하는 것으로 나타났다(Zandpour et al., 1994).

(3) 불확실성회피성향(Uncertainty Avoidance)

불확실한 현상에 대한 회피 및 대응 정도를 말하는 불확실성회피성향은 비체계적인 상황보다 체계적인 상황을 선호하는 경향을 의미한다. 불확실성 회피성향이 높은 문화는 형식적 규칙, 절대적 진실, 그리고 전문가로 여기는 사람들의 충고에 보다 더 의존하는 경향이 있다(Hofstede, 1984: Zandpour et al., 1994: Rubin, 1992). 불확실성 회피성향이 높은 문화에서는 설명, 긴 카피, 전문가에 의한 증언 등을 많이 사용하며 커뮤니케이션 상황에서 불확실성을 해소하기 위해 보다 명시적, 논리적, 직접적인 메시지를 많이 사용한다.

(4) 남성주의/여성주의(Masculinity/Feminity)

남성주의/여성주의는 사회 간 차이에 관한 모든 정보를 토대로 정의된다. 남성주의 사회에서 지배적인 가치는 업적과 성공인 반면 여성주의 사회에서 지배적 가치는 다른 사람을 돌봐주는 것과 생활의 질에 있다. 남성주의 사회에서는 성취와 업적을 중요시하며, 여성주의 사회에서는 서비스 지향적이며 인간 지향적이다. 따라서 과장, 설득, 비교광고, 강압적 판매(hard-sell는 남성주의를 반영하며 친절한 배려, 겸손, 설득적 판매(soft-sell), 부드러움, 작은 것들을 강조하는 광고는 여성주의를 반영한 것으로 볼 수 있다(De Mooiji, 1994).

(5) 단기지향/장기지향
(Short-Term Orientation/Long-Term Orientation)

이 차원은 유교적 철학에 대한 가치를 담고 있기 때문에, 유교적 역동주의(Confucian Dynamism)라고 하였다. 중국인 사회학자들과 마이클 본드(Michael Bond)가 중국인 가치조사를 통해 나타난 문화적 차원은 많은 아시아 국가들의 경제적 성공을 설명해 주는 잣대로 평가할 수 있다. Hofstede는 이를 단기지향/장기지향이라는 실용적 용어로 개념화하였다. 이 차원은 한 사회가 관습적이고 역사적이거나 단기적 관점이 아니라 실용적인 미래지향적인 관점을 갖는 정도로 구분된다.

장기지향성 문화에서는 인내, 끈기, 지위에 의한 서열관계, 검소함, 수치감 등을 중시하며, 그 반대로 단지지향성 문화는 개인적인 고지식과 안정성, 체면유지, 전통에 대한 존중, 인사, 호의 및 선물에 대한 답례를 강조한다.

장기지향성 문화에서 뚜렷이 나타나는 가치는 자연이다. 따라서 장기지향성을 반영하는 아시아 광고에서는 자연과 인간과의 조화가 중요한 가치이다. 아시아에서의 광고목적은 직접 제품을 판매하기보다는 회사에 대한 신뢰를 형성하는 것이 더 중요하다.

2) Hall의 문화차원

(1) 고상황(High Context)/저상황(Low Context) 문화

Hall은 문화를 커뮤니케이션 체계상의 상황의 정도에 따라 고상황 문화와 저상황 문화로 명명하였다. 고상황 문화는 커뮤니케이션에서 대부분의 정보가 상황의 한 부분이거나 개인 안에 존재한다. 이에 비해 저상황 문화에서 정보는 겉으로 분명하게 표현되는 메시지 정보의 형태로 전달된다. 대부분의 아시아 문화들은 고상황 문화인데 비해 대부븐의 서구문화들은 저상황 문화에 속한다.

저상황 문화에서 광고는 주장과 언어적 수사가 잘 나타나며 정보 중심의 명시적 커뮤니케이션은 광고를 비롯한 마케팅 커뮤니케이션에 지배적으로 나타난다. 그러나 고상황 문화에서 광고는 상징적 표현 또는 간접적 언어표현이 그 특징으로 나타난다. 따라서 정보보다 상징적 연상이나 심리적 소구가 광고에 보편적으로 이용된다.

고상황적/저상황적 커뮤니케이션의 구별은 언어적/비언어적 커뮤니케이션, 직접적/간접적 광고, 상징의 이용/사실과 자료의 이용에 대한 문화들 간의 차이를 이해하는데 보다 유용한 차원이라고 할 수 있다(De Mooiji, 1994).

(2) 시간 개념에 대한 인지(Perception of Time)

사람들이 시간을 어떻게 다루는가에 따라 단원주의(Monochronic)와 다원주의(Polychronic)로 문화를 구분하여 설명하고 있다. 단원주의 문화에 속하는 사람들은 한 번에 한 가지 일을 처리하는 경향이 있다. 특히 그들은 조직적이며 일상적으로 하나의 작업을 마치면 다른 작업을 수행하도록 구조화되어 있다. 반면 다원주의 문화에 속하는 사람들은 동시에 많은 것들을 처리하는 경향이 있다. 다원주의 문화가 함축적이며 감성적이고 비언어적인 정보에 더 의존하는 것과 달리 단원주의 문화는 외연적인 명백한 커뮤니케이션을 추구하는 경향이 있다. 또한 단원주의 문화는 이성적이며 논리적인 커뮤니케이션을 지향한다.

2. 인터넷 광고와 문화

1) 정보문화

광고의 한 형태로써 인터넷 광고 또한 부분적으로 문화가 광고에 반영되는 것으로 나타났으나(Chung & Ahn, 1999; Choi, 2000), 이들 연구에서 사용된 문화차원으로 국가 간 인터넷 광고를 설명한다는 것은 적합하지 않기 때문에 다른 설명요인이 필요하다고 지적하고 있다. 따라서 본 연구에서는 인터넷이 지닌 매체적 특성으로 인해 새로운 매체로써 인터넷을 이용하면서 형성된 문화, 즉 정보문화를 인터넷 광고에 미치는 영향요인으로 채택하여 살펴보고자 한다.

전통적인 매체광고의 경우 국제광고와 관련하여 문화를 설명하는데 있어서 주로 Hofstede(1983, 1991)와 Hall(1976, 1984)의 문화차원으로 국가 간의 차이를 설명하였다. 그러나 전통적인 매체와 달리 인터넷이라고 하는 새로운 매체를 통해 전달되는 인터넷 광고를 설명하는데 있어 전통매체에 사용된 문화차원으로 인터넷 광고를 설명한다는 것은 한계가 있다고 본다. 테크놀로지의 발달에 따라 새롭게 등장한 인터넷을 통해 사람들 사이의 커뮤니케이션 행위가 가능해짐에 따라 커뮤니케이션 패러다임에 있어서도 많은 변화11)를 가져다주었다.

이처럼 인터넷을 통해 커뮤니케이션 행위가 가능해진 시점에서 국제광고와 관련하여 문화를 설명하기 위해서는 인터넷이라는 새로운 매체를 이용하면서 형성된 문화, 즉 정보문화(information

---

11) 웹(web)의 등장과 보급으로 인하여 나타나는 상호작용성과 양방향성(interactivity and two-way), 하이퍼텍스트 및 하이퍼미디어(hyper media), 디지털화(cigitalization), 저장 및 광역성(storage and broadness), 표준화(standardization) 이 다섯 가지 주요 요인들이 커뮤니케이션 패러다임의 변화를 유도하였다. 이러한 요인들을 기반으로 하여 나타난 커뮤니케이션 패러다임의 주요 전환이슈들은 수용자개념의 전환이슈(shifting issue of receiver definition), 선형패러다임의 전환이슈(shifting issue of linearity paradigm), 정보 확장의 전환이슈(shifting issue of information expansion), 시공간 경계의 전환이슈(shifting issue of time-space boundaries), 개별 미디어의 통합에 대한 전환이슈(shifting issue of integration) 들 이다(윤준수, 1998).

culture)[12]에 대한 설명이 필요하며, 여기서 문화의 기술적 측면이 강조된다.[13] 정보문화는 정보화의 결과로 나타난 현상만이 아니라 인터넷을 이용하는 수용자들이 그들의 필요와 욕구충족을 위해 스스로 만들어 가는 문화라고 할 수 있다.

발달하는 정보통신기술과 함께 사회의 정보화가 확산되면서 문화적 변동이 이루어지고 이러한 과정에서 새롭게 등장하고 있는 정보문화는 정보사회에서 살아가는 사람들의 생활양식의 총체라고 할 수 있다(손연기 외, 1996). 따라서 정보문화는 "정보통신기술 및 서비스의 발달과 새로운 정보통신기기의 보급이 인간의 생활양식과 행동전반에 영향을 미침에 따라 정보에 대한 중요성의 인식과 활용의지를 나타내는 가치관과 규범, 행동 등의 제요소가 상호작용 하는 문화적 체계"를 말한다(한세억과 최두진, 1995).

이러한 정보문화의 개념에는 정보화 및 정보사회로의 진전에 따라 영향을 받거나 변형되는 생활양식 및 행위유형으로서의 측

---

12) "정보문화"는 1988년을 전후로 등장한 용어로 이 당시 정보화란 의미가 information(정보)보다는 intelligence(첩보)로 인식되는 경우가 많아 정보화에 대한 이미지를 개선한다는 의도에서 만들어진 용어이다. 또한 당시 정보사회에 대한 사회적 담론에서 정보기술, 정보산업 등 정보의 공급적 측면만을 강조하는 용어가 주로 사용되고 있어서 정보의 수요 또는 이용측면을 부각시키려는 의도에서 정보문화라는 용어를 사용하게 되었다(한국정보문화센터, 1997).

13) 정보문화와 관련된 표현으로는 네트워크문화, 사이버문화, 디지털문화, 인터넷문화, 전자공간문화, 컴퓨터통신문화, 순간문화(blip culture) 등으로 다양하게 표현되며, 문화의 현상을 총칭하여 정보문화로 이해할 수 있다. 다양하게 쓰여지고 있는 이러한 용어들은 기술의 발달로 인해 문화의 기술적 측면이 강조된 표현이라고 할 수 있다(손연기와 한세억, 1999).

면과 함께, 정보화 및 정보사회로의 진전을 추동(push)하고 용이하게 하는 사회·문화적 견인력(pull)으로서의 성격을 동시에 갖고 있으며, 이는 상호 의존적인 관계에 있는 것이다. 따라서 정보문화란 정보화의 진전에 의해 추동되고 영향을 받는 지식, 신념, 예술, 도덕, 관습 등 정보적 생활양식 및 행위양식의 총체인 동시에 정보화를 추동해 내고 용이하게 하는 사회발전의 견인력으로 작용하고 있는 것이다(김유경 외, 1998).

일반적이고 정통적인 의미에서 문화는 사회 및 집단구성원이 견지하고 있는 가치, 그들이 준수하는 규범 그리고 그들이 만들어낸 물질적 재화들로 구성된다고 할 수 있으며(Giddens, 1994; 한국정보문화센터, 2000), 문화는 집단의 행위양식이라고 할 수 있다. 이러한 사회적 행위양식에는 그에 합당한 구조가 있으며, 이러한 구조가 사회적 상호작용하에서 특정한 형태도 유형화되어 역사적으로 변화하면서 유지되어 온 것이 행위의 규칙과 절차이다. 사회적 행위구조는 행위의 수단인 도구, 행위의 규칙인 규범, 행위의 목표인 가치를 포함하고 있으며 따라서 문화의 내용은 다음의 세 가지로 설명할 수 있다. 첫째, 인간이 사회생활을 하기 위해서는 행위의 의미나 목표가 있어야 하며 이를 제공해주는 문화를 '가치문화' 또는 '이념적 문화'라고 한다. 둘째, 인간이 사회적 행위를 하기 위해서는 사회적으로 인정되고 공인된 규범적 절차와 규칙이 필요하다. 이를 제공하는 문화를 '제도(규범)문화'라고 한다. 셋째, 인간이 사회생활을 수행하기 위해서는 일정한 방편조 수단과 이를 이용할 수 있는 기술적 지식을 필요로 하는데 이러한 내용이 '도구문화'를 구성한다(노규형, 1988).

정보문화의 구성요인 또한 일반 문화의 구성요인과 내용이라는 맥락에서 설정할 수 있기 때문에 정보문화의 하위범주는 '도구문화', '규범문화', '가치문화'로 구성된다고 할 수 있다. 여기서

'도구문화'는 컴퓨터, 통신 기기(뉴미디어) 등의 정보사회에서 인간이 살아가는데 필요한 수단이나 지식을 의미하며, 다른 정보문화 요소들의 기반적 요소가 된다. '규범문화'는 개인주의, 개성 중시 등의 사회생활에 필요한 인간의 공인된 행위의 규범적 절차와 규칙을 의미하며, 규범문화는 도구문화와 가치문화를 결합시켜주는 역할을 담당하고 있다. '가치문화'는 정신적 측면으로서 정보사회에서의 인간행위나 사회활동에 의미나 목표를 부여하는 신념체계를 포함하며, 정보활동을 통해 삶의 질적 향상과 자아실현이 가능하게 된다(손연기 외, 1999).

정보화가 급진전되면서 정보통신 기술의 확산이 사회전반에 큰 변화를 불러일으키고 있으며, 이에 따라 정보화수준 및 성과를 측정할 수 있는 정보화지수[14]를 통해 정보문화의 현황과 실태를 종합적으로 파악할 수 있다. 또한 이를 활용하여 다른 국가들과 정보화수준을 객관적으로 비교함으로써 정보화정책 및 사업의 올바른 방향을 제시할 수 있다. 특히 정보사회에서의 인간행위나 사회활동에 의미와 목표를 부여하는 신념체계 혹은 정

---

[14] 한국전산원은 매년 국가 정보화지수를 산출하여 국가별 정보화 현황과 수준을 평가하고 있다. 국가 정보화지수 구성지표는 다음과 같다.

〈국가정보화지수 구성지표〉

구 분	개별항목	산출 공식
컴퓨터	PC보급	(PC보급대수/인구)×100
인터넷	인터넷 호스트	(인터넷 호스트 수/인구)×100
	인터넷 이용자	(인터넷 이용자수/인구)×100
통 신	전화회선	(전화회선수/인구)×100
	이동전화 가입자	(이동전화가입자수/인구)×100
방 송	TV보급	(TV보급대수/가구)×100
	CATV가입자	(CATV가입자수/가구)×100

보문화의 중요성을 강조하는 정보문화지수는 정보문화를 구성하는 하위 영역인 도구문화, 규범문화, 가치문화를 통해 구성된다. 이들 세 영역은 각각 정보문화의 굴질적 측면, 제도적 측면, 정신적 측면을 대표한다고 할 수 있는데, 도구문화는 정보화의 기반환경이라고 할 수 있는 정보통신 설비 및 정보통신 서비스를, 규범문화는 정보화 관련 법, 제도적 환경을 마지막으로 가치문화는 정보 마인드 즉, 정신적 가치를 포함하고 있는 것이다(한국정보문화센터, 2000).

따라서 본 연구는 매체기술의 발달로 새롭게 등장한 인터넷을 통해 전달되는 인터넷 광고를 연구하는데 있어서 인터넷을 이용하는 수용자의 필요와 욕구의 충족을 위해 새롭게 형성된 정보문화 가운데 인터넷 광고를 설명하는데 필요한 도구문화와 규범문화 이 두 가지 차원을 정보문화적 특성으로 상정함으로써 국가 간 인터넷 광고의 정보내용과 표현전략의 차이를 설명하는데 도움이 될 것으로 기대된다.

(1) 도구문화

도구문화는 정보사회에서 인간이 사회생활을 수행하는데 필요한 정보화의 수단, 정보화에 대한 지식을 말한다. 이는 정보화의 물질적 측면을 반영하고 있으며, 도구문화에는 첨단 과학기술 및 정보통신기술을 기반으로 정보사회의 물적 기초를 제공하는 컴퓨터, 정보통신 설비 등의 하드웨어, 초고속정보통신망, 정보고속도로와 같은 정보통신 기반구조와 이를 운영할 수 있도록 해주는 다양한 소프트웨어, 그리고 각종 기간통신 서비스, 부가통신 서비스, 데이터베이스 등을 망라하는 정보통신 서비스가 포함된다(한국정보문화센터, 2001).

기술결정론의 관점에서 볼 때, 기술은 정보사회로의 전환을 가능하게 하는 가장 기본적인 요소이며, 기술의 혁신을 통해 변화된 새로운 가치를 수용자에게 전달하는 것이 정보사회의 첫 번째 단계인 것이다. 공급자의 관점을 중시한 기술로서의 정체성은 정보 기기의 이용경험을 통한 수용자의 가치체득으로 전달된다. 즉, 정보 기기를 생활 속에서 이용함으로써 수용자들은 기술에 의한 정보화의 혜택을 경험할 수 있게 된다. 이러한 혜택은 산업사회 시대의 매스미디어에 비해 정보사회시대의 뉴미디어 즉, 인터넷이 주는 기술적 특성이 정보 기기를 이용하는 수용자가 누리게 될 경험적 혜택이라고 할 수 있다(김유경 외, 1998).

따라서 이러한 도구문화는 정보 기기의 적극적인 이용을 유도하여 정보 기기의 이용경험을 바탕으로 수용자가 누리게 될 경험적 혜택 즉, 정보화의 수단인 인터넷을 이용하는 수용자에게 그들의 특성에 맞는 다양하고 구체적인 메시지를 제공해 줄 것이다. 또한 고객과의 관계 형성을 통해 고객의 욕구를 충족시켜 줄 수 있는 맞춤 정보(Customization)를 제공해줌으로써 공급자 중심이 아닌 이용자(수용자)중심의 능동적이며, 개성적 취향을 표방하는 "충족의 문화"를 형성한다(한국언론학회와 한국사회학회, 1998).

인터넷 이용자들은 우연한 기회에 인터넷 광고를 접하기보다는 의도적으로 정보 및 오락 등의 욕구 충족을 위한 기대감으로 스스로 광고에 접근하는 경우가 많다. 따라서 이러한 도구적 미디어 이용15)은 인터넷 이용자들의 능동적 미디어 이용행위로 나

---

15) 미디어 이용은 미디어 이용동기의 경향에 따라 목적적 미디어 이용경향과 무목적적 미디어 이용경향으로 나눌 수 있다. 목적적 미디어 이용경향, 즉 도구적 미디어 이용은

타나며, 인터넷 이용자의 욕구를 충족시켜주기 위해서는 인터넷 광고에 제품과 서비스에 대한 다양한 정보를 제공해 주어야 한다. 또한 인터넷 광고에 대한 지속적인 관심을 유지하기 위해 다양한 멀티미디어적 요소들을 사용한 다양한 광고형식과 표현양식을 개발하는 것이 바람직하다고 하겠다.

이제까지 대량생산 대량소비로 지칭되는 산업사회에서는 기업이 매스미디어를 통해 소비자들에게 전달하는 광고메시지는 혼란만 가중시키는 과잉 커뮤니케이션(over-communication)현상을 초래하였으나, 정보사회에서는 인터넷이라는 새로운 광고매체를 통하여 기업은 소비자 고객과의 상호작용을 통해 고객이 필요로 하는 다양하고 많은 정보를 쉽게 접근할 수 있게 하였으며, 기업이 가지고 있는 정보를 소비자도 동시에 가질 수 있게 되었다. 따라서 소비자의 문화욕구로 인해 물질적 가치가 아닌 정신적 가치를 인터넷을 통해 추구하는 문화라고 할 수 있다.

일반적으로 광고가 소비자들에게 제공하는 가치는 제품과 서비스의 기능적 혜택 즉, 제품이나 서비스의 본연적인 기능을 제공할 뿐만 아니라 소비자가 특정 브랜드를 구매하고 이용하는 과정에서 제공받는 감정이나 느낌과 같은 정서적 혜택을 제공하게 된다. 산업사회가 물질적 가치를 중요시하는 사회라고 한다면, 정보사회는 정신적 혜택을 추구하는 새로운 형태의 사회로 도구문화가 발달하게 되면 소비자들에게 인터넷 광고를 통해 제품과 서비스의 기능적 혜택보다는 정서적 혜택과 관련 있는 정

미디어 이용자는 어떤 목적, 예를 들어 특정 정보나 내용을 알아보기 위한 동기를 가지고 미디어를 이용하는 것을 말하며, 반대로 무목적적 미디어 이용경향, 즉 습관적 미디어 이용은 목적이나 동기 없이 미디어에 참여하는 것을 말한다(김민기, 1998).

보내용을 더 많이 포함할 것으로 기대되며 그 수준은 나라마다 차이가 있을 것으로 기대된다.

예컨대 도구문화는 정보통신기술을 기반으로 인터넷 이용자의 수가 많아지게 되고 그에 따른 전자상거래도 활발하게 이루어져 인터넷 광고가 차지하는 비율도 증가하기 때문에 경쟁기업과 차별화 할 수 있는 광고전략을 세우는 것이 바람직할 것이다. 따라서 도구문화가 발달한 국가일수록 기업은 인터넷 광고를 통하여 소비자들이 필요로 하는 다양한 정보를 제공해줄 뿐만 아니라, 도구문화가 발달하지 못한 국가에 비해 인터넷 광고에 다양한 크리에이티브 전략을 사용할 것으로 기대된다.

또한 인터넷 이용자들은 최적의 심리적 만족감을 의미하는 플로우(flow)[16]를 경험할수록 인터넷 이용에 대한 긍정적인 감정이 발생하게 되는데, 인터넷 광고를 통해 소비자에게 최적의 심리적 만족감을 느끼게 하기 위해서는 우선 먼저 정보통신기술 즉 도구문화가 전제되어야함은 당연한 것이라고 할 수 있다.

따라서 도구문화가 발달한 국가는 인터넷 광고를 통해 많은 양의 정보와 다양한 표현전략을 사용함으로써 소비자들에게 플로우를 경험하게 하고 더 나아가 인터넷 쇼핑도 증가하게 될 것으로 기대된다.

---

16) 플로우(flow)에 대한 개념정의는 다양하다. 처음으로 플로우(flow)라는 개념을 도입한 Csikszentmihalyi(1977)는 "사람들이 완전히 몰입한 상태에서 행동할 때 느끼는 정신적, 신체적 흥분"이라고 정의하였으며, 장대련(1998)은 플로우(flow)를 '재미'로 정의하였고, 황용석(1998)은 '심리적 최적감, 즐거움, 원거리 실재감, 주의집중이 높은 상태'라고 정의하였다. 이 밖에도 플로우(flow)에 대한 개념은 다양하게 정의되고 있다(이시훈, 1999).

(2) 규범문화

　규범문화는 정보활동을 하는데 필요한 사회적으로 인정되고 공인된 규범적 절차와 규칙을 의미하는 문화로 이는 정보 사회화를 촉진시키고 사회구성원 누구나 정보화의 내용을 접할 수 있게 해주는 사회적 환경과 제도ㅈ 맥락이 얼마만큼 형성되고 성숙되어 있는 가를 보여주는 것이다. 규범문화는 각각의 개인이 정보통신영역과 직·간접적으로 연결할 수 있는 통로역할을 수행하게 된다(한국정보문화센터, 2001). 이러한 규범문화는 정보사회화를 촉진시키고 사회구성원 누구 나가 정보화의 수단과 매체를 접할 수 있도록 해주는 법적, 제도적 환경으로 구성된다.

　규범문화는 사회구성원의 생활관습이며, 행위에 관련한 제도적, 법적 절차를 중요시하는 문화로 디지털 마케팅에서 상당히 중요한 기준이 된다. 즉, 디지털 마케팅은 정보의 자유로운 교환이 보장되지 않는 곳에서는 살아남기가 어려우며, 인터넷을 통한 국제광고의 메시지전략에 커다란 걸림돌이 될 것이다. 인터넷 이용자들의 행위와 관련한 법적, 제도적 절차가 엄격할수록 인터넷에 대한 자유로운 접근이 불가능하기 때문에 인터넷이 글로벌한 매체임에도 불구하고 인터넷을 통해 전 세계의 소비자들을 대상으로 광고 캠페인전략을 수립하는데 문제가 따른다고 볼 수 있다.

　예컨대 인터넷에 대한 정부의 법적, 제도적 규제가 엄격하면 사람들은 인터넷을 자유롭게 이용할 수 없게 되고 이용자수가 적으면 전자상거래 또한 활발하게 이루어지지 않기 때문에 기업은 인터넷을 통한 국제광고 캠페인전략을 세우는데 있어서 마케팅 커뮤니케이션의 효율화를 이룰 수 없게 된다. 따라서 인터넷과 관련한 법적, 제도적 규제가 엄격하면 할수록 인터넷을 통한 국제광고의 메시지전략에 커다란 걸림돌이 될 수밖에 없기 때문에 제품과 서비스에 대한 다양한 정보의 제공과 크리에이티브 전략을 세울 수 없을 것이다.

또한 규범문화의 관점에서 볼 때 산업문화의 특성을 집단주의라고 한다면, 정보문화에서는 인터넷 이용자의 다양한 개성을 존중하는 '개인주의'의 특성으로 보편화될 수 있다. 예컨대 전통적 매체광고는 불특정 다수의 소비자를 상대로 제품과 서비스에 관한 정보를 제공하기 때문에 소비자 개개인의 욕구를 충족시켜주는데 있어서 다소 무리가 있다고 하겠다. 그러나 인터넷 광고는 인터넷이 지닌 매체적 특성 즉, 능동적으로 매체를 이용하기 때문에 소비자가 원하는 바에 따라 기업은 적극적으로 제품과 서비스에 대한 정보를 제공하기도 하고, 고객 개개인의 필요에 맞춘 제품과 서비스 등을 만들어 다양한 마케팅전략을 가능하게 해준다.

따라서 규범문화는 인터넷 광고의 정보내용과 표현전략에 영향을 미칠 것으로 기대된다. 즉, 규범문화가 성숙된 국가의 인터넷 광고는 광고의 내용과 형식에 대한 규제가 엄격하지 않기 때문에 인터넷 광고에 다양한 광고 제작기법과 정보내용을 제공할 수 있을 것으로 기대된다.

<표 2-1> 정보문화를 구성하는 하위문화

정보문화	내용
도구문화	－컴퓨터보유대수 －전화 회선수 －이동전화 가입자수
규범문화	－정보화 관련 법·제도적 환경

출처: "정보문화지수 개발 및 측정에 관한 연구", 한국정보문화센터, 2000. 12., p.35. "2001 국가정보화백서", 한국전산원, 2001. 6. 재구성.

2) 온라인 마케팅 환경 특성

인터넷 광고에 대한 국가 간 비교연구에서 살펴보았듯이, 인터넷과 관련된 마케팅 커뮤니케이션 행위는 온라인을 수용하는 사회적·경제적 요인에 의해 크게 좌우된다(Bishop, 1999). 마케팅 커뮤니케이션 행위는 환경적 요인과 밀접한 관계를 지니고 있으며, 그러한 환경적 요인이 인터넷 광고를 집행하는데 있어서 어느 정도 적합한 기능을 수행하는가가 커다란 변수로 작용한다는 것이다. 따라서 온라인 환경이 좋아야만 글로벌 매체로써 전 세계의 수용자를 대상으로 인터넷을 통한 마케팅 커뮤니케이션 행위를 활발하게 진행할 수가 있다.

Bishop(1999)은 디지털 마케팅 환경을 경제적 환경, 정치적 환경, 디지털·온라인 환경, 세 가지 차원으로 나누어 설명하고 그에 따른 국가 간 디지털 지수를 수치화 하였다. Bishop(1999)이 설명한 이 세 가지 차원들은 디지털 마케팅 환경을 설명하기에 너무 포괄적이기 때문에 세 가지 차원 가운데 인터넷 광고를 설명하는데 있어서 가장 설득력이 있다고 판단되는 디지털·온라인 환경만을 채택하여 살펴보고자 한다.

디지털·온라인 환경은 한나라의 기술적 진보상태를 나타내는 기술적 거리의 정도로 텔레콤 인프라, 디지털 기술능력 그리고 인터넷 이용자율로 설명할 수 있다. 텔레콤 인프라는 전화보유대수로 평가된다. 디지털 비즈니스를 수행할 수 있는 능력은 한 나라의 전화 보유대수로 평가할 수 있는데, 전화를 보유하고 있는 사람이 많을수록 인터넷, fax-on-demand, e-mail 등과 같은 디지털과 온라인 도구를 사용하는 인구가 상대적으로 많다고 볼 수 있다. 디지털 기술능력은 100명당 컴퓨터 보유대수에 근거하여 측정한다. 마지막으로 인터넷 이용자 비율은 그 나라의 인터넷 이용자를 백분율로 산출하였다. 이러한 디지털·온라인 환경은 정보화 시대에 정보환경을 설명할 수 있는 설명요인으로서 역할을 한다.

본 연구에서는 Bishop(1999)의 디지털 마케팅이라는 새로운 시각을 채용하되 조작적 정의의 합목적성을 고려하여 뉴미디어로써 인터넷의 기술적 특성을 구체화 한 온라인 마케팅 환경적 요인을 설명요인으로 채택하고자 한다. 특히, 인터넷 광고에 영향을 미치는 요인으로 채택한 온라인 마케팅 환경적 특성은 인터넷과 관련된 산업 환경적 요소를 포괄하며, 본 연구를 위해 인터넷 광고의 내용적 특성과 관련 있는 몇 가지 요인으로 새롭게 개념화하였다.

따라서 본 연구는 국가 간 인터넷 광고에 영향을 미치는 요인을 온라인 마케팅 환경으로 개념화하여 국가 사이의 온라인 마케팅 환경 특성을 결정짓는 차별적 요소로 인터넷 광고를 설명하는데 필요한 인터넷 이용자수, 인터넷 쇼핑환경, 인터넷 광고 산업 세 가지 차원으로 세분하여 국가 간 인터넷 광고를 설명하기 위한 설명요인으로 채택하고자 한다. 인터넷 광고에 영향을 미치는 요인으로 고려한 온라인 마케팅 환경적 특성을 구성하는 세 가지 차원인 인터넷 이용자수, 인터넷 쇼핑환경 그리고 인터넷 광고 산업과 인터넷 광고와 관계를 설명하면 다음과 같다.

(1) 인터넷 이용자수

인터넷 이용자에 대한 정의는 각 나라별 또는 조사기관별로 차이가 있는데, "일주일에 최소한 1회 이상, 1시간 이상 인터넷 이용자"라는 엄격한 정의부터 "World Wide Web 이용자" 등 다소 포괄적인 정의에 이르기까지 인터넷 이용자에 대한 정의는 다양하다(한국정보센터, 2001, 〈표 2-2〉)[17].

인터넷 이용자에 대한 통계는 인터넷의 규모를 나타내는 가장 대표적인 지표라고 할 수 있다. 인터넷 이용자수가 온라인 환경에 있어서 중요한 이유는 인터넷을 이용하는 사람의 수가 많게 되면, 인터넷을 통해 기업들이 제품이나 서비스를 촉진하거나, 광고를 포함한 통합 마케팅 커뮤니케이션의 수단으로 인터넷을 활용할 수 있기 때문이다. 즉, 배너 광고를 통해 인터넷 이용자들과의 상호작용으로 그들이 원하는 정보를 제공하기도 하며, 홈페이지 광고를 통해 기업은 소비자들에게 제품과 서비스의 정보제공 및 소비자들의 불평불만을 처리해주고 설문 광고 및 퀴즈 광고를 통해 고객의 정보를 수집하여 고객 개개인을 대상으로 촉진 활동을 할 수도 있다(이경렬, 2002).

인터넷 광고의 수용자는 기존 매체의 수용자와 달리 다양한 취향과 전문화된 정보를 매우 선택적으로 처리하며, 단순한 정보보다는 연속적인 정보에 관심을 가지고 지속적으로 정보를 추구한다(이시훈, 1999). 따라서 인터넷 이용자의 수가 많게 되면 기업이 세분화된 타겟을 대상으로 인터넷을 통한 광고, 판매촉진, 이벤트 등 다양한 마케팅 커뮤니케이션 활동을 가능하게 해주기 때문에 온라인 마케팅 환경에 있어서 중요한 요인으로 작용할 것이다.

인터넷 이용자의 수는 그 나라의 디지털 기술의 발전상태에 의해 크게 좌우될 수 있으며, 이러한 디지털 기술의 발전 상태는 곧 국가 간 인터넷 광고의 차이를 나타내는 기준이 될 것으로 기대된다. 예컨대, 디지털 기술의 발전은 정보산업 기반시설

---

17) 한국과 중국의 인터넷 이용자에 대한 정의는 다소 차이를 보이고 있으며, 중국이 인터넷 이용자에 대한 정의를 보다 엄격하게 내리고 있다.

을 더욱 빠른 속도로 발전하게 하므로 인터넷 이용자의 수는 지속적으로 증가하게 될 것이다. 또한 디지털 기술이 발전한 국가는 멀티미디어 기술 구현이 가능하기 때문에 이질적인 정보의 형태를 통합적으로 처리할 수 있어서 많은 양의 정보를 소비자들에게 제공할 수 있을 것으로 보이며, 인터넷 광고에 다양한 크리에이티브 전략의 사용을 가능하게 해줄 것으로 기대된다.

〈표 2-2〉 세계 국가별 인터넷 이용자 현황

(단위: 천명)

국 가	인 구	인터넷 이용자수
미국	2억 7800만	159,000
영국	5960만	25,000
독일	8300만	39,000
한국	4790만	29,220
중국	13억	79,500
일본	1억 2680만	61,600
캐나다	3160만	16,110
프랑스	6000만	21,900
이탈리아	5770만	18,500
스페인	4000만	9,789
네덜란드	1600만	8,500
대만	2230만	8,830
브라질	1억 7450만	14,300
호주	1940만	11,300
멕시코	1억 180만	12,250

출처: 국제전기통신연합(World Telecommunication Indicators Database),
2003.
"2005 한국인터넷백서", 한국전산원, 2005.

54

〈표 2-3〉 기관별 인터넷 이용자 정의

기 관	인터넷 이용자의 정의	조사 대상
Augus Reid Group	지난 한 달간 인터넷에 접속한 자	18세 이상
Computer Industry Almanac Inc.	'active user'(일주일에 최소한 1회 이상, 1시간 이상 인터넷을 이용하는 자)	16세 이상
eMarketer	World Wide Web 이용자	18세 이상
International Data	브라우저를 통한 World Wide Web page, Non-Web-based-Digital Media	
Media Metrix	월 1회 이상 인터넷 이용자	13세 이상
Nielsen Media Research	최근 3개월 이내 Web 이용자	16세 이상
Nua	최소 월 1회 이상 인터넷을 이용하는 자	16세 이상
PC Data	지난 30일간 최소한 1회 인터넷에 접속한 자	
Research on Internet in Slovenia(RIS)	주 1회 이상 이용자 최근 3개월 이내 이용자 한번이라도 인터넷을 이용해 본 자	16세 이상
NikkeiBP	WWW이나 e-mail을 주목적으로 지난 1개월 동안 최소한 1회 이상 인터넷을 이용한 자	16세 이상
인터넷 매트릭스	월 평균 1회 이상 인터넷을 이용한 자	만 7세 이상
한국인터넷정보센터(KRNIC)	월 평균 1회 이상 인터넷을 이용한 자	만 7세 이상
China National Network Information Center (CNNIC, 중국인터넷정보센터)	매주 평균 1시간 이상 인터넷을 이용하는 자	

출처: 한국인터넷정보센터, 『인터넷 이용자수 및 이용행태에 관한 설문조사 결과 보고서』, 2001. 7.

(2) 인터넷 쇼핑환경

미국을 비롯한 선진 각 국은 국가 산업의 효율성 증대 및 경쟁력 향상 차원에서 정보화를 추진하고 있다. 인터넷 쇼핑환경(전자상거래)은 정보인프라 구축에서부터 통신 분야 경쟁 환경의 조성, 기술개발에 이르는 각 국의 중점 프로젝트 중의 하나이다. WTO의 출범에 따른 국경 없는 경제(borderless economy)는 곧 국경 없는 경쟁(borderless competition)을 의미하며, 새로운 세계 경제 질서의 확립에 있어서 주도권이 세계 전자상거래 시장에서의 주도권과 일맥상통하기 때문이다. 이는 전자상거래가 정보통신기술(IT)과 초고속정보통신 인프라를 바탕으로 한 소위 콘텐츠 산업에서 가장 핵심적인 부분이며, 정보통신 산업뿐만 아니라 다른 전 산업에 커다란 영향을 미치기 때문이다(양유석, 2000).

인터넷 쇼핑환경은 이러한 글로벌한 통신 인프라를 기반으르 하여 형성되기 때문에 인터넷을 통한 쇼핑 즉, 전자상거래는 기존의 상거래에 비해 유통채널이 단축되고 판매거점이 네트워크화 됨으로써 물리적 공간 확보에 따른 유통 비용을 크게 줄일 수 있다는 장점을 지니고 있다. 또한 인터넷을 통해 국제적으로 브랜드 인지도를 높여주고, 수출에 관련된 마케팅 리서치 자료를 값싸게 이용할 수 있으며, 해외 시장에 대한 지식을 높여주고, 커뮤니케이션 비용을 절감할 수 있는 장점을 지니고 있다(Hanmill, 1997). 특히 카탈로그와 DM을 활용하는 직접 판매업체들의 경우, 수익 창출과 비용절감을 위해 인터넷마케팅을 도입하고 있으며, 이러한 경향은 매우 빠르게 확산되고 있다. 이는 기업과 소비자 사이의 쌍방향 커뮤니케이션이 온라인 상에서 가능하기 때문에 사람들 간의 통신 빈도를 증가시켜서 누구와도 쉽게 정보 및 거래의 체계를 교환할 수 있게 한다.

따라서 인터넷 산업의 발전과 인터넷 이용자수의 증가는 곧 전자상거래를 활성화시키는 요인으로 작용하게 될 것이며 또한 인터넷 광고에도 상당한 영향을 미칠 것으로 기대된다. 예컨대 정보통신기술과 초고속정보통신 인프라를 기반으로 인터넷 이용자수가 많아지면 그들을 상대로 인터넷상에서 활발하게 전자상거래가 이루어지고. 기업은 인터넷 광고를 통해 제품과 서비스에 대한 다양한 정보를 소비자들에게 제공하게 될 것이다. 따라서 전자상거래가 활발하게 이루어지고 있는 국가일수록 인터넷 광고에 제품과 서비스에 대한 많은 정보와 다양한 표현전략 그리고 소비자와 상호작용 할 수 있는 아이템을 많이 포함하고 있을 것으로 기대된다.

<h3 align="center">〈표 2-4〉 세계 지역별 전자상거래 성장 추이 및 전망</h3>

(단위: 십억 달러)

	2000	2001	2002	2003	2004	2004년 기준 전자상거래 비율
미 국	488.70	864.10	1,411.30	2,187.20	3,189.00	13.3%
캐나다	17.40	38.00	68.00	109.60	160.30	9.2%
멕시코	3.20	6.60	15.90	42.30	107.00	8.4%
아시아 태평양	53.70	117.20	286.60	724.20	1,649.80	8%
일 본	31.90	64.40	146.80	363.60	880.30	8.4%
한 국	5.60	14.10	39.30	100.50	205.70	16.4%
호 주	5.60	14.00	36.90	96.70	207.60	16.4%
독 일	29.60	46.40	102.00	211.10	386.50	6.5%
영 국	17.20	38.50	83.20	165.60	288.80	7.1%
프랑스	9.90	22.10	49.10	104.80	206.40	5%
이태리	7.20	15.60	33.80	71.40	142.40	4.3%

출처: 최영균 외(2002), 『글로벌 마케팅 커뮤니케이션』, p.336.

(3) 인터넷 광고 산업

인터넷 이용자수의 확산과 글로벌한 통신 인프라를 기반으로 형성된 인터넷 쇼핑환경으로 인터넷 광고가 차지하는 비율은 점차 증가하고 있으며, 또한 인터넷 광고시장의 규모도 매년 급성장을 하고 있다. 1994~95년 사이에 웹이 급속히 보급되면서 인터넷 광고에 대한 인식이 확립되었고, 이때부터 인터넷을 통한 본격적인 광고활동이 전개되기 시작하였으며 이후 온라인 광고는 매년 두 배가 넘는 성장을 해오고 있다(최환진 외, 2000).

이처럼 인터넷 광고시장이 괄목할만한 성장세를 보이고는 있지만, 아직까지 전체 광고시장 규모에서 인터넷 광고가 차지하는 비중은 미약한 수준이다. 그러나 인터넷을 통해 기업들이 제품이나 서비스 등을 촉진하거나 광고를 포함한 마케팅을 위한 매체로서의 활용이 빠른 속도로 증대되고 있기 때문에 인터넷 광고가 전체 광고비에서 차지하는 비중은 점차 증가할 것으로 기대하고 있다.

광고비용은 사회·문화적 요인과 더불어 국가 간 광고의 차이를 설명하는데 있어서 유용한 지표라고 할 수 있다(Johansson, 1993). 일반적으로 산업화된 국가의 소비자들은 1인당 소득이 높으며, 시장형태 또한 소비자 중심적이다. 따라서 글로벌한 시장 환경 속에서 한 국가의 경제력이 높다는 것은 디지털 마케터들이 기업 활동을 할 수 있는 기회가 높음을 의미하는 것으로 기업들은 그들의 경쟁적 지위를 제고하거나 유지하기 위해 광고를 보다 광범위하게 전개할 것이며, 광고의 질적인 발전을 도모할 것이다(Kim, 1996).

기업이 인터넷 사이트에 제품과 서비스에 관련된 광고를 한다는 것은 세계 시장을 타깃으로 마케팅 커뮤니케이션을 전개하는 것을 의미하는 것으로 인터넷 광고비용은 인터넷 이용자의 수와 관련이 있다. 즉 인터넷 이용자가 많으면 기업은 인터넷 광고를 통해 제품과 서비스에 관한 정보를 제공하게 되는데 소비자의 흥미와 관심을 유도하기 위해서는 많은 정보와 다양한 크리에이티브 전략을 세워야하며 그에 따른 광고비 지출도 많아질 것이다.

따라서 인터넷 광고의 규모는 인터넷 광고의 질적 발전과 광고의 세련화 정도와 밀접한 관련이 있을 것으로 기대된다. 예컨대 광고비의 규모가 크면 클수록 인터넷 광고의 내용과 전략에 있어서 세련화 정도가 클 것으로 기대된다.

본 연구에서 인터넷 광고에 영향을 끼치는 요인으로 고려한 온라인 마케팅 환경 특성 즉, 인터넷 이용자수, 인터넷 쇼핑환경, 인터넷 광고 산업 이 세 가지 차원은 국가 간 디지털 거리(digital distance)를 설명할 수 있는 중요한 요인이 될 것으로 기대된다.

〈표 2-5〉 세계 인터넷 광고시장

(단위: 백만 달러)

연 도	1999	2000	2001	2002	2003	2004
북 미	2.831	5.410	6.773	12.741	17.482	22.589
유 럽	286	621	1.217	2.169	3.589	5.480
아시아	166	346	691	1.235	2.070	3.32
남 미	51	122	259	517	949	1.647
기 타	2	2	8	14	23	37
합 계	3.339	6.502	10.948	16.676	24.113	33.075

자료: Web Business, http://www.i-biznet.com/

3) 디지털 거리(Digital Distance)

마케팅 관점에서 표준화와 현지화의 결정에 영향을 미치는 요인이 단지 문화만은 아닐 것이다. 이는 한 국가의 광고가 지닌 독특한 특성을 설명하는데 있어서, 문화 하나만으로 설명할 수 없다는 것을 의미하며, 광고의 비유사성(dissimilarity)에 대한 또 다른 설명변인으로 작용할 수 있는 문화 이외의 요인으로 광고산업과 관련된 시장 환경을 고려하는 것도 바람직할 것이다(Johansson, 1994). 이러한 시장 환경은 국가 간 광고의 차이를 설명할 수 있는 또 다는 변인으로써의 역할을 하며, 그 타당성이 입증된 바 있다(Zandpour et al. 1994; 김유경, 1996).

인터넷과 관련된 마케팅 커뮤니케이션 행위는 문화적 요인 이외에도 온라인을 수용하는 사회적·경제적 요인에 의해 크게 좌우되며, 디지털 마케팅 커뮤니케이션 행위는 환경적 요인과 밀접한 관계를 지니고 있다(Bishop, 1999). Bishop(1999)은 디지털 마케팅 환경을 경제적 환경, 정치적 환경, 디지털·온라인 환경으로 나누어 국가별 디지털 마케팅 지수를 산출하였으며, 글로벌한 환경에서 국가 간 디지털마케팅전략을 집행하는데 있어서 가장 적합한 타겟 국가를 선정할 때 이들 세 가지 차원에 따른 국가별 디지털 지수를 고려하여 글로벌마케팅전략을 세우는 것이 바람직하다는 것이다(〈그림 2-1〉).

〈그림 2-1〉 글로벌 디지털 마케팅 환경에 영향을 미치는 요인

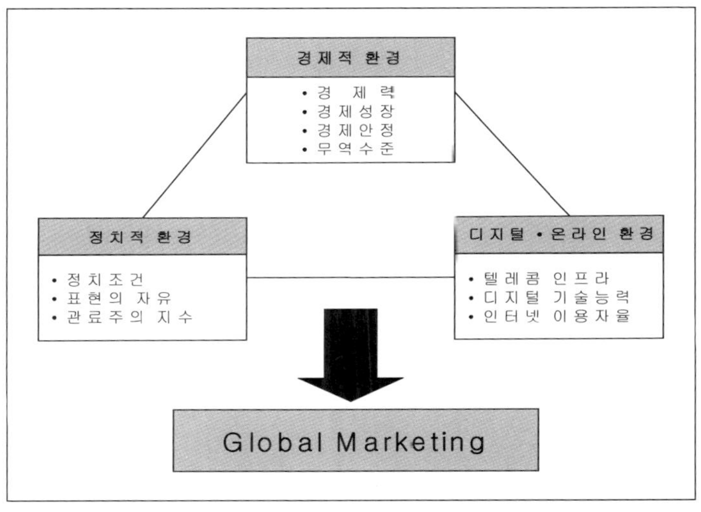

출처: Bill, Bishop(1999), Global Marketing for the Digital Age, NTC Business Book, pp.115-133.

그러나 Bishop이 제시한 세 가지 차원에 의한 디지털 마케팅 지수는 인터넷 광고를 설명하기에는 너무 포괄적인 개념이기 때문에, 본 연구는 인터넷 광고의 독특한 본질을 설명하는데 있어서 보다 심층적인 이해를 위해 인터넷 광고의 비유사성에 대한 설명변인으로써의 역할을 할 수 있는 온라인 환경과 관련된 정보문화적 특성과 함께 인터넷 광고 산업과 관련 있는 온라인 마케팅 환경적 특성을 설명요인으로 채택하였다. 온라인 마케팅 커뮤니케이션 행위는 온라인 환경 요인과 밀접한 관계를 지니고 있으며, 이러한 온라인 환경 요인이 인터넷 광고를 집행하는데 있어서 어느 정도 적합한 기능을 수행하는가가 커다란 변수로 작용한다.

온라인 마케팅 환경은 그 나라의 디지털 수준과 온라인 산업 환경을 포함하며, 국가 간 정보문화와 온라인 산업 환경의 상대적 차이가 곧 "디지털 거리(digital distance)"가 된다. 이러한 디지털 거리는 한 국가에서의 정보문화와 함께 이와 관련된 온라인 산업 환경에 직접 또는 간접적으로 연관된 요소에 있어서 온라인 마케팅 환경간에 나타나는 비유사성 또는 차별성(dissimilarity)이라고 할 수 있다. 또한 디지털 거리에 따른 두 국가 간의 차이의 크기는 정보문화와 온라인 마케팅 환경의 상대적인 사회적 독특성(social uniqueness)에 기인하는 것으로 보여질 수 있다.

본 연구에서 국가 간 디지털 거리를 규명하는 척도로 인터넷 광고에 영향을 미칠 것으로 보이는 정보문화(도구문화와 규범문화)와 온라인 마케팅 환경 요인 즉 인터넷 이용자, 인터넷 쇼핑 환경 그리고 인터넷 광고 산업에 대한 객관적 분석결과를 통시적으로 이용하고자 한다. 이는 온라인 마케팅 환경 요소를 국가 간 상대적 비교를 통해 평가함으로써 유사성 정도에 의한 상대적 거리를 측정할 수 있다(〈그림 2-2〉).

글로벌한 통신 인프라를 기반으로 인터넷을 이용하는 사람이 많아지면 인터넷 쇼핑환경 또한 발전하게 되고 기업에서 인터넷 광고가 차지하는 비율은 점차 증가하게 될 것이다. 따라서 국가별 정보문화와 온라인 마케팅 환경이 유사하여 디지털 거리가 가까우면 가까울수록 국가 간 인터넷 광고의 상대적 거리 또한 가까울 것으로 기대된다.

예컨대, 글로벌한 통신 인프라를 기반으로 국가 간 인터넷 이용자수, 인터넷 쇼핑환경 그리고 인터넷 광고 산업과 관련된 온라인 마케팅 환경적 특성이 유사한 국가 사이에 전달되는 인터넷 광고의 커뮤니케이션 스타일 즉, 정보내용과 표현전략은 표준화 경향이 보편적으로 나타날 것이며 반대로 정보문화와 온라인 마케팅 환경적 특성이 상이하면 할수록 국가 간 커뮤니케이션 스타일 역시 차별화 경향이 나타날 것으로 보인다. 결국 디지털 거리가 가까운 국가 사이에 인터넷 광고를 집행할 경우 표준화된 광고캠페인을 사용하게 될 것이다.

따라서 본 연구는 인터넷 광고에 영향을 미칠 것으로 기대되는 정보문화와 온라인 마케팅 환경요인으로 국가 간 상대적 비교를 통해 디지털 거리를 설명하고, 디지털 거리에 따른 국가별 광고의 커뮤니케이션 스타일 즉, 인터넷 광고의 정보내용과 표현전략에 있어서 유사성의 정도를 살펴보고자 한다.

<그림 2-2> 인터넷을 통한 국제 광고에 영향을 미치는 요인

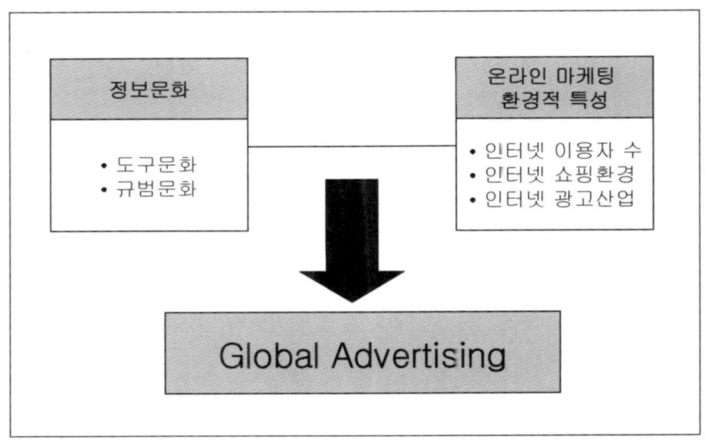

3. 인터넷 광고의 형식

본 연구가 인터넷 광고에 영향을 미치는 요인으로 고려한 세 가지 특성적 차원 즉, 매체로써의 웹의 특성, 정보문화, 온라인 마케팅 환경적 특성에 영향을 받을 것으로 예측되는 인터넷 광고의 형식은 광고의 전략을 표현하는 기법으로 정보내용(information contents), 표현전략(creative strategy), 기술적 영역(technical aspects)과 관련한 요인들로 분류될 수 있다. 이들에 대한 내용을 살펴보면 다음과 같다.

1) 정보내용

광고의 중요한 역할 가운데 하나가 바로 소비자들에게 유용한 정보를 제공하는 데 있다. 많은 연구자들은 광고에서의 정보내용을 분석하였으며, 또한 국가 간 광고의 정보성[18]을 비교하였다(Dowling, 1980; Hong et al, 1987; Madden et al, 1986; Weinberger & Spotts, 1986; 김유경, 1996).

정보내용(information content)은 광고에 나타난 정보의 내용적 단서(cue)를 의미한다. 광고의 정보내용에 대한 연구는 광고의 메시지전략에 있어서 정보적 성격을 세분화한 Resnik & Stern(1977)의 분류체계가 대표적이다. Resnik & Stern의 정보체계는 가격/가치, 품질, 성능, 성분/내용, 구매안내, 특별제공, 맛,

---

18) 광고에서 정보성(Informativeness)이란 continuum(연속체)이라고 할 수 있다. 즉 광고에서 정보성이 높다는 것은 광고내용에 많은 수의 정보 단서(cue)를 포함하고 있는 것을 말하며, 반대로 정보성이 낮은 광고는 정보 단서를 거의 포함하지 않은 것을 뜻한다(Mueller, 1987).

영양, 포장, 보증, 안전성, 독립기관의 조사, 기업의 자체 조사, 새로운 아이디어 등 총 14개의 정보단서로 구성되었다. 이들의 정보단서들은 현재까지 가장 널리 사용되어 온 측정도구이자 기준이다(De Mooij, 1998). Resnik & Stern의 14가지 정보 단서를 사용하여 전통적 매체의 정보성을 연구한 결과, 국가 간의 차이가 있는 것으로 나타났으며 이들 정보단서를 이용하여 인쇄 광고와 TV광고의 정보성을 연구한 후속 연구 역시 초기 연구의 결과를 검증하고 확인하였다(Madden, Caballero, Matsukubo, 1986: Hong et al., 1987: Kweon et al., 1992: Ramaprasad & Hasegawa, 1992: Zandpour et al., 1994).

Philport & Arbittier(1997)는 TV, 잡지, 신문, 인터넷에 게재된 광고의 선도 브랜드와 후발 브랜드 커뮤니케이션 스타일을 분석하기 위해 24가지의 정보적 기준을 사용하여 광고내용을 분석하였다. 이는 기존의 Resnik & Stern(1977)의 분류체계와 Katz(1989)의 미디어 가이드라인 그리고 Laskey, Fox, Crask(1994)의 광고실행 스타일을 참조하여 만들어 졌다. 24가지의 정보적 기준은 먼저 태도, 제품 포지셔닝, 마케팅 프로그램, 상호작용의 5개의 차원으로 분류한 뒤 다시 세분화시켰다. 태도는 개인, 제품제시, 특징, 테크닉, 유머로 제품 포지셔닝은 비교, 품질, 소비자 서비스, 보증으로 판매자극은 가격, 판매, 판매 이벤트, 임대/투자, 인센티브, 쿠폰, 콘테스트, 지속적 프로그램으로 마케팅 프로그램은 모회사, 공동브랜드 광고, 단체이미지, 사회적 책임, 이벤트 스폰서쉽으로, 마지막으로 상호작용은 1-800전화번호, 웹 주소로 총 24개의 정보적 기준을 나누었다. 연구결과 제품군과 매체에 따라서 크리에이티브 메시지가 다양했으며, 선도 브랜드가 각각의 매체에서 더 많은 크리에이티브 메시지를 가지고 있는 것으로 나타났다.

한편, Rossiter & Bellman(1999)은 인터넷 광고의 정보내용을 위한 새로운 개념적 체계를 도입하여 인터넷 광고에 적합한 정보내용을 제안했다. Rossiter & Bellman의 정보내용은 Resnik & Stern(1977)의 정보체계가 광고의 내용을 언어적 단서인 text와 시각적 단서인 picture를 함께 보기보다는 언어적 단서인 text에 중점을 둔 것이라는 한계점을 극복하기 위해 새롭게 고안해 낸 것이다. 이들은 인터넷 광고의 정보내용을 브랜드 이름(brand identification content node), 제품범주(category content node), 인센티브(attribute content node), 목표공중(target audience content node), 구매정보(purchase instruction content node) 5가지 유형으로 분류하였다. 이러한 정보내용의 유목들은 사이트 방문자의 선택적 주의와 관련 있는 것으로 정보내용 노드(node)[19]가 많으면 정보이용욕구가 강한 인터넷 이용자들을 사이트에 오랫동안 머물게 할 수 있다는 것이다. 또한 인터넷 이용자의 주의와 관심을 끌고 유지하기 위해서는 비주얼과 청각요소를 조화한 다양한 멀티미디어 요소를 사용하는 것이 바람직하며, 다양한 기술적 요소를 사용한 정보내용 노드를 통해 인터넷 이용자의 정보추구욕구를 충족시켜줄 수 있을 것으로 기대하고 있다(Rossiter & Bellman, 1999).

문화에 의한 정보수준의 차이를 알아보기 위한 연구는 전통적인 매체광고뿐만 아니라 인터넷 광고에서도 나타났다. 배너 광고를 분석한 Chung & Ahn(1999)의 연구 결과를 보면, 미국의 배너 광고가 한국의 배너 광고보다 더 많은 정보단서를 포함하고 있는 것으로 나타났다. 미국의 경우 저상황 문화에 속하기 때문에 광고 메시지가 직접적이고 겉으로 분명하게 표현되는 메

---

19) Rossiter & Bellman(1999)의 정보노드(node)는 Resnik & Stern(1977)의 정보단서(cue)와 같은 맥락에서 사용된 것임.

시지 정보의 형태로 전달되며 논리적 전통에 의존하는 문화적 전통으로 인해 광고에 많은 정보를 포함하는 것으로 나타났다. 이는 인터넷 광고도 광고의 한 형태이며 인지(awareness), 태도(attitude)와 같은 커뮤니케이션 효과를 획득하기 위한 전략으로 이용될 수 있기 때문이다.

Choi(2000)는 배너 광고에 나타난 언어적, 시각적 정보단서와 문화적 변인과의 관계를 알아보기 위해 Resnik & Stern의 정보체계와 Rossiter & Bellman의 정보내용을 이용하여 한국과 미국의 배너 광고를 분석하였다. 연구결과 집단주의 문화에 속하는 한국이 배너 광고에 회사명과 이벤트 스폰서쉽을 많이 사용하는 것으로 나타났으며, 개인주의 문화에 속하는 미국은 행동을 촉구하는 "call-to-action" 메시지를 더 많이 사용하는 것으로 나타났다. 결과적으로 문화가 배너 광고에 부분적으로 반영되는 것으로 나타났으나 전체적으로 볼 때 국가 간 정보단서의 수는 문화적인 차이라기보다는 배너 광고의 크기와 유형에 더 많은 영향을 받는 것으로 나타났다.

또한 인터넷은 테크놀로지의 발달로 새롭게 등장한 매체이므로 정보문화에 의해서도 영향을 받을 것으로 기대된다. 정보문화는 인터넷을 이용하는 수용자들의 필요와 욕구충족을 위해 스스로 만들어 가는 문화로 소비자의 문화욕구로 인해 물질적 가치가 아닌 정신적 가치를 인터넷을 통해 추구하는 문화이다. 따라서 소비자의 문화욕구를 충족시켜주기 위해서는 인터넷 이용자의 주의와 관심을 끌고 유지할 수 있는 다양한 멀티미디어 요소를 인터넷 광고에 사용하는 것이 바람직하며, 다양한 멀티미디어의 사용은 인터넷 기술의 발달이 전제되어야 가능하기 때문에 정보통신기술(Information Communication Technology)이 발달한 국가일수록 인터넷 광고에 사운드와 비주얼이 조화된 멀티미디어요소를 많이 사용할 것이다.

예컨대 인터넷 테크놀로지를 기반으로 인터넷 이용자의 수가 증가하고 인터넷 전자상거래가 활발하게 이루어지기 위해서는 제품과 서비스에 대한 정보만으로는 소비자의 욕구를 충족시켜 줄 수 없기 때문에 제품과 서비스에 대한 시각적 요소(visual)를 함께 제공하는 것이 바람직하다고 할 수 있다. 이렇게 제품과 서비스의 시각적 요소를 인터넷상에서 보여주게 되면 오프라인에서처럼 직접 상점을 방문하지 않고도 제품과 서비스의 모양과 크기에 대한 소비자들의 궁금증을 해소시켜줄 수 있기 때문에 인터넷 광고에 정보만 제공하는 것보다는 더 활발하게 전자상거래가 이루어질 것으로 보인다.

따라서 정보내용은 저상황－개인주의 문화에 속하며 약한 불확실성 회피성향을 지닌 미국이 고상황－집단주의 문화에 속하며 강한 불확실성 회피성향을 지닌 한국과 중국에 비해 인터넷 광고에 다양하고 많은 정보단서를 포함하겠으나, 인터넷은 기술의 발전으로 새롭게 등장한 매체이므로 높은 수준의 정보인프라를 구축하고 있는 한국과 미국은 인터넷 기술 수준이 낙후되어 있는 중국에 비해 소비자의 욕구 충족을 위해 많은 양의 정보단서를 인터넷 광고에 포함할 것으로 기대된다.

2) 표현전략

표현전략(creative strategy)이란 광고에서 정보를 어떻게 표현할 것인가에 대한 형식이다. 즉, 정보를 전달하는 방법론적 형식을 말하는 것이다. 표현전략의 두 가지 중요한 요소는 내용(content)과 집행(execution)[20]으로(Laskey, Day, & Crask, 1989), 교차문화 연구의 중요한 관심은 주로 서로 다른 문화권에서 광

고 메시지의 내용과 집행이 문화적으로 어떠한 양상을 보이는지
에 있다. 그러나 표현전략은 광고 메시지를 어떻게 표준화 또는
차별화 할 것인가(how is said)라는 테크닉 위주의 집행에 관한
것이라기보다는 무엇을 표준화하고 무엇을 차별화해야 할 것인
지(what is said)에 관한 광고 메시지의 전략적 접근을 의미한다
(Ramaprasad & Hasegawa, 1992).

Frazer(1983)는 표현전략을 광고 메시지의 일반적인 본질과 특
성을 규정해 주는 지도원리(guiding principle) 또는 기법(policy)
이라고 기술하고 분석범주를 포괄성(generic), 선점(preemptive),
USP(unique selling proposition), 상표이미지(brand image), 포지셔
닝(positioning), 반응유도(resonance), 감성적 소구(affect)로 구분
하였다. 그러나 Frazer의 이 같은 구분은 대체로 분석 과정에서
전문성을 요구하며, 설명력이 부족하다는 점에서 광고의 교차문
화 연구에서는 적용성이 낮은 것으로 평가되고 있다. Laskey와
Crask(1990)는 Frazer의 분류체계를 보완하고 특히, 정보적
(informational)소구 요소와 이성적(rational)소구 요소를 추가하였
으나, 각 요소의 중복성이 두드러져 실효성을 거두지 못했다.

Synodinos, Keown & Jacobs(1989)는 표현전략의 체계를 제품
식별(product identification), 제품혜택의 인식(benefit awareness),
사진의 활용, 생활단면묘사(slice-of-life), 유머, 영상(animation)
등 6개의 유형으로 나누고 15개국의 다국적 브랜드의 비교연구

---

20) Manrai, Broach, & Manrai(1992)는 내용(content)과 집행
(execution)은 크리에이티브전략에 있어서 가장 중요한 요소
이며 내용은 광고 메시지의 정보적·설득적 요소와 관련이 있
는 반면, 집행은 메시지를 표현하는 방법과 관련이 있다고 설명
했다. 또한 내용과 집행은 제품광고에 있어서 크리에이티브
전략과 관련하여 가장 일반적으로 사용하고 있는 요소이다.

에 적용한 바 있다. 그러나 이 분류 또한 광고의 스타일과 소구를 강조한 유목이어서 전략보다는 실행요소와 관련성이 더 높은 것으로 나타났다.

Taylor(1999)[21]는 6개의 영역에 적합한 커뮤니케이션 유형과 메시지 크리에이티브 전략을 제시하고 메시지 크리에이티브전략을 정보소구전략과 이미지 광고로 나누어 설명하고 있다. 정보소구전략에는 일반적 편익소구전략(generic strategy), 비교(comparative) 광고전략, 선제 공격적 (pre-emptive)전략, 제품의 특장점(USP) 소구전략, 포지셔닝(positioning)전략, 브랜드 친숙 전략(brand familiarity strategy), 과장광고(hyperbole) 등 7개의 하위요소를 갖고 있으며, 이미지 광고에는 정서소구전략(affective strategy), 사용자 이미지(user image)전략, 공명전략(resonance), 사용상황(use occasion)제시전략, 시즐(sizzle)·감각적 만족제시전략 등 5개의 하위요소로 구분했다.

표현전략과 관련된 내용은 현재까지 가장 객관성이 높고, 설명력이 강한 것으로 평가되고 있는 Simon(1971)의 분류체계를 들 수 있다. 이 분류체계는 마케팅과 광고 분야에서 광범위하게 사용하고 있는 것으로, Simon(1971)은 표현전략을 소비자에게 메

---

21) Taylor는 기존의 FCB모델에서 간과했던 부분을 개선하여 FCB의 4개 영역을 6개의 영역으로 확장하였고, 각 영역의 경계도 정보추구동기(desire for information)와 정서적 중요도(emotional importance)의 연속선상(continum)에 존재하는 것으로 보았다. 이 모델을 통해 Taylor는 각 영역의 제품군에 대해 소비할 때의 소비자 행동을 설명할 수 있는 틀을 체계화했고, FCB에는 없는 2개의 영역 즉, 자아(ego)영역, 감각(sensory)영역, 습관(routine)영역, 이성(ration)영역에 즉시적 욕구(acute need)영역과 사회적(social)영역을 새롭게 추가하여 6개 영역으로 확장했다.

시지를 전달하기 위한 광고의 카프와 일러스트레이션을 도구로 묘사한 명시적 또는 암시적 표현 틀이라고 규정하고 크게 10가지의 하위요소로 구분했다. : 정보(information), 논증(argument), 심리적 소구(psychological appeal), 반복주장(repeated assertion), 명령법(command), 브랜드친숙성(brand familiarization), 상징적 연상(symbolic association), 모방(imitation), 혜택(obligation)과 구매습관 권유(habit-starting). 이러한 Simon(1971)의 분류체계는 주로 TV커머셜을 분석하는데 적용되어 왔다.

Zandpour 등(1994)은 Simon의 분류체계를 이용하여 문화적 차이와 표현전략 사이의 관계를 연구한 결과, 심리적 소구에 의한 동기유발과 상징적 연상은 주로 동양문화권에서 자주 사용하고 있는 반면, 서양문화권에서는 정보와 논증전략을 주로 사용하는 것으로 나타났다.

김유경(1996)은 이 분류체계에 근거하여 연구한 결과 집단주의이면서 불확실성 회피성향이 강한 한국은 상징적 연상전략을 많이 사용한 반면, 개인주의이면서 불확실성이 약한 미국은 정보전략을 강조하는 것으로 나타나 문화적 차이에 따라 광고 메시지의 표현전략이 다르다는 것을 입증했다.

Martenson(1987)은 Simon의 분류체계를 이용한 결과 집단주위 성향이 강한 스웨덴은 텔레비전 광고에 브랜드친숙성전략을 많이 사용한 반면, 개인주위 성향이 강한 미국은 심리적 소구전략을 광고에 자주 이용하는 것으로 보고했다.

이러한 연구결과는 인터넷 광고에서도 나타났다. 김유경과 김은희(2001)는 아시아-태평양의 인터넷 광고를 분석한 결과, 같은 문화권의 아시아 국가들도 국가별 다양한 소구전략을 사용하는 것으로 나타났다. 한국은 논증, 심리적 소구, 구매습관과 같은 소구전략을 가장 많이 사용하는 것으로 나타났으며, 정보소구전략은 홍콩과 말레이시아가, 일반적 편익소구전략은 인도네시아를 제외한 대부분의 국가에서 자주 사용하는 것으로 나타났다. 홍콩과 말레이시아가 다른 국가들에 비해 서양문화권의 영향을 많이 받은 국가이기 때문에 인터넷 광고에 정보소구전략을 많이 사용하고 있는 것으로 나타났다.

이처럼 인터넷 광고도 문화적인 영향이 인터넷 광고에 부분적으로 반영되고 있는 것으로 나타나고 있으나, 이러한 차이는 인터넷을 이용하면서 형성된 정보문화와 관련이 크다고 할 수 있다. 정보문화는 테크놀로지의 발달에 따라 인터넷이라는 새로운 매체를 이용하면서 형성된 문화이기 때문에 테크놀로지의 발전수준이 비슷한 국가일수록 인터넷 광고에 사용되는 표현전략은 전통문화보다는 정보문화에 영향을 많이 받아 유사한 표현전략을 사용할 것으로 기대된다.

이러한 예측은 Oh & Cho(1999)의 연구결과에서 잘 나타나고 있다. 고상황-집단주의 문화인 한국과 저상황-개인주의 문화인 미국의 경우 인터넷 광고의 표현전략에 있어서 문화적 차이를 반영하지 못한 것으로 나타났는데, 그 이유를 한국과 미국 두 국가의 경우 테크놀로지의 수준이 거의 비슷하기 때문에 인터넷 광고에 사용된 표현전략의 경우 국가 간 차이가 없는 것으로 해석하고 있다.

예컨대 한국과 미국의 경우 정보문화 측면에서 서로 유사한 특성을 보이고 있기 때문에 인터넷 광고에 사용하는 표현전략의 경우 거의 차이가 없을 것으로 기대된다. 반면 중국은 한국과 미국과는 달리 인터넷 기술수준이 아직 낙후되어 있기 때문에 인터넷 광고의 표현전략에 있어서 중국은 한국과 미국과는 차이가 있을 것으로 예측된다. 따라서 한국과 미국은 인터넷 광고에 다양하면서도 유사한 표현전략을 사용할 것으로 보이며, 이에

비해 중국은 정보위주의 단순한 표현전략을 사용할 것으로 기대
된다.

3) 인터넷 광고의 기술적 영역

기술적 영역(technical aspects)은 국가별 인터넷 광고의 외형적
특징, 멀티미디어 사용, 인터넷 광고의 상호작용성 등 매체기술
에 따른 효용영역을 의미한다. 이는 광고의 표현적 요소 가운데
제작과 가장 관련성이 높은 요인으로 교차 문화적 관점에서의
차별성을 예견할 수 있는 동시에 문화 및 온라인 환경에 가장
민감한 요소로 볼 수 있다.

특히, 인터넷 광고의 외형적 특징은 광고 페이지의 길이나 메
시지의 성격, 문자정보의 유형 등으로 이는 인터넷이 지니는 기
술적 특성 외에도 이용자의 문화적 욕구에 민감하다(Ju-Pak,
1999). 멀티미디어의 사용여부는 광고 메시지를 표현하는 수단으
로 시청각 도구의 활용여부를 의미한다. 이 또한 타겟 국가의
온라인 수용환경이나 수용자의 선호경향을 분석하여 전략으로
적용할 수 있게 하는 주요 개념이다. 또한 인터넷 광고의 상호
작용성은 국가 간 큰 차이를 보일 수 있는 특성이다.

상호작용성은 컴퓨터로 매개된 커뮤니케이션에서 중요한 개념
으로 논의되어 왔으며, 인터넷 광고상에서 상호작용성은 단순히
감상과 수동적이며 소극적 반응에 그쳤던 오프라인 광고와 크게
차별화 할 수 있는 특징이라고 할 수 있다(Choi, 2001). 기업이
인터넷 광고를 통하여 소비자와 상호작용 할 수 있는 문화는 테
크놀로지의 보장이 전제되어야 하며 이용자의 적극적이고 능동
적인 이용 문화가 선행되어야 하기 때문에 국가 간 차별적 요소
로 평가될 만하다고 본다. 따라서 이 같은 기술적 영역 또한 인

터넷의 기능적 특성, 문화적 특성, 온라인 환경과 더불어 국가 간 광고의 비교연구에 있어 간과되어서는 안 될 중요한 변인으로 상정할 수 있다.

요약해 보면, 인터넷 광고의 정보내용 그리고 표현전략에 있어서 국가 간의 차이를 보이는 것은 매체로써의 웹의 특성과 정보문화 그리고 온라인 마케팅 환경적 특성의 차이에 의한 것이라고 할 수 있겠다. 즉, 매체로써의 웹의 특성과 국가 간 정보문화 그리고 온라인 마케팅 환경적 특성에 있어서 국가 간의 거리가 멀면 멀수록 유사한 국가군으로 분류하기가 힘들기 때문에 인터넷 광고의 정보내용, 표현전략에 있어서 국가 간 차이가 나타날 수 있으며, 반대로 국가 간의 거리가 가까우면 가까울수록 유사한 국가군으로 분류되어 인터넷 광고의 정보내용, 표현전략이 유사할 것으로 기대된다.

지금까지 살펴본 것처럼 정보문화 특성과 온라인 마케팅 환경적 특성이 국가 간 인터넷 광고의 형식 즉 정보내용, 표현전략, 인터넷 광고의 기술적 영역에 영향을 미치는 요인으로 작용할 것으로 판단된다. 따라서 본 연구는 정보문화 특성, 온라인 마케팅 환경적 특성에 따른 국가 간 디지털 거리를 통하여 국가 간 인터넷 광고의 정보내용, 표현전략 그리고 기술적 영역의 차이를 알아보고자 한다. 결국 정보문화 특성, 온라인 마케팅 환경적 특성, 인터넷의 기술적 특성 등 이들 모든 변인들은 광고캠페인 수행 정도에 영향을 미칠 것으로 보이며, 이러한 통합적 접근방법은 인터넷 광고의 국가 간 차이를 이해하는데 보다 유용한 개념적 해석틀로 기능 할 것으로 판단된다. 이는 이들 세 변인이 상호 독립적이고 배타적이지 않기 때문이다. 또한 어느 변인이 인터넷 광고의 상이성에 더욱 영향을 미치는가는 항상 결정될 수 없는 상대적 비중(relative weigh)의 문제이기 때문에 귀납적 논리에 입각한 검증요령이 요구된다.

〈그림 2-3〉 디지털 거리에 따른 인터넷
광고의 전략적 과정

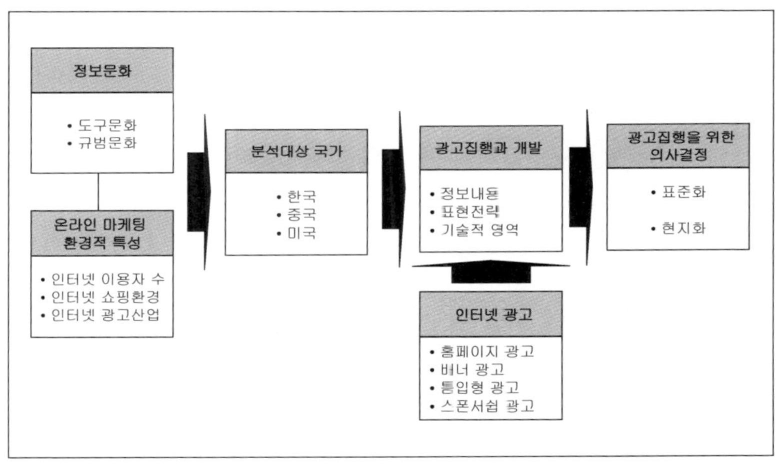

4. 인터넷 광고에 관한 비교문화연구들

1) 국제광고에 대한 선행 연구 고찰

국제광고에 관한 연구는 주로 광고와 문화의 관계, 즉 광고가 문화를 반영한다는 점에서 국가 간 차이에 대한 비교문화 연구가 활발히 진행되어 왔다. 광고에 대한 비교 문화적 연구는 서로 다른 문화권의 광고 내용 또는 일러스트레이션을 비교 분석하거나 또는 문화권에 따라 소비자들이 광고에 대해 어떻게 반응하는가를 측정하여 그 차이를 문화적인 차이와 연관시켜 분석

하였다. 이는 서로 다른 문화권뿐만 아니라 같은 문화권 내에서도 진행되었는데, 같은 문화권이라고 하더라도 그 나라의 문화적 정서가 다르면 국제광고 캠페인전략도 다르게 집행되어야 한다는 것이다. 이러한 경향은 국제광고전략을 수립하는데 있어서 그 광고를 수용하는 소비자들의 문화가 필수적인 고려 대상으로 인식되면서 더욱 두드러지게 나타나고 있다.

광고의 표현기법은 대체로 전략(strategy), 내용(content), 소구(appeal), 형식(form) 등 다양한 체계로 구분할 수 있으며, 이들 체계들은 또한 다양한 분류기준들을 가지고 있다. 본 장에서는 광고 표현의 문화적 차이를 비교하기 위해 다양한 분류기준 가운데 본 연구에서 인터넷 광고와 문화와의 관계를 알아보기 위해 채택한 정보내용과 표현전략의 국가 간 비교연구를 중심으로 선행연구를 살펴보고자 한다.

(1) 광고의 정보내용에 관한 국가 간 비교연구

광고의 중요한 역할 중의 하나는 소비자들에게 제품과 서비스에 대한 유용한 정보를 제공하는 것이다. 광고 정보내용은 설득적 요소와 함께 정보적 요소가 포함되어야 허며(Hunt, 1976), 수용자들이 광고를 선호하는 가장 큰 이유는 광고가 정보적 가치를 담고 있기 때문이다(Bauer & Greyer, 1968). 많은 연구자들은 광고에 대한 국가 간 비교연구에서 광고에 사용된 정보내용과 정보성을 비교분석 하였다.

대부분의 연구는 광고정보내용전략에 있어서 정보적 성격을 세분화한 Resnik & Stern(1977)의 분류체계를 사용하여 TV와 인쇄 광고에 나타난 정보내용의 국가별 차이를 비교하였다. 광고가 포함하고 있는 정보의 양에 있어서 TV광고와 유의미한 차이를 보였으며, 인쇄 광고가 TV광고보다 더 정보적인 것으로 나타났으며(Stern, Krurman & Resnik, 1981; Hong, Muderrisoglu & Zinkhan, 1987; Madden, Caballero & Mastukobo, 1986; Mueller, 1987; Zandpour, Chang & Catalano, 1992), 일반적으로 미국의 광고는 아시아의 광고보다 덜 정보적이며 유럽의 광고보다는 더 정보적인 것으로 나타났다.

Madden, Caballero & Mastukobo(1986)은 Resnik & Stern(1977)의 분류체계를 사용하여 미국과 일본의 잡지광고를 비교한 결과 일본 광고가 미국 광고보다 더 많은 정보단서를 지니고 있는 것으로 나타나 미국 광고보다 일본 광고가 더 정보적인 것으로 나타났다. Hong, Muderrisoglu & Zinkhan(1987)도 총 365개의 표본을 대상으로 미국의 잡지광고와 일본의 잡지광고의 정보내용을 비교하였는데 일본의 광고가 더 정보적이라는 Madden 등의 연구결과와 같은 결과를 얻었다. Rice & Lu(1988)는 중국의 잡지광고의 정보내용을 분석하였는데, 모든 잡지광고에서 1개 이상의 정보단서를 포함하고 있는 것으로 나타났으며 미국과 일본의 잡지광고에 나타난 정보량과 비교한 결과 중국의 잡지광고가 정보량이 훨씬 더 많다는 것을 발견하였다.

Kweon, Jacobs & Ghymn(1992)는 미국, 일본, 한국, 중국의 4대 매체(TV, 라디오, 잡지, 신문) 광고를 비교분석 한 결과, 방송매체(TV, 라디오)의 경우 미국 광고가 다른 국가들에 비해 많은 정보단서를 포함하고 있는 것으로 나타났으며, 인쇄매체(잡지, 신문)의 경우에는 중국 광고가 많은 정보단서를 포함하고 있는 것으로 나타났다.

Martenson(1987)은 스웨덴과 미국의 TV광고에 나타난 정보내용을 비교분석 하였는데, 연구결과 미국광고가 스웨덴 광고보다 더 정보적이라는 결과가 나타났다. Weinberger & Spotts(1989)는 문화적으로 유사한 미국과 영국의 TV광고를 대상으로 광고에 포함된 정보내용을 비교분석 한 결과, 미국의 광고가 영국의 광고보다 더 많은 정보내용을 포함하고 있는 것으로 나타났다.

Biswas, Olsen & Carlet(1992) 역시 유사한 가치체계를 지닌 미국과 프랑스의 잡지광고를 연구한 결과에서도 국가 간의 차이를 보였다. 미국과 프랑스는 커뮤니케이션 목적, 문화적 상황에 있어서 국가 간의 차이로 인해 미국이 프랑스보다 광고에 더 많은 정보단서를 포함하고 있는 것으로 나타나 광고가 문화를 반영하는 것으로 나타났다. 결국 문화에 따라 광고가 포함하는 정보량은 달라지며, 특히 미국의 광고가 영국과 프랑스광고보다 일반적으로 정보성 수준이 더 높은 것으로 나타났다.

또 다른 연구에서는 일본의 광고가 미국의 광고보다 덜 정보적이라는 연구결과들도 나타났는데, Lin & Salwen(1995)은 정보유형과 소구방식에 있어서 미국광고가 일본광고보다 더 정보적인 것으로 나타났다(Ramaprasad & Hasegawa, 1992: Lin, 1993)

한편, Zandpour 등(1994)은 문화적 차원과 광고 관련 변인들(1인당 광고비, 상위 10위 권에 드는 미국 광고주, 숙련된 광고 전문인, 미국 광고 대행사의 수, 중간광고의 시행여부, 정부규제의 정도, 제품유형 등)을 종합하여 문화적으로 다양한 8개 나라의 텔레비전 광고를 대상으로 광고의 정보성을 측정하였다. 연구결과, 문화와 시장요인이 정보내용에 영향을 미치는 것으로 나타났다. 김유경(1996)은 Zandpour 등(1994)이 국제광고의 정보성을 비교하는데 사용했던 문화와 시장 요인을 이용하여 한국, 미국, 일본 세 나라의 잡지광고에 나타난 동일 브랜드 광고를 비교 분석하였다. 연구결과, 각 나라의 문화적 특성과 시장 특성이 정보내용에 영향을 미치는 것으로 나타났다.

한국과 미국 TV광고의 정보성 수준과 효과성을 비교한 Taylor, Miracle & Wilson(1997)의 연구를 보면, 미국광고가 한국 광고보다 더 많은 정보를 포함하고 있으며, 미국 사람들은 한국 사람들보다 많은 정보를 포함하고 있는 TV광고에 대해 호의적인 태도를 보인 것으로 나타났다.

광고의 정보내용과 정보성에 관한 연구는 인터넷 광고에서도 찾아볼 수 있다. Kuen-Hee Ju-Pak(1999)은 다양한 문화를 지닌 국가 간 웹 광고의 차이를 알아보기 위해 미국, 영국, 한국 세 나라의 웹 광고에 나타난 정보내용의 유형과 양을 연구하였다. 정보내용의 유형과 양을 분석하기 위해서는 Resnik & Stern(1977)의 14가지 정보단서에 Mueller(1991)의 2가지 정보단서를 추가하여 측정하였다. 측정결과 제품광고에서 정보단서의 유형과 수에 있어서 국가별로 차이가 있는 것으로 나타났다.

Oh & Cho (1999)는 Resnik & Stern(1977)의 14가지 정보단서를 사용하여 한국과 미국의 인터넷 광고에 나타난 정보단서를 비교하였다. 연구결과, 한국과 미국의 인터넷 광고에 나타난 정보성(informativeness)에 있어서 미국이 한국에 비해 많은 양의 정보를 담고 있는 것으로 나타났는데, 이는 미국이 저상황(low-context) 문화에 속하기 때문에 고상황(high-context) 문화에 속하는 한국에 비해 많은 양의 정보를 인터넷 광고에 담고 있는 것으로 나타났다. Chung & Ahn(1999)은 한국과 미국의 문화 차이에 따른 배너 광고의 정보성을 분석하였다. 연구결과, 미국은 평균 6개 이상의 정보단서를 광고에 포함하고 있는 반면 한국은 평균 4개의 정도의 정보단서를 광고에 포함하고 있어, 한국의 배너 광고가 미국의 배너 광고보다 덜 정보적인 것으로 나타났다.

위의 연구들은 인터넷이 지닌 매체적 특성을 고려하지 않은 채 TV나 인쇄 광고에서 사용된 Resnik & Stern의 유목들을 그대로 사용하였기 때문에 매체의 특징을 반영한 유목이라고 하기에는 한계점을 보이고 있다. Choi(2000)는 이러한 한계점을 보안하여 Resnik & Stern(1977)의 정보체계와 Rossiter & Bellman(1999)이 웹 광고를 위해 새롭게 개발한 정보내용과 구조를 참고하여 정보내용에 대한 20개의 정보단서를 가지고 한국과 미국의 배너 광고에 나타난 정보의 유형을 분석하였다. 연구결과 한국과 미국 사이에 정보단서의 수에 있어서 배너 광고의 크기에 따라 차이가 있는 것으로 나타났다.

(2) 광고의 표현전략에 관한 국가 간 비교연구

표현전략이란 정보내용을 어떻게 구사할 것 인가라기보다는 광고를 통해 무엇을 전달할 것인가(Ramaprasad & Hasegawa, 1992)에 관한 것으로, Frazer(1983)는 보다 넓은 의미로 표현전략을 광고 정보내용의 일반적인 본질과 특성을 규정해 주는 지도원리 또는 기법이라고 정의하였다. 이러한 표현전략은 이론상으로는 많은 홍미를 불러일으켰지만, 분석과정에서 대체로 전문성을 요구하며 설명력이 부족하다는 점에서 광고의 문화 간 비교연구에 있어서 주목을 받지는 못했다(Ramaprasad & Hasegawa, 1992: Zandpour et al, 1994).

Simon(1971)은 마케팅과 광고 분야에서 광범위하게 적용되어질 수 있는 광고표현전략을 10가지의 유형 즉, 정보, 논증, 심리적 소구, 반복주장, 비논리적 암시, 브랜드친숙성, 상징적 연상, 증언식, 사은전략, 구매유인 등으로 분류하였다. Simon의 분류체계는 현재까지 객관성이 높고 설명력이 강한 것으로 평가되어 가장 많이 사용되어 온 분류척도로 주로 TV커머셜의 분석에 적용되어 왔다. Reid, Lane, Wenthe & Smith(1985)는 Simon의 분류체계를 이용하여 미국 TV광고와 국제적인 Clio상을 수상한 TV광고에 사용된 표현전략이 다르다는 것을 발견하였다. Martenson(1987) 역시 Simon의 분류체계에 근거하여 스웨덴과 미국의 TV광고를 비교하였는데, 연구결과 미국의 광그는 심리적 소구에 의존하는 경향이 높게 나타난 반면, 스웨덴의 광고는 브랜드 친숙 전략과 상징적 연상전략을 더 많이 사용하는 것으로 나타났다.

Zandpour 등(1994)은 문화적으로 다양한 차이를 보이는 8개국의 TV광고를 대상으로 Simon의 분루체계를 이용하여 문화와 시장요인이 광고의 표현전략에 미치는 영향을 측정하였는데, 분석결과 각 나라의 문화적 특성이 표현전략에 영향을 미치는 것으로 나타났다. 김유경(1996)도 Simon의 분류체계를 이용하여 국제광고의 표현전략을 비교하기 위해 문화적 특성과 시장 특성을 사용하여 한국, 미국, 일본 세 국가의 잡지광고를 비교분석 하였다. 연구결과, 문화와 시장특성의 차이가 광고에 나타난 표현전략을 판별하는데 유의적인 역할을 하는 것으로 나타났다. 미국은 정보전략을 일본은 브랜드친숙성전략을 선호하는 경향이 높은 것으로 나타나 각 나라의 문화적 특성과 시장특성이 반영된 것으로 확인되었다.

Ramaprasad & Hasegawa(1992)는 일본과 미국의 TV광고에 나타난 표현전략을 분석하였다. 이들이 사용한 분류기준은 정보적(information) 광고와 전환(transforms)광고로 두 전략에 대해 두 국가 간에 뚜렷한 차이가 없는 것으로 나타났다. 그러나 미국 광고 스타일은 비교기법과 과장기법을 많이 사용한 데 반해 일본 광고 스타일에는 비차별적 속성과 혜택이 많이 나타났다.

Mueller(1992)는 광고의 전략을 연성판매기법(soft-sell), 제품장점소구기법(product merit), 경성판매기법(hard-sell)으로 분류하고, 이 분류기준을 이용하여 미국과 일본 광고에 나타난 광고 스타일을 비교하였다. 연구결과, 일본 광고가 미국 광고보다 덜 직접적이며 소비자의 감정적 수준에 호소하고 있는 것으로 나타났으며, 일본 광고는 미국 광고에 비해 경성판매기법과 비교소구기법을 덜 사용하는 반면 제품의 장점소구는 일본 광고가 더 자주 사용하는 것으로 나타났다.

문화적 차이에 따른 표현전략에 관한 연구는 인터넷 광고에서도 나타났는데, Oh & Cho (1999)는 한국과 미국의 인터넷 광고에 나타난 표현전략을 비교하였다. 연구결과 한국과 미국의 표현전략에 있어서는 기존의 전통적인 매체 광고를 통한 연구결과(Mueller, 1987; Zandpour et al. 1994)와 달리 유의미한 차이가 발견되지 못했다.

앞에서 살펴본 것처럼 국제광고에 대한 선행 연구 결과들을 보면, 광고의 정보내용과 표현전략은 그 나라의 문화를 반영하기 때문에 국제광고를 집행할 경우 차별화전략을 사용하는 것이 바람직한 것으로 나타났다. 따라서 본 연구는 인터넷 광고 역시 광고의 한 형태이기 때문에 인터넷 광고의 정보내용과 표현전략은 국가 간 차이가 나타날 것으로 보이며 이러한 차이는 전통 매체광고와 달리 인터넷이 지닌 매체적 특성으로 인해 인터넷을 이용하면서 형성된 정보문화와 온라인 마케팅 환경특성이 인터넷 광고의 정보내용과 표현전략을 설명하는데 있어서 영향력을 미칠 것으로 기대된다.

2) 인터넷 광고의 국가 간 비교문화 연구

인터넷은 새로운 광고매체로써 짧은 역사에도 불구하고 인터넷과 관련된 연구들은 활발하게 진행되어 왔다. 그것은 인터넷의 성장속도 즉, 인터넷 이용자가 지속적으로 증가하고 있고 그에 따라 인터넷 광고 산업이 괄목할 만한 성장세를 보이고 있기 때문이다. 그러나 인터넷이 글로벌 매체임에도 불구하고 국제시장에서 인터넷 광고를 집행하는데 있어서 영향을 미치는 요인에 대한 충분한 연구가 이뤄지지 못했기 때문에 효율적인 마케팅커뮤니케이션전략을 세우는데 필요한 지침은 제공하지 못하고 있다.

인터넷 광고에 대한 국가 간 비교문화 연구는 전통적인 매체에 비해 아직은 많은 연구가 이루어지고 있지는 않지만, 최근 들어 인터넷 광고에 대한 국가 간 또는 문화 간 연구가 활발히 진행되고 있다. 먼저 Kuen-Hee Ju-Pak(1999)은 다양한 문화를 지닌 국가 간 웹 광고의 차이를 알아보기 위해 미국, 영국, 한국 세 나라의 웹 광고에 나타난 크리에이티브 소구/전략, 정보내용의 유형과 양 그리고 새로운 매체가 지닌 독특한 기술적 특징을 연구하였다. 웹 광고에 나타난 크리에이티브 소구/전략을 측정하기 위해 광고를 비주얼과 카피로 나누고 이성적 소구와 감성적 소구의 국가 간 차이를 살펴보았으며, 정보내용의 유형과 양을 분석하기 위해서는 Resnik & Stern(1977)의 14가지 정보단서에 Mueller(1991)의 2가지 정보단서를 추가하여 측정하였다. 국가 간 매체가 지닌 기술적 특징은 상호작용성의 정도로 살펴브았다.

미국, 영국, 한국으로부터 총 310개의 웹 광고를 분석한 결과, 인터넷 광고 중 특히, 제품광고의 경우 크리에이티브 전략과 정보 내용에 있어서 국가 간 유의미한 차이가 있는 것으로 나타났다. 먼저, 크리에이티브 전략에 있어서 미국과 영국의 인터넷 광고는 사실적이고 이성적인 비주얼을 많이 사용하는 반면, 한국의 인터넷 광고는 상징적이고 감성적인 비주얼을 사용하는 경향이 더 많이 나타났다. 또한 정보내용에 있어서도 국가 간의 차이를 보이고 있는데, 미국은 한국과 영국에 비해 가격/가치, 품질 그리고 구매가능성에 관한 단서를 많이 포함하고 있는 반면,

한국과 영국은 제품의 성능에 관한 단서를 더 많이 포함하고 있었다. 크리에이티브 전략과 정보내용에 대한 미국, 영국, 한국 세 국가 간 차이는 서비스 광고에서 보다 제품광고에서 유의미한 차이가 나타났으며, 개인주의 문화에 속하는 유사한 문화적 특성을 지닌 미국과 영국 두 국가는 제품광고의 경우 미국(79%)이 영국(57%)보다 시각적 표현전략을 집행할 때 이성적 전략을 더 많이 사용하였다. 한편 언어적 표현전략을 집행할 때에는 영국(78%)이 미국(43%)보다 감성적 전략을 훨씬 더 많이 사용하는 것으로 나타나 제품광고의 경우 두 국가의 차이로 인해 광고의 표준화전략이 쉽지 않음을 보여주고 있다. 또한 매체가 지닌 기술적 특징을 알아보기 위한 상호작용성의 정도는 한국 96%, 미국 95%, 그리고 영국 86%로 국가별 차이가 거의 나타나지 않았다. 결과적으로 서비스 광고의 경우 인터넷 광고를 집행할 때 표준화된 광고 캠페인을 사용하는 것이 효과적이지만, 제품광고의 경우 현지 특성에 맞는 차별화 된 광고 캠페인을 사용하는 것이 바람직하다는 것을 의미한다. 그러나 제품광고에서 나타난 국가 간의 차이를 설명할 수 있는 영향요인에 대한 설명이 부족하여 여전히 국가 간 비교연구에 머물러 있기 때문에 인터넷 광고를 효율적인 마케팅커뮤니케이션전략을 세우는 데 어려움이 있다고 하겠다.

Oh & Cho (1999)는 한국과 미국의 인터넷 광고에 나타난 정보단서, 표현전략 그리고 테크놀로지 수준을 비교하였다. 정보단서는 Resnik & Stern(1977)의 14가지 정보단서를 사용하였으며, 표현전략은 Simon(1971)의 10개의 분석유목을 그리고 테크놀로지 수준은 자바(java), 쇼크웨이브(shockwaves), 움직이는 이미지(animated image) 세 가지 영역으로 나누어 빈도를 측정하였다. 연구를 위해 한국과 미국으로부터 각각 50개씩 총 100개의 타겟

광고를 대상으로 내용 분석이 이루어졌다. 연구결과, 한국과 미국의 인터넷 광고에 나타난 정보성(informativeness)에 있어서 미국이 한국에 비해 많은 양의 정보를 담고 있는 것으로 나타났는데, 이는 미국이 저상황 문화에 속하기 때문에 고상황 문화에 속하는 한국에 비해 많은 양의 정보를 인터넷 광고에 담고 있는 것으로 나타났다. 정보유형의 차이를 보면, 한국의 인터넷 광고에는 품질, 보증, 특별제공, 성능 및 가격에 관한 정보단서를 많이 포함하고 있는 반면, 미국의 인터넷 광고에는 구매정보, 특별제공, 보증, 품질, 가격 및 안전성에 관한 정보단서를 많이 포함하고 있는 것으로 나타났다. 이처럼 한국과 미국의 인터넷 광고에 나타난 정보성의 차이는 한국의 광고주들이 인터넷을 비즈니스를 위한 수단으로 생각하지 않고, 단지 PR의 도구로써 인터넷을 사용하기 때문이라고 보고 있다.

그러나 한국과 미국의 표현전략에 있어서는 기존의 전통적인 매체 광고를 통한 연구결과(Mueller, 1987; Zandpour et al, 1994)와 달리 문화가 인터넷 광고에 반영되지 않는 것으로 나타났으며, 테크놀로지 수준에 있어서도 두 국가 사이에 유의미한 차이가 나타나지 않았다. 이는 한국과 미국 두 국가의 기술적 요소들이 빠르게 변화하고 이를 쉽게 수용하기 때문에 테크놀로지 수준에 있어서 차이가 거의 없는 것으로 나타났다. 따라서 인터넷 광고의 정보내용에 있어서는 한국과 미국 두 국가 사이에 차별화된 광고 캠페인전략을 사용하는 것이 바람직하다고 할 수 있겠다.

한편, 위에서 살펴본 연구와는 달리 Chung & Ahn(1999)은 Hall(1976)의 고상황－저상황 문화차원을 도입하여 한국과 미국의 문화 차이에 따른 배너 광고의 정보내용 형식과 정보성을 분석하였다. 연구결과, 배너 광고의 정보내용 형식과 정보성에 있어서 두 국가 사이에 유의미한 차이가 있는 것으로 나타났다. 먼저, "행동을 촉구하는(call-to-action)" 정보내용의 사용에 있어서 한국에 있는 글로벌 기업들이 한국 기업들보다 행동을 촉구하는 정보내용을 더 많이 사용하는 것으로 나타났으며, 한국보다 미국의 배너 광고에서 "행동을 촉구하는" 정보내용을 더 많이 사용하는 것으로 나타났다. 이는 미국이 저상황 문화이기 때문에 고상황 문화인 한국과는 달리 커뮤니케이션 스타일이 직접적이고 분명하다는 것이다.

또한 Resnik & Stern(1977)의 분석유목을 사용하여 측정한 정보단서의 사용에 있어서도 두 국가 사이에 차이가 있는 것으로 나타났다. 미국은 평균 6개 이상의 정보단서를 광고에 포함하고 있는 반면 한국은 평균 4개 정도의 정보단서를 광고에 포함하고 있어, 한국의 배너 광고가 미국의 배너 광고보다 덜 정보적인 것으로 나타났다. 이는 한국의 인터넷은 미국보다 짧은 역사를 가지고 있으며, 마케팅과 온라인 커뮤니케이션의 도구로써 인터넷을 사용하기보다는 우리 기업도 인터넷 광고를 하고 있다는 것을 보이기 위한 것으로 기업의 이미지를 증대시키기 위한 도구로써 인터넷을 사용하기 때문이라고 지적하고 있다. 크리에이티브 전략에 있어서도 미국의 배너 광고들은 정적인 반면, 한국의 배너 광고들은 역동적인 것으로 나타났다. 결국 이러한 연구결과는 두 국가 사이의 문화적인 차이에 기인하는 것으로써 문화가 인터넷 광고에 반영되는 것이라고 할 수 있다. 따라서 글로벌 광고주들이 인터넷 광고를 집행할 경우 차별화전략을 사용하는 것이 바람직하다고 할 수 있다.

Choi(2000)는 한국과 미국의 배너 광고에 나타난 정보의 유형과 문화적 변인과의 관계를 알아보기 위해 배너 광고를 분석하였다. 정보유형은 Resnik & Stern(1977)의 정보체계와 Rossiter &

Bellman(1999)이 웹 광고를 위해 새롭게 개발한 정보내용과 구조를 참고하여 정보내용에 대한 20개의 정보단서를 가지고 분석하였다. 이는 그동안 광고의 정보내용을 언어적 단서에 중점을 두고 분석한 Resnik & Stern의 한계점을 보안하여 언어적 단서뿐만 아니라 시각적 단서를 함께 정보내용으로 보고 분석하였다. 배너 광고에 나타난 문화적 변인과 정보유형과의 관계를 알아보기 위해 Hall(1976)의 고상황-저상황과 Hofstede(1984)의 개인주의-집단주의 문화차원을 도입하여 한국과 미국으로부터 각각 80개의 배너 광고를 표본으로 하여 내용 분석을 하였다.

연구결과 한국은 미국보다 배너 광고에 더 많이 회사명을 사용하는 것으로 나타났는데, 이는 한국과 같이 집단주의적 사회에서는 브랜드 네임보다는 회사에 더욱 중요한 가치를 두고 있으며(De Mooij, 1999), 브랜드를 제품 구매 요인으로 삼으며 제품을 결정하는데 있어서 '신뢰' 요인이 구매 결정에 영향을 미치는 것으로 평가되었다. 이러한 결과는 Miracle et al(1992)의 연구결과와도 일치하는 연구결과이다. 또한 한국의 배너 광고가 미국보다 이벤트 스폰서쉽을 더 자주 사용하는 것으로 나타났는데, 이는 한국의 사회가 집단주의 문화이기 때문에 광고에서 상표나 상품을 사회 이벤트와 연결시킴으로써 소비자의 인지도를 증대시키려는 광고주의 의도가 더 크기 때문이라고 설명하고 있다. "행동을 촉구하는(call-to-action)" 정보내용은 미국이 한국보다 더 많이 사용하는 것으로 나타났는데, 이러한 결과를 Chung & Ahn(1999)은 미국의 저상황 문화가 광고에 반영된 것이라고 설명하고 있다. 크리에이티브 전략 면에서도 한국과 미국은 서로 차이를 보였는데, 한국의 배너 광고들이 역동적인 반면, 미국의 배너 광고들은 보다 정적인 것으로 나타났다. 결과적으로 문화적인 차이가 항상 광고에 반영되는 것은 아니며 국가 간 정보단서의 수는 문화차이라기보다는 배너의 크기와 유형에 더 많은 영향을 받는 것으로 나타났다. 그러나 부분적으로 문화가 배너 광고에 반영되기 때문에 광고주들은 광고를 집행할 경우 국가별, 문화별 독특한 차이를 광고에 반영시키는 것이 바람직하다고 하겠다.

O'Keefe & Cole(2000)은 각 국의 자동차 사이트를 대상으로 비교문화 연구를 실시한 결과 인터넷을 사용하는 목적에 있어서 문화 간 차이가 나타나는 것을 밝혀냈다. 연구결과 미국 사람들은 인터넷을 정보 탐색용도로 많이 사용하는 반면, 홍콩 사람들은 인터넷을 사회 유대를 위한 커뮤니케이션 목적으로 많이 사용한다는 것이다. 미국은 저상황 문화에 속하기 때문에 대부분의 제품광고에 정보 위주의 소구를 지향하고 있는 반면, 홍콩은 고상황 문화로 인터넷 광고에 인간관계 및 주변 상황을 더 중요시하는 경향을 반영한 것으로 나타났다. 따라서 홍콩사람을 주요 고객으로 하는 인터넷 사이트에서는 제품관련 정보뿐만 아니라 제품 사용자의 체험담, 게시판이나 채팅 기능을 추가하여 인터넷 이용자간에 커뮤니케이션을 활성화시켜 고객의 참여도를 높여나가야 할 것이다. 이러한 결과는 인터넷 사이트를 개설할 경우 사이트의 디자인이 그 나라 소비자들의 문화적 특성에 맞는 메뉴나 컨텐츠를 고려하여 구성될 필요성이 있음을 시사하고 있다(최영균, 2002).

김유경과 김은희(2001)는 그동안 국제광고에서 제외되어온 아시아-태평양지역 7개국을 대상으로 인터넷이 지니는 기능적 특성 외에도 각 국가의 문화적 특성과 온라인 산업 환경, 즉 인터넷 이용자수, 인터넷 쇼핑환경 그리고 인터넷 광고비가 인터넷 광고의 정보내용과 표현전략에 어떠한 영향을 미치는지에 대해 인터넷 광고의 내용적 특성과 광고유형을 토대로 비교 분석하였

다. 아시아-태평양 7개국을 대상으로 인터넷 광고의 유형 중 홈페이지 광고, 배너 광고, 틈입형 광고, 스폰서쉽 광고만을 대상으로 총 610개의 인터넷 광고를 수집하여 분석하였다. 정보구조를 비교하기 위해서는 Rossiter & Bellman(1999)이 인터넷 광고를 위해 새롭게 개발한 5가지 유목을 사용하였으며, 정보내용은 Resnik & Stern(1977)의 14가지 정보단서 중 인터넷 광고에 적합한 것으로 재구성하였으며, 표현전략은 Simon(1971)과 Taylor(1999)의 분석유목 가운데 인터넷 광고에 적합한 것으로 재구성하여 내용 분석이 이루어졌다. 인터넷 광고의 기술적 영역을 비교하기 위해 광고의 길이, ヶ피형태, 멀티미디어의 사용, 상호작용 할 수 있는 아이템의 수로 나누어 측정하였다.

연구결과 정보구조, 정보내용, 정보소구에 있어서 국가별 유의미한 차이를 나타냈다. 정보구조 중 브랜드명은 대부분의 국가에서 인터넷 광고에 사용하고 있는 것으로 나타났으며, 제품범주의 명시 여부(94%), 인센티브제시 수준(83%) 그리고 목표 소비자의 명시(70%)는 한국이, 제품 또는 서비스의 구매정보는 말레이시아(61.4%)가 많이 포함하고 있는 것으로 나타났다. 따라서 한국이 인터넷 광고에 다양한 정보구조를 제공하고 있는 것으로 나타났다. 이는 한국이 온라인 산업시장이나 기술적인 측면에서 다른 아시아 국가들에 비해 토다 발전한 국가로 인터넷 광고에 다양한 정보구조를 제공함으로써 소비자들이 필요로 하는 정보와 연결될 수 있도록 많은 노드(node)를 포함하고 있는 것으로 나타났다.

정보내용을 살펴보면 한국과 말레이시아가 품질, 성분, 특별제공에 관한 내용을 많이 포함하고 있었으며 홍콩, 말레이시아, 싱가포르는 성능, 보증, 안전성에 관한 내용을, 가격/가치, 새로운 아이디어에 관한 정보는 말레이시아가 가장 높은 것으로 나타나

말레이시아가 인터넷 광고에 가장 많은 양의 정보를 포함하고 있는 것으로 나타났다. 이는 말레이시아가 다른 국가들에 비해 서구화 정도가 상당히 높기 때문에 서양문화의 영향에 기인한 것으로 볼 수 있다. 정보소구에 있어서는 한국이 논증, 심리적 소구, 구매습관과 같은 소구전략을 가장 많이 사용하는 것으로 나타났으며, 정보소구전략은 홍콩과 말레이시아가 높게 나타났고, 일반적 편익소구전략은 인도네시아를 제외한 대부분의 국가에서 자주 사용하는 것으로 나타났다. 결과적으로 한국, 싱가포르 그리고 말레이시아가 인터넷 광고에 다양한 소구전략을 사용하는 것으로 나타났다.

이상의 연구에서 살펴본 것처럼 인터넷 광고에 대한 대부분의 연구들은 단순히 국가 간 비교연구에 그치거나, 문화적 차이에 의한 인터넷 광고의 비교문화연구라고 하더라도 여러 개의 문화차원 가운데, 대부분 Hofstede(1994)의 개인주의—집단주의 문화차원과 Hall(1976)의 고상황—저상황 문화차원으로 인터넷 광고를 설명하는 것에 그쳐 문화적인 차이만으로 국가 간 인터넷 광고의 차이를 설명한다는 것은 부족하다고 할 수 있으며 전통 매체에서 사용되어온 Hofstede와 Hall의 문화차원을 인터넷 광고에 적용시키는 것은 한계가 있다고 하겠다. 또한 인터넷이라고 하는 새로운 매체가 지닌 특성들을 고려하지 않고, 그동안 전통적인 매체에 사용해 왔던 분석유목들을 그대로 사용하여 인터넷 광고의 정보내용과 표현전략을 분석하는데 적합하지 않을 수 있다.

따라서 이제까지의 연구로는 인터넷상에서 전 세계의 소비자를 대상으로 인터넷 광고를 집행하는데 있어서 문화적 설명과 또 다른 변인에 대한 설명이 부족하여 국가 간 인터넷 광고의 차이를 설명하는 데는 미흡하다고 할 수 있기 때문에 본 연구에서는 인터넷을 이용하면서 형성된 정보문화와 문화외적인 특성을 함께 고려하여 설명함으로써 이들 변인들이 인터넷 광고에 어떠한 영향을 미치는지를 살펴보고자 한다. 또한 정보내용과 표현전략의 경우 TV나 잡지 광고에 이용되었던 분류체계를 그대로 사용하여 인터넷 광고를 분석하는 것은 적합하지 않기 때문에 인터넷 광고에 적합한 분석유목들로 재구성하여 분석함으로써 국가별 인터넷 광고에 자주 사용되는 정보내용과 표현전략이 무엇인지 살펴봄으로써 앞으로의 연구를 위한 중요한 단서를 제공하는데 기여하고자 한다.

제3장 국가별 정보문화 및 온라인 마케팅 환경 특성

1. 정보문화 특성

인터넷 광고의 비교문화 연구를 위해 상정한 정보문화는 기술의 발달로 새롭게 등장한 매체인 인터넷을 이용하면서 형성된 문화로 국가 간 인터넷 광고의 차이를 설명하는데 있어서 중요한 영향요인이 아닐 수 없다. 정보문화는 도구문화와 규범문화 두 가지 차원으로 설명되는데, 이들 특성에 따른 분석대상 국가별 현황을 살펴보면 다음과 같다.

1) 한 국

국내 인터넷 가입자가 폭발적으로 증가함에 따라 한국은 경제협력개발기구(OECD) 회원국 가운데 광대역 인터넷 보급률 1위를 차지하였다. 한국의 인터넷 이용자 수는 2003년 말 전 세계 이용자 중 4.2%(29,220,000명)를 차지하여 5위를 나타냈으며 인터넷 이용율에 있어서는 아이슬란드 다음으로 2위를 차지하였다. 2004년 국내 인터넷 산업의 시장규모는 71조 1,352억 원으로 2003년 66조 58억 원보다 7.8% 증가하고 2002년부터 연 평균 4.2%의 성장세를 보이고 있는 것으로 조사되었다.

인터넷 산업이 인프라 부문으로서 기반산업은 하드웨어, 소프트웨어, 네트워크 서비스 등으로 분류할 수 있는데 한국의 경우 기반산업은 2004년 53조 4,975억 원으로 2003년 대비 7.6%의 성장을 기록하고 있다. 또한 인터넷 상에서 비즈니스가 가능하도록 제품 및 서비스를 지원해 주는 산업인 인터넷 지원산업의 경우 2004년 약 11조 8,350억 원으로 2003년 약 11조 1,566억 원에서 6.1% 증가했으나 연 평균 10.9% 감소세를 보였다. 이는 국내 내수침체의 영향으로 기업들이 시스템 구축과 보안 솔루션 시장에서 투자를 미루거나 집행을 못한 데서 비롯된 것으로 판단된다(한국전산원, 2005)

한국정부는 국가사회 정보화를 중점적으로 추진하여 세계 최고 수준의 정보인프라를 구축하고 국민의 절반 이상이 인터넷을 이용하는 등 정보화가 급속히 진전되었으나, 컴퓨터와 인터넷을 이용하지 못하는 정보소외계층의 정보격차(Digital Divide)가 사회문제로 대두됨에 따라 정보 소외계층의 삶의 질을 향상시키고 사회통합을 실현하며 국가 전체의 경쟁력을 제고하기 위해 범부처적인 종합대책을 마련하였다. 정보격차해소종합계획에 따르면, 정부는 모든 국민이 경제적·신체적·지역적 여건 등에 구애받지 않고 정보화의 혜택을 함께 누리는 「디지털 복지사회」를 건설하기 위하여, 2005년까지 전국 모든 지역에 초고속정보통신서비스를 제공하고, 2003년까지 전국의 모든 읍·면·동 지역당 최소 1개 이상의 무료 인터넷 이용시설을 설치할 계획에 있다. 또한 희망하는 모든 국민에게 인터넷 기초교육의 기회를 제공하며, 실생활에 필요한 정보 활용 교육도 실시하고, 장애인·노인·농어민 등 정보소외계층별로 활용할 수 있는 컨텐츠 개발·보급을 지원할 계획이다(정보통신부, 2001, http://www.nic.or.kr/).

2) 중 국

중국은 네트워크 인프라와 가입수 면에서 세계에서 두 번째로 큰 통신시장으로 부각하고 있으며, 초고속 인터넷 방식은 2003년 6월 12%에서 2004년 12월 32%로 급속히 증가하고 있다. 특히, 초고속 인터넷 보급률은 미국, 영국 등 주요 선진국보다 더 높은 것으로 나타나 향후 온라인 시장의 높은 성장 가능성을 시사하고 있다(중국인터넷정보센터, 2005). 중국은 2000년부터 IT산업에 더욱 박차를 가하였으며, IT산업에서 매년 20%의 성장을 유지하여 2005년 말 국제 유·무선 통신 시장에서 세계 1위를 확보하고, 2005년까지 IT제품의 수출규모를 1천억 달러로 증대할 계획에 있다. S/W산업은 아직 기술 수준이 취약하지만 301억 9천만 달러로 확대할 방침에 있다. 또한 2005년까지 유선전화 이용자수를 2억 2천만~2억 6천만 명까지, 이동전화 이용자수를 2억 6천만~2억 9천만 명까지 확대하고 2005년까지 4천만 대의 컴퓨터를 인터넷에 연결, 이용자의 수를 2002년 3월 현재 5,560만 명(전 인구의 약 5.5%)에서 2005년에 2억 명까지(전 인구의 15%) 확대할 계획에 있다(한국전산원, 2002). 특히 세계적인 IT산업 침체에도 불구하고 2001년 상반기 PC수출이 전년 동기대비 36.4% 증가한 108.9억 달러를 기록하고 있다(유진석, 2001).

한편 중국은 초고속인터넷의 주요기반이라고 할 수 있는 PC 보급률이 2003년 12월 말 중국의 총 PC수는 5,100만 대이며 2000년에 비해 약 2배로 증가하였으나 보급률은 미미한 실정이며 일반 서민의 요금에 대한 부담감이 크기 때문에 아직까지 일반 서민들에게는 초고속 인터넷 서비스 가입 시 지불하는 가입비와 이용요금이 초고속 인터넷가입의 걸림돌이 되고 있다. 그러나 이와 같은 제약에도 불구하고 최근의 발전추세를 감안할 때 중국의 초고속 인터넷서비스 시장이 높은 성장을 보일 것이라는 의견이 지배적이다. Yankee Group은 최근 '아시아-태평양 광대역 접속시장의 현황과 전망'이라는 보고서를 통해 중국 광대역 접속시장이 매년 높은 성장을 보여 2006년까지 1,900만 명의 초고속 인터넷가입자를 보유하게 될 것이라고 전망하고 있다(공영일, 2002).

중국 정부는 2000년 1월 26일 인터넷 보급이 정치적 욕구 분출 수단으로 이용되어 사회불안을 야기할 가능성에 대비해 개인과 기업의 인터넷상의 정보게재에 대한 사전 검열과, 국가 기밀의 게재 또는 토론 시 처벌 등을 주요 내용으로 하는 '인터넷 관련 기밀보호규정'을 발표하였다. 따라서 중국 내 활동 중인 모든 기업에 대해 컴퓨터 관련 제품에 사용되고 있는 암호화 기술에 대한 신고 의무를 규정(국무원 명령 23호)하는 등의 인터넷 검열 정책을 시행 중에 있다. 중국은 체제적 특성상 당분간 인터넷 및 정보 관련 규제가 지속될 것으로 보이며, 현재까지는 정보통신산업(인터넷 비즈니스 포함)에 대한 외국인 투자도 허가를 내주지 않고 있는 실정이다(유진석, 2001).

한편 중국은 2000년을 '인터넷 가입의 해', '전자업무의 해'로 지정하고 가입자들에게는 월 사용료 인하와 PC·모뎀 증정, 이용료 정액제 등 우대 조건을 내걸고 국민의 인터넷 이용을 적극 유도하고 있으며, 인터넷 관련 지식기반 구축에 주력, 전자상거래 관련 입법 추진 등 제도 정비와 함께 인터넷 금융을 시범적으로 실시하고 있다(한국전산원, 2001).

3) 미 국

미국은 1993년 클린턴 행정부의 '정보고속도로(Information Super

Highway)'계획과 IT산업이 육성을 통해 초기에 정보화 사회로 진입한 국가 가운데 하나이다. 2001년 시작된 부시 행정부에서도 클린턴 정부의 정보화 정책기조를 유지하고, 국가 안보차원의 정보기술 개발에 역점을 두면서 초고속인터넷 확장, 전자정부 구축 등 범 국가 차원의 정보화 노력을 기울여 왔다.

2004년 미국연방정부의 IT관련 투자 규모는 590억 달러이며, 향후 5년 간 연평균 6.6% 정도 상승해 2009년에는 810억 달러에 달할 것으로 예상된다(INPUT, 2004). 미 상무부가 2003년 12월 발표한 'Digital Economy 2003'에 따르면 미국 IT산업의 상품 및 서비스 총 생산액은 2003년 1조 1,700억 달러에서 2003년 1조 2,400억 달러로 700억 달러 증가했다. 또한 미국이 IT산업은 2003년에 전년대비 6.4% 성장했으며, 이는 미국 경제 전체 성장률(2.9%)의 두 배가 넘는 수치이다. 미국의 IT 산업은 지난 2년 간의 침체를 극복사고 다시 성장하고 있는 것으로 분석되고 있다(한국전산원, 2005).

인터넷 이용자의 초고속인터넷 보급률은 지속적으로 증가하고 있는 추세이며 2004년 3월 인터넷 이용자의 45.97%가 초고속인터넷을 활용하고 있는 것으로 나타났다. 특히 2004년 3월 한달 간 평균 증가율은 1999년부터 2004년 3월까지의 월별 증가율 중 가장 높은 달로 기록되었으며 이러한 증가는 지속되어 2004년 7월에는 초고속인터넷 보급률이 50%를 넘어설 것으로 전망된다(Neilsen/NetRatings, 2004). 또한 미국 광대역 인터넷 사용률이 1년 전에 비해 38% 증가한 것으로 나타났다. 미국연방통신위원회(2004)가 2003년 6월부터 2004년 6월까지 1년 동안 통신현황을 분석, 발표한 보고서에 따르면 이 기간 광대역 인터넷 서비스에 가입한 개인 및 기업고객이 38%증가했다. 또 같은 기간 900만 개의 광대역 회선이 새로 설치돼 2003년 6월까지 2,350만 개에

불과했던 광대역 회선이 3,250만 개로 늘어났다

한편, 부시 행정부는 미 연방 정부의 업무 및 대민 서비스가 IT를 활용해 시민 중심적이며 국민 친화적으로 변모하도록 하는 목표 달성을 위해 '전자정부법(e-Government Act of 2002)'에 서 명한 바 있다. 이와 같은 전자정부 구축과 보다 개선된 대민 서 비스 제공을 위한 정부의 노력에 힘입어 국제기구 및 주요 조사 기관의 전자정부수준 평가에서 미국은 높은 점수를 받고 있다.

〈표 3-1〉 한국·중국·미국의 정보문화 특성 비교22)

문화적 특성	국 가	한 국	중 국	미 국
도구문화	컴퓨터보유대수	8위(100/49)	47위(100/3)	2위(100/66)
	전화회선수	16위(100/53)	39위(100/21)	8위(100/62)
	이동전화가입자수	24위(100/70)	44위(100/21)	30위(100/54)
규범문화	정보화 관련 법·제도적 환경	비교적 자유로움	엄격함	자유로움

출처: "2004 국가정보화백서", 한국전산원, 2004. 7. 재구성
　　　"정보문화지수 개발 및 측정에 관한 연구", 한국정보문화센터, 2004.

---

22) 한국전산원은 세계 50개국을 대상으로 국가별 정보화지수를 측정하였다. 국가정보화지수를 산출하기 위한 개별지표는 정보화에 직접적인 영향을 미치고 국가간 비교가 용이한 객관적인 항목으로 1999년부터 사용한 4개부분 7개지표를 적용, 컴퓨터 부문은 PC보급, 인터넷 부문은 인터넷호스트와 이용자, 통신부문은 전화회선과 이동전화가입자, 방송 부문은 TV와 CATV가입자 지표로 구성했다. 한국, 중국, 미국의 국가정보화지수 및 순위를 보면 미국이 95점으로 3위, 한국은 89점으로 7위, 중국은 15점으로 40위에 선정되었다(한국전산원, 2005).

2. 온라인 마케팅 환경 특성

인터넷 광고에 영향을 미치는 요인으로는 문화적 특성 이외에 온라인 마케팅 환경적 특성을 들 수 있다. 온라인 마케팅 환경적 특성은 인터넷 이용자수, 인터넷 쇼핑환경, 인터넷 광고 산업 세 가지 차원으로 설명할 수 있다. 이러한 온라인 마케팅 환경적 특성에 따른 분석대상 국가별 현황을 살펴보면 다음과 같다.

1) 인터넷 이용자 수

인터넷 이용자수를 살펴보면, 2003년 말 현재 전 세계 인터넷 이용자 수는 약 6억 8,700만 명으로 2002년도의 약 6억 2,600만 명보다 약 6,100만 명 정도 증가한 것으로 나타났다. 국가별 인터넷 이용자 수를 보면 미국의 인터넷 이용자 수는 전 세계 인터넷 이용자수의 23.1%인 1억 5,900만 명으로 1위를 차지하고 있다(http://www.nielsen-netratings.com/). 한편, 한국과 중국의 인터넷 이용자수는 2000년 6월을 기점으로 중국이 앞서고 있으며, 2003년 말 현재 한국의 인터넷 이용자수는 2,922만 명으로 전 세계 이용자 중 4.2%를 차지하여 5위를 나타내고 있다. 한편 초고속 인터넷 가입자 수는 2003년 말 현재 100명당 23.3명으로 조사대상 국가 중 부동의 1위를 차지하고 있다(정보통신부, 2004).

이러한 환경은 지난 1월 Nielsen/NetRatings사가 실시한 세계 21개국 인터넷 이용자 조사에서 가정 내 인터넷사용 시간량, 접속 시 평균 검색페이지 수, 평균 검색시간 면에서 한국이 압도적으로 1위를 기록하게 하는 인프라로 작용하고 있다(윤기훈, 2001, http://www.advertising.co.kr/).

한편, 중국의 인터넷 이용자수는 2004년 말 현재 전년 동기 대비 18% 증가한 9,400만 명(보급률 7.2%)으로 가입자 규모에서 미국에 이어 세계 제 2위를 기록하고 있다. (http://www.cnnic.com.cn/). 이는 새로운 인터넷 가입자가 5~6% 매달 성장하고 있기 때문에 중국이 기술적으로 발전한 다른 아시아 국가를 제치고 세계 제2의 인터넷 이용 인구를 자랑하고 있다. 그러나 인구 1000명당 인터넷을 이용하는 수에 있어서는 한국이 월등히 앞서고 있어 앞으로 중국의 인터넷 이용자는 점점 증가할 추세이다. 특히, 초고속 인터넷 보급률은 미국, 영국 등 주요 선진국보다 더 높은 것으로 나타나 향후 온라인 시장의 높은 성장 가능성을 시사하고 있다. 또한 인터넷 보급률에 있어서도 2004년 한국의 인터넷 보급률은 61%에 달하는 반면, 중국은 약 6%에 그쳐 무한한 성장 가능성을 가지고 있다. 이는 보급률을 기준으로 놓고 보았을 때 한국과 미국의 인터넷 시장은 이미 성숙기에 들어섰지만, 중국의 인터넷 시장은 통신 인프라의 취약, 낮은 PC보급률, 높은 통신비 및 인터넷접속료, 컨텐츠 부족 등이 복합적으로 작용하고 있어서 아직까지 성장기에 접어들지 못하고 있는 것으로 보인다(공영일, 2001).

〈표 3-2〉 인터넷 이용자수

국　가	인구 1000명당 이용자수			순　위		
	2001	2002	2003	2001	2002	2003
한　국	521	552	610	1	2	4
중　국	26	46	63	45	42	43
미　국	501	538	612	3	4	3

출처: 2004년 국가정보화백서(한국전산원, 2004). 한국인터넷정보센터, 2004. 7.
　　　ITU(World Telecommunication Indicator), 2004. 3.

2) 인터넷 쇼핑환경

인터넷 쇼핑환경을 살펴보면, 한국의 경우 한국인터넷정보센터와 인터넷 매트릭스사가 공동 조사한 결과, 2002년 1/4분기 인터넷쇼핑 경험자수는 291만 명으로 국내 네티즌 중 14% 정도가 지난 1~3월간 인터넷 쇼핑을 한 것으로도 드러났다. 이는 지난해 4/4분기의 234만 명 대비 24%가 증가한 결과로 100% 이상의 년간 성장률이 예상되고 있다. 이러한 성장률은 한국이 인터넷 이용자수뿐만 아니라 인터넷 산업의 시장규모나 기술적 측면이 상당히 발전했기 때문에 전자상거래 사이트 이용 또한 매우 활발한 것으로 볼 수 있다.

넷밸류코리아(http://kr.netvalue.com/)가 지난 5월 한 달 동안 한국 등 12개국을 대상으로 실시한 조사에 의하면 우리나라의 전자상거래 사이트 이용률은 78.2%로 12개국 가운데 1위를 차지하였으며, 전체 인터넷 이용자 4명 가운데 3명(75.7%)이 방문하고 있는 것으로 나타났다. 또한 인터넷 이용자 가운데 전자상거래를 통한 실제 쇼핑률은 31%로 전자상거래 이용률에 비하면 아직은 낮은 수치로 나타났는데, 이는 인터넷 광고가 충분한 제 기능을 수행하지 못한데서 오는 것이 아니라, 온라인 상에서 개인의 정보가 유출될 것을 염려하는 소비자들이 많기 때문에 나타난 결과라고 할 수 있다(한국인터넷 정보센터, 2001).

미국 인터넷 이용형태 및 동향조사보고서에 의하면 미국 전자상거래 비중은 점차 증가하고 있으며 총 소매매출에서 인터넷 쇼핑이 차지하는 비율도 늘고 있다. 미국의 2003년 말 온라인 쇼핑 이용액은 95억 1400달러로 2002년 100억 달러보다 좀 줄어들긴 하였으나, 인터넷 이용자 중 제품과 서비스를 온라인으로 구매한 경험이 있는 사람은 2003년 43%로 2002년 39.7%에 비해

3.3% 증가하였다. 인터넷의 경우 2003년 4분기 실적이 2001년 4분기 수준에 육박하고 있으며, 전자상거래는 사상 최고 수준에 와 있다. 이러한 상승세는 2005년에도 이어져 지난해에 비해 12~13%의 성장률을 기록할 것으로 예상된다(한국전산원, 2005).

한국과 미국에 비해 중국의 전자상거래는 아직 미미한 상태로 전체 전자상거래의 1%에도 미치지 못하고 있다. 중국인터넷정보센터의 조사에 의하면 최근 1년 간 전자상거래 사이트를 통해 상품이나 서비스를 구매한 이용자는 40.4%로 2003년 40.7% 수준에서 답보상태를 보이고 있다. 그러나 향후 온라인 구매를 이용할 것이라는 사람이 57.7%로 향후 이용확대 가능성을 보여주었다. 전자상거래의 총 시장규모는 2004년 약 350억 위안이며 향후 20% 이상의 성장을 거듭하여 2008년 경 약 820억 위안에 도달할 전망이다(China Internet Network Information Center, 2001, http://www.cnnic.com.cn/).

중국은 아직 초기 단계로 1,100여 개(쇼핑 800개, 옥션 100개, 교육 180개, 의료 20개 등)의 전자상거래 사이트를 가지고 있다. 전자상거래의 수입원은 수수료 수입 등 영업 이익 외에 배너 광고를 통한 수입이 있지만, 업체 간 경쟁 격화로 인한 광고가격 인하 및 무료광고 과다로 광고 수입이 미미하여 영업을 하는데 다소 문제가 있다(유진석, 2001).

중국의 경우 전자상거래를 저해하는 주요 요인으로는 제품품질 및 판매자 신용문제와 온라인 상에서의 보안위험이 압도적으로 나타났으며 그밖에 결제방식, 배송지연, 가격 등이 불편사항으로 지적하고 있어(China Internet Network Information Center, http://www.cnnic.com.cn/), 대다수의 인터넷 이용자들은 온라인 비즈니스에 대해 여전히 의문을 가지고 있는 것으로 나타났다. 그러나 중국인터넷정보센터(CNNIC)의 제9차 인터넷 발전현황

통계보고서(2002)에 따르면, 인터넷 구매 경험이 있는 네티즌의 만족도가 1999년 16.42%, 2000년 27.72%, 2001년 38.8%로 매년 상승하고 있다고 발표했다. 아직까지는 중국의 전자상거래 시장 규모가 미미한 실정이지만, 인터넷 네트워크의 빠른 발전과 함께 전자상거래도 발전할 전망이며 성장 잠재력이 가장 큰 국가이다(http://www.cnnic.com.cn/).

3) 인터넷 광고 산업

인터넷 광고가 전체 매체 광고비중에서 차지하는 비중은 그리 높지 않지만, 인터넷 이용자수의 확산과 증가에 힘입어 계속적으로 인터넷 광고가 차지하는 비율은 점차 증가할 것으로 기대된다. 미국과 한국은 인터넷 이용자의 수와 인터넷 쇼핑환경에 있어서 중국에 비해 커다란 성장세를 보이고 있기 때문에 인터넷 광고비도 점차 증가하고 있다.

한국은 2004년 전반적인 경기침체와 함께 TV, 라디오, 신문, 잡지 등 전반적인 광고시장이 위축되었음에도 불구하고 인터넷 광고시장은 고성장을 이어갔다. 한국인터넷마케팅협회에 따르면 2005년 인터넷 광고시장은 전년도 3,300억 원에 비해 25% 성장한 4,120억 원에 이를 것으로 전망하고 있다. 그중 가장 괄목할 만한 성장을 거둔 부문은 키워드광고로 전체 온라인 광고의 60%를 차지한 것으로 나타났다. 향후 키워드 검색광고 시장이 2004년 전체 인터넷 광고 대비 60%에서 2005년에는 3,100억 원으로 전체 대비 77%까지 성장할 것으로 예측하고 있다.

전 세계 인터넷 이용자 6억 명 중 절반이 넘는 인구를 가진 미국의 온라인 광고 매출은 2004년 2분기 사상 최대를 기록한 것으로 나타났다. 2004년 2분기 온라인 광고 매출은 23억 7,000만 달러로 전년 같은 기간에 비해 43%로 증가했으며, 상반기 매출은 46억 달러로 전년 같은 기간에 비해 40% 급증했다(머니투데이, 2004). 미국 내에서도 지난 한 해 인터넷 광고 매출에 있어 괄목할 만한 성장을 거둔 바 있으며 그 중 검색광고는 인터넷 광고시장 성장의 주 원동력 역할을 하고 있으며 2005년에는 전체 온라인 광고시장의 64%를 차지할 것으로 예상하고 있다. 한편 인터넷 광고시장에서 미국이 차지하는 비중은 점차 줄고, 미국 이외의 국가에서 인터넷 광고시장 규모가 상당히 성장할 것으로 예측하고 있다(http://www.i-biznet.co.kr/).

이처럼 한국과 미국의 인터넷 광고시장은 인터넷 이용자가 폭발적으로 증가하고 있고 인터넷을 통한 전자상거래가 활발하게 진행됨에 따라 매년 광고시장 규모도 빠른 속도로 확대되는 추세이다(제일기획, 2001).

반면, 중국은 1997년 7월 처음 인터넷 광고를 시작하여, 1999년 전국 인터넷 광고 수입액은 약 RMB 8천만 위엔(약 950만 달러)을 기록하였고, 2001년에는 인터넷 광고의 총 지출은 RMB 4.2억 위엔에 달하였으며 이는 1999년에 비해 5배 이상 증가한 수치이다. 중국에서의 인터넷은 아직까지 신흥 매체여서 그 운영이 일정 궤도에 올라서기 전이며, 중국의 인터넷 광고주들은 인터넷을 비즈니스도구로 뿐만 아니라 PR도구로 고려하고 있지 않기 때문에 한국과 미국에 비해 인터넷 광고수입이 아직 저조한 편이라고 할 수 있다.

중국 광상 행정관리국에서는 베이징, 상하이, 광저우 3개 지역에 27개 인터넷 광고 대행업체를 선정하여 업무회의를 주재한 바 있으며, 효과적인 관리 방법을 모색하고 관련 법규 제정에 착수하여 인터넷 광고의 발전을 위해 노력하고 있다(임상철, 2001, 9).

Nielsen/NetRatings가 발표한 자료에 의하면 2002년 1/4분기 중국의 광고 지출은 32억 달러로 작년의 같은 시기보다 32% 상승하였다. 그러나 다른 매체[23]에 비해 인터넷 광고가 차지하는 비율은 아직 저조한 상태이나 신규 인터넷 가입자 수가 매월 5~6%의 증가율을 보이고 있기 때문에 앞으로 중국 인터넷 광고의 시장 잠재력 또한 무한한 가능성을 갖고 있다고 하겠다.

지금까지 살펴본 것을 종합해 보면, 한국·중국·미국 세 국가는 정보문화의 특성뿐만 아니라 온라인 마케팅 환경적 특성에 있어서 국가 간 차이를 보이고 있는 것으로 나타났다. 먼저 한국과 중국은 같은 동양 문화권으로 서로 유사한 문화적 특성을 지니고 있지만, 정보문화 측면에서 한국과 중국은 국가 간 차이를 보이고 있다. 중국은 한국에 비해 정보사회의 물질적 기초를 제공하는 정보통신 기반구조와 이를 운영할 수 있도록 도와주는 다양한 정보통신 서비스가 잘 구축되어 있지 않기 때문에 인터넷을 통한 정신적 혜택을 추구하기가 어렵다.

결국 중국은 같은 동양문화권으로 문화 특성이 유사한 한국과는 정보문화 측면과 온라인 산업 환경에 있어서 현저한 차이를 보이고 있다. 또한 온라인 산업 환경에 있어서도 차이를 보였는데 한국은 미국과 더불어 인터넷 시장이 이미 성숙기에 들어선 반면, 중국의 인터넷 시장은 통신 인프라의 취약과 낮은 PC보급률, 높은 통신비 및 인터넷접속료, 컨텐츠 부족 등으로 인터넷

---

23) 2001년 중국 매체의 광고경영은 계속 상승세를 보이고 있으며 그중 TV만 보더라도 영업액이 지난해에 비해 6.2% 증가하였고 광고업 총 영업액에서 차지하는 비중은 22.6%에 달하였다. 현재 중국광고시장에서 4대 매체의 광고 영업액은 TV사(180억 위엔), 신문사(158억 위엔), 라디오(18억 위엔), 잡지사(12억 위엔) 순으로 취급되고 있다(광고정보, 2002. 7).

보급률이 약 2%로 한국과는 커다란 차이를 보이고 있다. 또한 인터넷을 이용하는 이용자수는 전체 인구의 약 5.5%로 인터넷 이용률이 현저하게 낮으며, 따라서 인터넷을 통한 전자상거래도 저조한 편이다.

한편, 한국과 미국은 동양문화와 서양문화로 문화 특성에 있어서 서로 상이한 문화를 지니고 있으나, 정보문화 측면에서 볼 때, 한국과 미국은 정보통신 기반구조를 통해 인터넷을 이용하는 수용자에게 다양한 경험적 혜택을 제공하고 기업은 소비자 고객과의 상호작용을 통해 정신적 가치인 지식을 추구할 수 있는 유사한 정보문화 특성을 갖고 있으며, 온라인 마케팅 환경적 특성 즉, 인터넷 이용자수(미국-57%, 한국-51%), 전자상거래(미국-28.8%, 한국-28.3%) 그리고 인터넷 광고시장에 있어서 서로 유사한 환경을 지니고 있다. 반면 미국(서양문화)과 중국(동양문화)은 서양문화와 동양문화로 서로 상충된 문화특성을 지니고 있을 뿐만 아니라, 정보문화와 온라인 마케팅 환경적 특성에 있어서도 한국과 중국의 경우와 마찬가지로 현격한 차이를 보이고 있다.

이처럼 정보문화 특성과 온라인 마케팅 환경적 특성 그리고 인터넷의 기술적 특성을 동시에 고려해 볼 때 한국·중국·미국은 국가별로 차이를 보이고 있다. 즉, 한국과 중국은 같은 동양문화권으로 유사한 문화적 특성을 갖고 있지만, 정보문화와 온라인 마케팅 환경적 특성 면에서는 서로 다르며, 한국과 미국은 유사한 정보문화와 온라인 마케팅 환경적 특성을 지니고 있으나 각기 다른 동양문화와 서양문화로 서로 상충된 문화 특성을 지니고 있다. 한편, 중국과 미국은 문화적 특성과 온라인 마케팅 환경적 특성이 모두 큰 폭으로 차별성을 띠고 있어 광고의 운용에 있어서도 극단적인 차이를 보일 것으로 예측된다. 이들의 세 국가의 문화적 특성과 온라인 마케팅 환경적 특성의 차원을 비교한 결과를 종합적으로 제시하면 다음과 같다(〈표 3-3〉).

〈표 3-3〉 국가별(Country Dyads) 문화적 특성과 온라인 마케팅 환경특성 비교

특 성 국가별	정보문화	온라인 환경	Hofstede & Hall의 문화
한국－중국	상이함	상이함	유사함
중국－미국	상이함	상이함	상이함
미국－한국	유사함	유사함	상이함

　이와 같이 문화적 특성과 온라인 마케팅 환경적 특성은 국가별 인터넷 광고의 정보내용과 표현전략에 상당한 영향을 미칠 것으로 보인다. 따라서 인터넷 광고에 영향을 미치는 요인으로 정보문화적 특성, 온라인 마케팅 환경적 특성, 인터넷의 기능적 특성을 함께 고려해 볼 때, 한국·중국·미국은 국가별로 차이를 보이고 있기 때문에, 본 연구는 국가 간 차이를 보이고 있는 한국·중국·미국 세 국가를 대상으로 문화적 특성과 온라인 마케팅 환경적 특성이 인터넷 광고의 정보내용과 표현전략에 어떠한 영향을 미치는지를 비교문화적 관점에서 연구해보고자 한다.

제 4 장 인터넷 광고의 비교문화 연구에 관한 검증

1. 연구문제

본 연구는 한국·중국·미국 세 국가를 대상으로 인터넷이 지니는 기능적 특성 외에도 각 국가의 문화적 특성과 함께 온라인 산업 환경 즉, 인터넷 이용자수, 인터넷 쇼핑환경 그리고 인터넷 광고비가 인터넷 광고의 정보내용과 표현전략에 어떠한 영향을 미치는지에 대해 인터넷 광고의 내용적 특성과 광고유형을 토대로 비교 분석하는데 그 목적이 있다.

따라서 위에서 살펴본 이론적 배경을 토대로 본 연구는 이와 같은 목적을 달성하기 위한 연구문제를 제시하고자 한다.

먼저, 인터넷 광고의 정보내용은 세 국가의 정보문화와 온라인 마케팅 환경적 특성에 의한 디지털 거리의 상대적 차이로 인해 국가별 차이가 나타날 것으로 기대된다. 정보내용은 광고메시지전략에 있어서 정보적 성격을 세분화한 객관적인 분류체계인 Resnik & Stern(1977)의 14가지 정보단서 중 인터넷 광고에 적합하다고 판단되는 가격/가치, 품질, 성능, 성분/내용, 특별제공, 보증, 안전성, 독립기관의 조사, 새로운 아이디어 9개의 분석유목과 Rossiter & Bellman(1999)이 인터넷 광고의 정보내용을 위해 새롭게 고안한 5개의 정보체계 즉, 브랜드 이름(brand identification content node), 제품범주(category content node), 인센티브(attribute content node), 목표공중(target audience content node), 구매정보(purchase instruction content node) 그리고 Philport & Arbittier(1997)의 인터넷 광고의 정보성 분석 변인 24가지 가운데 이벤트 스폰서쉽 등 총 15가지 유목을 분석유목으로 사용하였다.

Resnik & Stern(1977)의 14가지 정보 단서를 사용하여 정보성을 연구한 대부분의 결과는 국가 간의 차이가 있는 것으로 나타났으며(Madden, Caballero, Matsukubo, 1986: Hong et al., 1987: Kweon et al., 1992: Ramaprasad & Hasegawa, 1992: Zandpour et al., 1994), 이러한 문화에 의한 정보수준의 차이는 인터넷 광고에서도 나타났다(Chung & Ahn, 1999: Ju-Pak, 1999: Oh & Cho, 1999: 김유경과 김은희, 2001).

인터넷 광고의 정보내용은 디지털 거리를 형성하는 요인 가운데 정보문화 즉, 도구문화와 규범문화에 의해 영향을 받을 것으로 기대된다. 정보문화는 기술의 발달로 새롭게 등장한 매체인 인터넷을 이용하면서 형성된 문화로 국가 간 인터넷 광고의 차이를 설명하는데 있어서 중요한 영향요인이 될 것으로 기대된다. 정보사회는 지식의 가치가 높아지면서 정신적 혜택을 추구하는 새로운 형태의 사회로 소비자의 문화욕구로 인해 물질적 가치가 아닌 정신적 가치인 지식(정보)을 인터넷을 통해 추구하는 문화이기 때문에 테크놀로지의 발달로 네트워크가 강화된 국가의 인터넷 광고는 소비자 고객이 필요로 하는 많은 정보를 제공할 것으로 기대된다. 따라서 중국보다는 정보통신기술이 발달한 한국과 미국이 많은 정보를 인터넷 광고에 포함할 것으로 기대된다.

또한 정보내용은 인터넷 이용자의 주의와 관련 있는 것으로 인터넷 광고에 다양한 노드(단서)를 갖고 있으면, 정보이용욕구가 강한 인터넷 이용자들을 오랫동안 인터넷 광고에 머물게 할 수 있다(Rossiter & Bellman, 1999). 따라서 인터넷 이용자가 가장 많고 최고 수준의 인터넷 정보통신기술(ICT)을 지닌 미국이 인터넷 광고에 가장 많은 정보를 포함할 것이며, 유사한(고상황 -집단주의) 문화에 속하는 한국과 중국의 경우 인터넷 정보통신기술이 발달한 한국이 중국보다 인터넷 광고에 다양한 정보를 포함할 것으로 기대된다.

한편 인터넷 이용자들로부터 광고에 대한 주의와 관심을 끌기 위해서는 비주얼(크기, 그림 또는 문자, 움직이는 그림)을 강조하거나 청각적 요소(음악, 효과음, 소리)를 강조하거나 또는 비주얼과 청각적 요소를 함께 사용함으로써 인터넷 이용자의 주의를 끌을 수 있다(Rossiter & Bellman, 1999) 이는 정보문화의 특성 가운데 도구문화의 영향을 받을 것으로 기대된다.

예컨대 도구문화는 정보통신 기반구조와 이를 운영할 수 있도록 해주는 다양한 소프트웨어 및 통신 서비스를 포함하기 때문에 인터넷 이용자들은 기술에 의한 정보화의 혜택을 경험할 수 있게 된다. 이러한 도구문화는 정보 기기의 적극적인 이용을 유도하여 정보 기기의 이용경험을 바탕으로 인터넷 이용자가 누리게 될 경험적 혜택을 제공하기 때문에 도구문화가 발달한 한국과 미국이 중국보다 고객의 욕구를 충족시켜줄 수 있는 다양한 정보를 제공할 것으로 기대된다. 또한 규범문화가 발달하면 정보의 자유로운 교환이 보장되기 때문에 기업은 인터넷을 통한 자유로운 국제광고 캠페인전략을 효율적으로 세울 수 있으며 다양한 정보를 소비자들에게 제공할 수 있게 된다. 따라서 규범문화가 발달한 미국과 한국이 중국보다 제품과 서비스에 대한 많은 정보를 자유롭게 제공할 수 있으며 고객 개개인의 필요에 맞춘 제품과 서비스에 대한 다양한 마커팅전략을 가능하게 해줄 것으로 기대된다.

한편, 온라인 마케팅 환경적 특성도 인터넷 광고의 정보내용에 반영될 것으로 기대된다. 예컨대 인터넷 이용자수가 많으면 기업은 인터넷을 통해 제품이나 서비스를 촉진하거나 광고를 포함한 마케팅 커뮤니케이션의 수단으로 인터넷을 활용하여 전자상거래도 활발하게 이루어질 수 있다. 이러한 전자상거래는 고객이 인터넷 광고를 통해 제품과 서비스에 대한 정확하고 많은 정보를 제공받아 이루어지는 행위이다. 따라서 중국보다 인터넷 이용자의 수나 전자상거래가 활발하게 이루어지는 한국과 미국이 많은 정보단서를 인터넷 광고에 포함할 것으로 기대된다.

이상의 선행연구들을 근거로 하여 인터넷 광고의 정보내용에 관련한 연구문제 및 가설을 다음과 같이 설정하였다.

〈연구문제 1〉 디지털 거리에 따라 한국·중국·미국 세 국가의 인터넷 광고에 나타나는 정보내용(information content)은 국가 간 어떠한 차이를 보이는가?

〈연구가설 1〉 디지털 거리에 따라 한국·중국·미국 세 국가의 인터넷 광고에 나타나는 정보내용(information content)은 상호 유의미한 차이가 있을 것이다.
〈연구가설 1-1〉 디지털 거리에 따라 한국·중국·미국 세 국가의 인터넷 광고에 나타나는 정보내용(information content)은 광고종류별로 상호 유의미한 차이가 있을 것이다.

인터넷 광고의 표현전략 역시 정보문화와 온라인 마케팅 환경적 특성이 반영될 것으로 기대된다. 표현전략을 비교하기 위해 인터넷 광고에 적합하다고 판단되는 Simon(1971)의 분석유목 중 정보, 논증, 심리적 소구, 구매습관, 브랜드 친숙, 사은전략 6개와

Taylor(1999)의 일반적 편익소구전략, 선제 공격적 전략, 제품의 특장점 소구전략, 과장광고, 공명전략, 포지셔닝 전략, 정서소구전략 7개로 총 13가지 유목을 분석유목으로 사용하였다. 이제까지 TV와 잡지 광고를 통한 대부분의 비교문화 연구에서 광고에 사용된 표현전략은 그 나라의 문화를 반영하는 것으로 나타났으며(Mueller, 1987; Ramaprasad & Hasegawa, 1992; Cutler & Javalgi, 1992; Zandpour et al., 1994; Kim 1996), 아직 많은 연구가 이루어지지는 않았지만 인터넷 광고에서도 문화가 광고에 반영되는 것으로 나타났다.(Ju-Pak, 1999; 김유경과 김은희, 2001). 이러한 결과는 인터넷 광고의 표현전략에도 부분적으로 반영될 것으로 보인다. 예컨대 저상황 – 집단주의이며 불확실성 회피성향이 높은 한국과 중국의 경우 미국과는 달리 암시적이고 간접적인 커뮤니케이션 패턴으로 인해 심리적 소구, 브랜드 친숙, 일반적 편익소구전략에 의존도가 높을 것이며, 반대로 고상황 – 개인주의이며 불확실성 회피성향이 약한 미국은 명백하고 직접적인 메시지의 사용으로 정보, 논증, 가격에 관한 표현전략을 많이 사용할 것으로 기대된다.

인터넷 광고의 표현전략에 대한 국가 간의 차이는 디지털 거리를 형성하는 한 요인인 정보문화 특성의 차이에 의해 영향을 받을 것으로 기대된다. 정보문화가 발달한 국가일수록 인터넷 광고에 다양한 표현전략을 사용할 것으로 기대된다. 한국과 미국의 경우 도구문화에 속하는 인터넷 브급의 확산과 정보통신기술이 발달하였고, 규범문화가 발달하여 정부규제로부터 비교적 자유로운 정보화 관련 법·제도적 환경을 지니고 있기 때문에 정보문화가 덜 발달한 중국에 비해 다양한 표현전략을 사용할 것으로 기대된다. 또한 한국과 미국은 테크놀로지의 수준에 있어서 차이가 없기 때문에 중국과 달리 인터넷 광고에 사용되는 표현전략은 차별성이 거의 나타나지 않을 것으로 보인다. 이러한 예측은 Oh & Cho(1999)의 연구결과에 잘 나타나고 있다. 인터넷 광고에 사용된 표현전략의 경우 한국과 미국이 거의 유의미한 차이를 보이고 있지 않은데, 이는 두 국가의 인터넷 기술 수준이 거의 비슷하기 때문에 나타난 것으로 해석하고 있다.

한편 온라인 마케팅 환경특성 또한 인터넷 광고의 표현전략에 반영될 것으로 기대된다. 디지털 기술의 발달로 인터넷 이용자 수가 많게 되면 광고를 포함한 마케팅 커뮤니케이션의 수단으로 인터넷을 활용하여 인터넷 광고에 다양한 표현전략을 사용함으로써 전자상거래가 활발하게 이루어질 수 있고, 인터넷 광고비도 점차 증가하게 된다. 따라서 아직 성숙기에 접어들지 못한 중국보다 한국과 미국이 인터넷 광고에 다양한 표현전략을 사용할 것으로 기대된다.

이상의 선행연구들을 근거로 하여 인터넷 광고의 표현전략에 관련한 연구문제 및 가설을 다음과 같이 설정하였다.

〈연구문제 2〉 디지털 거리에 따라 한국·중국·미국 세 국가의 인터넷 광고에 나타나는 표현전략(creative strategy)은 국가 간 어떠한 차이를 보이는가?

〈연구가설 2〉 디지털 거리에 따라 한국·중국·미국 세 국가의 인터넷 광고에 나타나는 표현전략(creative strategy)은 상호 유의미한 차이가 있을 것이다.

〈연구가설 2-1〉 디지털 거리에 따라 한국·중국·미국 세 국가의 인터넷 광고에 나타나는 표현전략(creative strategy)은 광고종류별로 상호 유의미한 차이가 있을 것이다.

인터넷 광고의 기술적 영역은 인터넷 광고의 외형적 특징으로 매체 기술에 따른 효용영역을 의미한다. 본 연구가 분류한 인터넷 광고의 외형적 특징은 인터넷 광고의 길이, 카피형태, 멀티미디어의 사용, 상호작용성 등이다. 인터넷 광고의 기술적 영역은 정보통신기술을 기반으로 컴퓨터, 정보통신 설비 등의 하드웨어, 초고속정보통신망, 정보고속도로와 같은 정보통신 기반구조와 이를 운영할 수 있도록 해주는 다양한 소프트웨어, 그리고 각종 기간통신 서비스, 부가통신 서비스, 데이터베이스 등을 망라하는 정보통신 서비스가 우선되어야 한다. 이는 정보문화와 관련이 있는 것으로 문화의 기술적 측면이 강조된다(한국정보문화센터, 2001).

기술결정론의 관점에서 볼 때, 기술은 정보사회로의 전환을 가능하게 하는 가장 기본적인 요소이며, 기술의 혁신을 통해 변화된 새로운 가치를 수용자에게 전달해 준다. 이러한 인터넷 광고의 외형적 특징은 인터넷이 지니는 기술적 특성 이외에도 이용자의 문화적 욕구에 민감하다(Ju-Pak, 1999). 인터넷 광고에서 길이는 정보성의 정도에 영향을 미치는 요인으로 국가 간 차이를 보이는 것으로 나타났다(Chung & Ahn, 1999; Oh & Cho, 1999; Choi, 2000). 즉, 길이는 인터넷 이용자의 정보추구욕구와 관련이 있는 사항으로 인터넷 광고의 길이가 길다는 것은 그 만큼 다양한 정보를 제공할 수 있다는 것을 의미하며, 카피형태와 멀티미디어 사용은 광고 메시지를 표현하는 수단인 크리에이티브 전략과 관련이 있어(Chung & Ahn, 1999; Ju-Pak, 1999; Oh & Cho, 1999) 문화적으로 차이가 나타날 것으로 기대된다. 또한 상호작용성은 우선 테크놀로지의 보장이 전제되어야 하기 때문에 정보문화가 발전한 국가는 능동적인 인터넷 이용자들이 쌍방향 커뮤니케이션을 통해 적극적으로 정보를 추구할 수 있으므로

116

상호작용성은 국가 간 차이를 보일 것으로 기대된다. 이와 같이 인터넷의 기술적 영역을 살펴봄으로써 교차 문화적 관점에서의 국가 간 차별성을 예측할 수 있을 것으로 기대된다.

이상의 선행연구들을 근거로 하여 인터넷 광고의 기술적 영역과 관련한 연구문제 및 가설을 다음과 같이 설정하였다.

〈연구문제 3〉 한국·중국·미국 세 국가 간 인터넷 광고의 기술적 영역(technical aspects)에 나타나는 차이는 어떠한가?

〈연구가설 3-1〉 한국·중국·미국의 인터넷 광고의 길이는 국가 간 상호 유의미한 차이가 있을 것이다.
〈연구가설 3-2〉 한국·중국·미국의 인터넷 광고의 카피형태는 국가 간 상호 유의미한 차이가 있을 것이다.
〈연구가설 3-3〉 한국·중국·미국의 인터넷 광고의 멀티미디어 사용에 있어서 국가 간 상호 유의미한 차이가 있을 것이다.
〈연구가설 3-4〉 한국·중국·미국의 인터넷 광고의 상호작용성에 있어서 국가 간 상호 유의미한 차이가 있을 것이다.

정보문화와 온라인 마케팅 환경 특성에 근거하여 한국·중국·미국 세 국가를 상호 비교하면 국가별로 유사성과 차이점이 존재한다. 예컨대 한국과 중국은 같은 동양문화권에 속하지만, 정보문화와 온라인 마케팅 환경적 특성 면에서는 서로 상충된 특성들을 보이고 있으며, 한국과 미국은 유사한 정보문화와 온라인 마케팅 환경적 특성을 지니고 있으나 서로 상이한 문화적 특성(동양-서양)을 지니고 있다. 한편, 중국과 미국은 정보문화와 온라인 마케팅 환경적 특성이 모두 큰 폭으로 차별성을 띠고 있어 인터넷 광고의 운용에 있어서도 극단적인 차이를 보일 것으로 기대된다.

그러므로 디지털 거리 척도를 인터넷 광고에 적용하였을 때, 한국과 중국의 차이는 정보문화와 온라인 마케팅 환경으로 인한 차별성에 기인한다고 볼 수 있다. 중국과 미국의 차이는 정보문화와 온라인 마케팅 환경의 비유사성과 함께 서로 상이한 문화(고상황-저상황, 집단주의-개인주의)에 기인할 것이다. 마지막으로 한국과 미국의 차이는 정보문화와 온라인 마케팅 환경의 비유사성보다는 Hofstede(집단주의-개인주의, 불확실성 회피성향)와 Hall(고상황-저상황)의 문화적 차이어 의한 차별성이 더 큰 요인으로 작용할 것으로 기대된다.

이제까지 연구되어온 전통매체의 경우 광고의 정보내용과 소구유형 그리고 크리에이티브 전략에 영향을 미치는 요인으로 문화적 특성과 함께 시장·제도적 특성을 고려하는 통합적 접근방법으로 국가 간 광고의 차이를 살펴보았다(Zandpour et al, 1994; 김유경, 1996, 김춘식, 1998). 이들의 연구에 의하면 광고에 영향을 미치는 요인으로 상정한 문화와 시장 요인이 광고의 정보내용, 소구유형 그리고 크리에이티브 전략에 영향을 미치는 것으로 나타나 각 국가의 문화적 특성과 시장·제도적 특성이 광고에 반영된 것으로 나타났다.

인터넷 광고는 매체적 특성으로 인하 전통적인 매체광고에 사용된 Hofstede와 Hall의 문화차원을 그대로 적용하는 것은 무리가 있다고 하겠다. 따라서 본 연구에서는 인터넷이 지닌 매체적 특성으로 인해 인터넷을 이용하면서 형성된 정보문화와 온라인 마케팅 환경적 특성을 고려하는 새로운 접근방법으로 한국·중

118

국·미국 세 국가의 인터넷 광고의 차이를 살펴보고 정보문화와 온라인 마케팅 환경에 따른 디지털 거리(digital distance) 척도가 각각 포지셔닝 될 수 있는지에 대한 두 국가 간의 비교에 있어 거리유형(distance pattern)에 관해 알아보고자 한다. 인터넷 광고의 차이는 두 국가 간의 비교에서 노정되는 디지털 거리에 따라 더욱 다양할 것으로 기대된다. 세 쌍의 국가비교 중 중국과 미국의 인터넷 광고 비교가 디지털 거리가 상이하기 때문에 가장 현격한 차이를 나타내는 반면, 한국과 미국의 인터넷 광고 비교는 정보문화와 온라인 마케팅 환경의 유사성으로 인해 한국과 중국이 전통문화에서 유사한 것보다 근소한 차이를 보일 것으로 기대된다.

이상의 선행연구들을 근거로 하여 디지털 거리에 따른 인터넷 광고의 정보내용과 표현전략에 관한 연구문제 및 가설을 다음과 같이 설정하였다.

〈연구문제 4〉 디지털 거리에 따라 한국과 미국, 한국과 중국, 한국과 미국 두 국가 간 인터넷 광고의 정보내용과 정보성에는 어떠한 차이를 보이는가?

〈연구가설 4〉 디지털 거리에 따라 한국과 미국, 한국과 중국, 한국과 미국 두 국가 간 인터넷 광고의 정보내용과 정보성에는 유의미한 차이가 있을 것이다.
〈연구가설 4-1〉 정보내용의 적용에 있어 한국과 중국 인터넷 광고 간 차이의 정도는 한국과 미국 인터넷 광고 간 차이의 정도보다 클 것이다.
〈연구가설 4-2〉 정보내용의 적용에 있어 중국과 미국 인터넷 광고 간 차이의 정도는 한국과 미국 인터넷 광고 간 차이의 정도보다 클 것이다.
〈연구가설 4-3〉 정보내용의 적용에 있어 중국과 미국 인터넷
광고 간 차이의 정도는 한국과 중국 인터넷
광고 간 차이의 정도보다 클 것이다.

〈연구문제 5〉 디지털 거리에 따라 한국과 미국, 한국과 중국,
한국과 미국 두 국가 간 인터넷 광고의 표현전
략과 다양성에는 두 국가 간에 어떠한 차이를
보이는가?

〈연구가설 5〉 디지털 거리에 따라 한국과 미국, 한국과 중국,
한국과 미국 두 국가 간 인터넷 광고의 표현전
략과 다양성에는 유의미한 차이가 있을 것이다.
〈연구가설 5-1〉 표현전략의 적용에 있어 한국과 중국 인터넷
광고 간 차이의 정도는 한국과 미국 인터넷
광고 간 차이의 정도보다 클 것이다.
〈연구가설 5-2〉 표현전략의 적용에 있어 중국과 미국 인터넷
광고 간 차이의 정도는 한국과 미국 인터넷
광고 간 차이의 정도보다 클 것이다.
〈연구가설 5-3〉 표현전략의 적용에 있어 중국과 미국 인터넷
광고 간 차이의 정도는 한국과 중국 인터넷
광고 간 차이의 정도보다 클 것이다.

2. 연구방법

본 연구에서는 한국·중국·미국 세 국가를 대상으로 인터넷의 특성, 문화적 요인, 그리고 온라인 산업 환경 등을 설명요인으로 하고 정보내용, 표현전략과 기술적 영역을 종속변인으로 하여 인터넷 광고를 대상으로 그 나라의 문화적 특성과 온라인 산업 환경이 인터넷 광고의 정보내용과 표현전략에 어떠한 영향을 미치는지에 대해 인터넷 광고의 내용적 특성과 광고유형을 토대로 비교 분석하고자 한다. 수집된 자료를 비교분석하기 위하여 본 연구는 내용 분석 연구방법을 채택하였다. 이 장의 구성은 내용 분석, 표집방법(모집단, 표본집단, 자료의 수집), 코딩체계, 코딩절차(코더선정 및 신뢰도 측정절차), 그리고 다차원 개념도(concept mapping)와 자료 분석 순으로 제시되었다.

1) 내용 분석(content analysis)

내용 분석은 원래 사회과학에서 발전되었으며, 다양한 문화를 원거리에서도 연구할 수 있는 방법론이다. 말(words)과 그림(pictures)에 대한 체계적인 분석은 문화의 여러 가지 요인들을 결정할 수 있는 도구로, 카피(copy, 말)와 비주얼(visual, 그림)을 담고 있는 광고는 이러한 방법론 즉 내용 분석에 적합하며, 내용 분석을 통해 광고가 사회의 가치(부, 나이, 건강 그리고 사회적 지위 등)를 어떻게 다루고 있는지를 이해하는 도구로 이용되어 왔다(Wheeler, 1988). 특히 내용 분석은 광고와 마케팅에 있어서 비교문화 연구를 위한 방법으로 광범위하게 사용되어 왔으며, 메시지 자체를 연구하기 위한 조사기법으로(Kassarjian, 1977) 광고물에 나타나는 기호(sign)와 상징(symbol)이 분석단위가 된다.

Kassarjian(1977)은 변인측정을 목적으로 커뮤니케이션을 객관적이고 체계적이며 수량적인 방법으르 연구 분석하는 방법이라고 지적하였으며(Berelson, 1952; Kerlinger, 1986), Holsti (1981)는 내용 분석을 설명된 메시지의 특징을 객관적이고 체계적으로 밝혀냄으로써 추론하는 기술이라고 정의했다. 한편, Krippendorff(1980)는 내용 분석이란 자료로부터 문맥에 대한 반복적이고 타당한 추론을 가능하게 하는 연구기법이라고 하였으며, Weber(1990)는 내용 분석을 텍스트(text)로부터 타당한 추론을 하기 위한 일련의 과정이라고 하였다.

이러한 내용 분석은 각 광고물에 나타나는 언어적, 비언어적 메시지를 밝혀냄으로써 커뮤니케이션 내용에 있어서 국가 간 차이와 비교 문화적 상황에서 집단이나 사회에 반영된 문화적 패턴 등에 대한 타당한 추론을 가능하게 하는 연구방법이다(Samiee & Jeong, 1994). 따라서 본 연구는 비교문화적 관점에서 인터넷 광고에 나타난 언어적(copy), 비언어적(visual) 메시지에 대한 체계적인 분석으로 광고물에 반영된 문화적 패턴의 차이를 알아보기 위해 객관적이고 체계적인 내용 분석 연구방법을 채택하였다.

2) 표집방법 및 절차

본 연구는 인터넷 광고를 분석하기 위해 한국·중국·미국 세 국가의 인터넷 통계기관[24]을 통하여 인터넷 이용자 방문 수 상

---

24) 한국·중국·미국 세 국가의 인터넷 통계기관 URL.
　　·한국－인터넷 매트릭스
　　　　(Internet Metrix, http://www.internetmetrix.com/), 코리안클릭(Korean Click, http://www.koreanclick.com/).

위 100위로 선정된 웹사이트에 게재된 광고를 모집단으로 선정하였다.

한국의 인터넷 광고는 인터넷 매트릭스(Internet Metrix)와 코리안 클릭(Korean Click)이 2002년 6월 국내 인터넷 이용자들이 가장 많이 방문한 국내 Top 100위로 선정된 사이트를, 중국은 중국인터넷정보센터(CNNIC)와 新浪(sina) 그리고 미국의 알렉사(Alexa)에서 발표한 자료를 대상으로 하였고, 미국은 주피터 미디어 매트릭스(Jupiter Media Metrix), 닐슨//넷레이팅스(Nielsen//NetRatings), 알렉사(Alexa) 그리고 PC 데이터(PC data Online)에서 2002년 6월에 발표한 Top 사이트를 모집단으로 선정하였다(〈부록 3 참조〉).

본 연구는 인터넷 광고의 내용 분석을 위해 한국·중국·미국 세 국가의 모집단을 대상으로 연구에 적합한 홈페이지 광고, 배너 광고, 틈입형 광고, 스폰서쉽 광고만을 선정하는 의도적 표집(purposive sampling)을 실시하였다. 의도적 표집은 연구자가 연구 목적이나 주관적 판단에 의해 표본을 선정하는 방법으로 모집단의 특정 부분을 대표할 수 있는 표본을 선정하는 것이다(김영석, 1999) 또한 의도적 표집은 확률표본이 불가능한 비교문화 연구에

　· 중국－중국인터넷정보센터
　　　　(China National Network Information
　　　　Centerhttp://www.cnnic.com.cn/), 국가신식산업부
　　　　(Ministry of Informational Industry,
　　　　http://www.mii.gov.cn/).
　· 미국－주피터미디어매트릭스
　　　　(Jupiter Media Metrix,
　　　　http://www.jupitermediametrix.com/)
　　　　닐슨/넷레이팅스(Nielsen//NetRatings,
　　　　http://www.nielsen-netratings.com/),
　　　　PC데이타온라인(PC Data Online,
　　　　http://www.pcdataonline.com/).

서 주로 많이 사용되는 방법으로 이러한 표집방법은 까다로운 전제를 충족시켜야 하는 단점은 있으나 어느 정도의 사전지식이 있기 때문에 표집하기가 쉽고 비교적 정확도가 높다는 장점이 있다(Wimmer & Dominic, 1994).

이러한 의도적 표집방법을 통하여 배너 광고는 모집단의 웹사이트에 게재된 배너 광고 가운데 1~2개정도 무작위로 표본을 추출하였으며, 홈페이지 광고는 배너 광고와 겹치지 않는 범위에서 배너 광고를 클릭 하여 볼 수 있는 기업 웹사이트나 개별 브랜드 웹사이트를 수집하였다. 틈입형 광고는 자주 노출되는 광고가 아니기 때문에 모집단의 웹사이트에 나타난 팝업 틈입형 광고와 인라인 틈입형 광고를 모두 추출하였으며, 스폰서쉽 광고는 배너 광고와 마찬가지로 모집단의 웹사이트 광고에 나타난 협찬, 제품 삽입, 그리고 기사식 홍보를 무작위로 추출하여 표본을 수집하였다. 이러한 표본 추출과정으로 2002년 7월 3일부터 8월 4일까지 4주 동안 인터넷 광고(홈페이지 광고, 배너 광고, 스폰서쉽 광고, 틈입형 광고)를 종류별로 각각 50개씩 모아 한국으로부터 200개, 중국으로부터 200개, 미국으로부터 200개 총 600개의 인터넷 광고 수집하였다.

〈표 4-1〉 표본구성

구 분	국 가			
	한 국	중 국	미 국	계
홈페이지 광고	50	50	50	150
배너 광고	50	50	50	150
틈입형 광고	50	50	50	150
스폰서쉽 광고	50	50	50	150
계	200	200	200	600

3) 코딩체계

본 연구는 한국·중국·미국 세 국가에서 수집된 인터넷 광고 즉, 홈페이지 광고, 배너 광고, 틈입형 광고, 스폰서쉽 광고만을 대상으로 광고 스타일의 여러 분류기준 가운데 정보내용, 표현 전략에 대한 내용 분석을 하였으며, 또한 각 국가의 인터넷 광고의 기술적 영역을 살펴보았다. 내용 분석에 사용된 여러 변인들의 구체적인 내용은 다음과 같다.

먼저, 정보내용을 비교하기 위해서 Rossiter & Bellman(1999)의 인터넷 광고를 위한 정보내용 유목인 브랜드이름(brand identification content node), 제품범주(category content node), 인센티브(attribute content node), 목표공중(target audience content node), 구매정보(purchase instruction content node) 등 5개의 분석유목과 Resnik & Stern(1977)의 14가지 정보단서 중 연구에 적합한 가격/가치, 품질, 성능, 성분/내용, 특별제공, 보증, 안전성, 독립기관의 조사, 새로운 아이디어 등 9개의 분석유목 그리고 Philport &

Arbittier(1997)의 이벤트 스폰서쉽 1개의 유목으로 총 15개의 분석유목이 사용되었다(〈표 5-2〉). 정보내용의 분석유목들을 측정하기 위해 이들 각각의 변인들이 인터넷 광고에 나타나지 않으면 "0", 광고에 나타나면 "1"로 표시하였다. 정보성은 인터넷 광고에 나타난 정보단서의 전체 합(즉, 0~15)으로 측정되었다.

　인터넷 광고의 표현전략을 비교하기 위해서는 Simon(1971)의 분석유목 가운데 연구에 적합한 정보, 논증, 심리적 소구, 구매습관, 브랜드친숙성, 사은전략 6가지와 Taylor(1999)의 일반적 편익소구전략, 선제 공격적 전략, 제품의 특장점 소구전략, 과장광고, 공명전략, 포지셔닝 전략, 정서소구전략 7개, 총 13개의 분석유목이 사용되었다(〈표 5-3〉). 표현전략의 분석유목들을 측정하기 위해 이들 각각의 변인들이 인터넷 광고에 나타나지 않으면 "0", 광고에 나타나면 "1"로 표시하였다. 표현전략의 다양성은 인터넷 광고에 나타난 표현전략 분석유목의 합(즉, 0~13)으로 측정되었다.

　정보내용과 표현전략을 분석하기 위한 유목들은 인터넷 광고에 적합한 것들로 재구성한 것이다. 이들 분석유목은 국가 간 인터넷 광고의 차이를 분석하는데 있어서 유용한 결과를 획득하였다(김유경과 김은희, 2001).

〈표 4-2〉 정보내용 분석유목

정보단서	내 용
브랜드 이름 (Brand identification content node)	브랜드이름, 회사이름 또는 로고(logo)를 포함하고 있는가.
제품범주 (Category content node)	브랜드가 속한 제품의 카테고리를 포함하고 있는가.
인센티브 (Attribute content node)	브랜드가 제공하는 명백한 보상으로 물질적인 속성(할인, 쿠폰 등)을 포함하고 있는가.
목표공중 (Target audience content node)	의도된 소비자 또는 이용자로 광고에 목표공중이 명시되고 있는가.
구매정보 (Purchase instruction content node)	제품 또는 서비스를 구매하는 방법을 제시하고 있는가.
가격/가치 (Price/value)	제품의 구체적 가격제시.
품 질 (Quality)	경쟁제품과는 다른 독특하고 구체적인 특성(수공, 기술, 내구성, 재료의 우수성, 구조적 우수성, 개별적 우위성).
성 능 (Performance)	제품이용에 따른 결과에 관련된 정보로 제품의 기능, 대체 제품과 비교 설계된 특징, 제품의 품질을 자세하게 설명.
성분/내용 (Components/content)	제품의 구성, 내용, 제조방법 등.
특별제공 (Special offer)	제품구매에 특별히 부가되는 것. 할인판매, 쿠폰, 사은품 증정 등.
보증(Guarantees/ warrantees)	제품에 관한 품질보증, 애프터서비스, 소비자 상담을 말함.
안전성(Safety)	제품 사용으로 보장되는 안전성.
독립기관의 조사 (Independent research)	자사와 관련되지 않은 조직이나 기관에서 조사한 자료.
새로운 아이디어 (New ideas)	"새롭다", "혁신적이다"의 문구. 새로운 컨셉을 소개하는 것으로 새로운 아이디어 장점을 표현하거나, 기존 제품을 이용하는데 있어 새로운 방법에 대한 소개.
이벤트 스폰서쉽 (Event sponsorship)	경품대회(컨테스트)를 포함한 모든 이벤트, 선물제공

〈표 4-3〉 표현전략 분석유목

표현전략	내　　　　　　　　　　　용
정　보 (Information)	설명이나 논증이 아닌 제품에 관련된 뉴스로 있는 그대로의 사실을 표현.
논　증 (Argument)	제품 이용의 명분을 표현하는 논리적인 카피로 제품 이용을 사실과 관련시켜 설명. 소비자에게 제품의 기능과 관련된 속성의 우위적 요소를 강조함.
심리적소구 (Psychological appeals)	제품이용으로 얻을 수 있는 고객 혜택에 대한 명백한 표현으로, 이용욕구를 창출하는 감정적 동기 유발에 관한 소구. 정보위주의 이성적인 접근보다 감성, 만족감 등의 심리적 효용에 소구함.
구매유인 (Habit-starting)	소비자에게 샘플을 준다든지, 가격을 낮춤으로써 "구매고객"으로 유인하는 표현전략. 대체로 제품과 함께 노출되는 것이 보통임.
브랜드친숙성 (Brand familiarization)	친화적이며 우호적인 카피를 사용하여 제품과의 신뢰관계를 돈독히 하기 위해 사용하는 표현방법. 제품의 특징보다는 브랜드 네임을 소비자에게 친숙하게 각인시키거나 상기시키는 전략.
사은전략 (Obligation)	정보나 사은품을 무료로 제공하여 소비자로 하여금 만족을 얻게 하는 전략.
일반적 편익소구전략 (Generic strategy)	특별한 제품의 우수한 특성을 강조하지 않고 제품의 일반적인 특징이나 편익을 전달.
선제 공격적 (Pre-emptive)전략	제품이나 서비스의 배타적 우수성을 포괄적으로 주장.
제품의 특장점 (USP) 소구전략	단 하나의 중요한 제품의 특장점을 집중적으로 소구. 제품수명주기상의 도입기나 성장기에 일반적으로 많이 사용하며, 특장점이 소비자에게 중요한 의미를 가질 때 효과적임.
과장광고 (Hyperbole)	소수의 편익이나 한 가지의 편익을 극단적으로 과장해서 소비자에게 쉽게 전달하는 전략. 소비자의 주의를 끌 수 있고 흥미를 유발하는 소구전략.

표현전략	내　　　　　　　　　　　용	
공명 (Resonance) 전략	강하게 제품을 팔고자 하는 관점에서 벗어나 애매모호함이나 유머, 기타의 방법을 통해 소비자의정서를 자극하거나 일시적으로 관여수준을 증가시키는 전략. 직접적인 설득이라기보다 간접적이며 장기적인 관점에서 소비자를 서서히 메시지에 젖게 만드는 전략.	
포지셔닝 (Positioning) 전략	소비자의 마음에서 경쟁사에 비해 유리한 인식의 고지를 점령하기 위한 전략. 성숙기에 접어들어 제품의 차이가 경미해져도 한번 확립된 소비자의 인식은 변하지 않는다. 따라서 제품차별화가 어려울 때 브랜드의 이미지를 차별화하여 소비자에게 지각된 품질(perceived quality)감을 높이는 전략.	
정서소구전략 (Affective strategy)	제품의 특징이나 기능을 말하지 않고 특정 브랜드와 '사랑', '희망', '자유', '카리스마', '정'과 같은 호의적인 정서를 연결시켜, 브랜드를 회상하면 이와 연결된 정서를 연상시키는 전략.	

　인터넷 광고의 기술적 영역을 비교하기 위해 인터넷 광고의 길이(length), 카피형태(copy format), 멀티미디어 사용(multimedia use), 상호작용성(hyperlinks/clickable) 할 수 있는 아이템의 수) 항목으로 측정하였다. 이들 각각의 항목들은 매체기술에 따른 효용영역을 의미하는 것으로 광고의 표현적 요소 가운데 제작과 가장 관련성이 높은 요인이며 또한 온라인 산업 환경에 커다란 영향을 미친다.

　인터넷 광고의 기술적 영역은 Kuen-Hee Ju-Pak(1999)의 연구, Oh & Cho(1999)연구, 그리고 Choi(2000)의 연구에서 사용한 측정항목들을 이용하여 〈표 5-4〉에 제시된 것처럼 각 유목별로 해당 항목에 표시하도록 하여 측정하였다.

<표 4-4> 기술적 영역 분석유목

기술적 영역	내 용		
길이(Length)	1) 1페이지 미만 2) 1-2페이지 3) 3페이지 이상		
카피형태 (Copy format)	1) text-heavy 2) text-visual balance 3) text-limited		
멀티미디어 사용 (Multimedia use)	1) text-only 2) text and photo/illustration 3) text and sound and/or video		
상호작용성 (main/first페이지)	1) 없음 2) 1-5개 3) 6개 이상		
광고메뉴에서 상호작용	1) 없음 2) 1-5개 3) 6개 이상		

4) 코딩절차

한국·중국·미국 세 국가의 인터넷 광고를 분석하기 위해 연구의 목적을 전혀 알지 못하는 영어 전공자 1명과 중국어 전공자 1명을 포함한 독립된 3명의 신문방송학과 대학원생을 코더로 선정하였다. 코더의 판단에 도움을 주기 위해 각 분석유목과 하위요소에 대한 구체적인 정의와 내용을 기술한 코딩지침서(부록 참조)를 제작하여 나눠주고 각 변인의 정의 및 개념을 숙지시키기 위해 약 일주일의 훈련과정을 거쳤다. 코더에 대한 훈련은 내용 분석 연구의 타당성과 신뢰도에 중요한 공헌을 한다(Weber, 1990). 일반적으로 국제광고물 측정에서 시행하는 번역작업을 거치지 않고 한국어로 코더를 훈련한 뒤 자국의 광고물을 할당하여 측정하게 하는 절차를 따랐다 이 같은 방법은

Zandpour 등(1994)의 23개국의 광고물을 분석한 다중국가 비교연구에서 커다란 효과를 얻은 바 있다.

각각의 광고물을 분석하기 위해 정보내용, 표현전략의 하위유목들이 광고에 나타나면 "1", 나타나지 않으면 "0"으로 표기하고, 인터넷 광고의 기술적 영역에 대한 측정은 각 해당 항목의 번호를 표기하도록 하였다. 또한 인터넷 광고의 정보성은 정보단서의 합으로, 표현전략의 다양성은 표현전략 분석유목의 합으로 측정되었다. 코더간의 언어적 또는 문화적 장벽을 최소화하기 위하여 유목의 세부내용에 대한 반복측정을 실시한 후 결과에 대해 토론을 하였다.

각 분석유목에 대한 연습측정 기간을 거친 뒤, 코더 간 신뢰도를 측정하기 위해 C1-C2(한-중), C2-C3(중-미), 그리고 C3-C1(미-한) 모두 3쌍에게 전체 표본 중 20%를 무작위 선정하여 인터넷 광고물에 대한 코더 간 신뢰도를 측정하였다. 실질적인 내용 분석에 앞서 코더 간 신뢰도를 측정하는 것은 조작적 정의의 올바른 실행을 위해 매우 중요하다. 내용 분석이 객관적이기 위해서는 코딩체계 및 절차가 일관성이 있어야하고 명백해야한다. 앞서 설정한 코딩체계는 기존 문헌의 연구결과를 토대로 재구성된 것이므로 결과의 다양성으로 인한 주관적 요소가 완전히 배제될 수 없다. 따라서 내용 타당도(content validity)를 높일 수 있는 코더 간 신뢰도(intercoder reliability) 측정이 필수적으로 요구된다(김유경, 1999; Chuang, 2000).

코더 간 신뢰도 측정은 명목척도를 위해 고안된 Holsti (1969)의 신뢰도계수(coefficient of reliability) 공식을 사용하였다. 이 공식은 동일 내용에 대한 분석자 간의 상호 일치의 정도를 알아보기 위한 것으로 신뢰도 계수는 전체 코딩유목의 사례에 대한 각 분석자 간의 코딩상의 일치 유목의 비로 나타내고 있다. 만일 국가별로 또는 변인별로 신뢰도 계수가 낮게 나타나면 계속적인 훈련을 거쳐 만족할만한 결과를 얻을 때까지 반복하였다. 신뢰도 수준의 범위는 각각의 연구목적에 따라 다르지만, 이 공식을 사용하여 내용 분석을 할 때 평균 최소 85% 이상의 결과를 얻어야 만족하다고 할 수 있다(Holsti, 1969; Chuang, 2000). 그 결과 코더 간 상호 신뢰도 계수는 평균 87.3%의 비교적 안정된 신뢰도 계수를 얻을 수 있었다. 높은 수준의 신뢰도 계수는 분석 유목들이 믿을만하고 객관성을 가진 것으로 설명된다.

5) 다차원 개념도

본 연구는 광고 관련요소들에 대한 각 국가별 독특한 의미를 비교해 보기 위한 수단으로 VBPro라는 컴퓨터 concept mapping 프로그램을 사용하였다(Miller, 1993; 김유경, 1997). Concept mapping은 컴퓨터 프로그램을 통해 순수 언어 텍스트 분석을 목적으로 개발된 다차원 척도(multi- dimensional scaling, MDS) 과정을 의미한다. 이 척도는 요인분석 메커니즘에 의해 개발되었다. Concept mapping 프로그램은 코드화 된 개념의 발생과 동시 발생의 빈도에 근거하여 개념별 코사인 매트릭스를 만들어 내고 이 코사인 매트릭스의 첫 번째 세 개의 아이겐벡터(eigenvectors) 값을 끌어낸다. 이 고유값(eigenvalues)은 단위길이를 표준화시킨 것이다(이들 자승합은 1이다). 이러한 표준화는 발생빈도에서의 차이로 인한 유도값의 차이를 최소화한다(Andsager & Miller, 1994). 동시발생 코사인 매트릭스 공식은 다음과 같다. 여기서 A 와 B는 각각의 개념들을 의미한다(Salton, 1981).

$$COS = \frac{\sum(AB)}{\sqrt{(\sum A^2)(\sum B^2)}}$$

첫 번째 아이겐벡터값은 주로 빈도와 각 개념의 동시발생 수에 좌우되며 개념(항)의 현저성 또는 "크기"로 해석되며, 두 번째와 세 번째 아이겐벡터값은 단어들을 2차원 공간으로 투영해주는 차원으로 해석된다(Andsager & Miller, 1994). 따라서 서로 인접하여 나타나는 개념들은 군집(cluster, 집락)을 표현한 것이라고 할 수 있으며, 이는 동시발생으로 연관지어진다(Chew & Kim, 1994).

대부분의 경우 다차원 개념도(concept mapping)는 분석목적과 미디어 특성에 따라 다양하게 이용되었으며, 일반적으로 다차원 개념도는 미디어 컨텐츠의 특성(attributes)과 대상(objects) 그리고 하부집단의 인식 사이의 관계를 분석하는데 이용되어왔다. 예를 들면, 다차원 개념도는 Clarence Thomas의 대법원 확증 심리를 보도한 여섯 개 신문들의 차이를 도표화하는데 사용되었으며(Miller, 1991), 또한 예비선거에서 대통령 후보들에 대한 인식(Chew & Miller, 1992), 유명인사-메시지 일치(Chew, Mehta & Kim, 1992), 유명인사-제품 일치(Chew, Mehta & Oldfather, 1993) 그리고 커뮤니케이션 효과에 대한 유명인사-메시지의 역동적 관계의 영향(Chew, Mehta & Oldfather, 1993)을 평가하는 연구 등에서 사용되어왔다. 이러한 연구에서 다차원 개념도는 동시에 발생하는 독특한 특성과 상의 군집을 설명하기 위해 사용되었으며, 결정적 특성으로부터 떨어져 있거나 인접해 있는 특정 대상의 거리를 공간 좌표를 통해 보여준다(Chew & Kim, 1994).

또한 내용의 주제와 카테고리 분석을 위해 다차원 개념도를 이용하였는데, Miller, Boone, 그리고 Fowler(1992)는 1987년 2월부터 1989년 6월까지의 기간에 처리된 324개 기사에서 온실효과에 대한 연합통신사의 보도 행태를 조사하기 위해 다차원 개념도를 사용하였다. 한편 Miller와 Riechert(1994)는 최근 연구에서 잡지 기사본문에서 내용의 주제 또는 카테고리 찾아내고 기술하기 위해 다차원 개념도를 사용하였다. 이러한 연구에서 다차원 개념도는 다양한 해석을 할 수 있는 데이터와 다양한 미디어 보도 내용의 주제를 분석하는데 사용되었다. 이러한 주제들은 그것과 관련된 미리 계획된 혹은 미리 결정된 용어의 카테고리에 의해 분류되어진다. 또한 공간 좌표를 통하여 카테고리에서 주제의 군집 또는 동시발생 패턴을 분석하여 보여준다. 또한 다차원 개념도는 미디어 보도의 패턴, 질 또는 속성과 관련된 그 밖의 주제들을 조사하는데 이용되었다(Miller & Andsager, 1994; Meyer & Arant, 1992; Blankenburg, 1992; Kim, 1996 재인용).

본 연구는 인터넷 광고의 형식과 국가 사이의 역동적인 유형을 분석하기 위해 다차원 개념도를 이용하였다. 미디어 보도내용과 응답자로부터 얻은 개방형 데이터에 초점을 맞춘 선행연구와 달리 본 연구는 국가 간 인터넷 광고의 형식 즉, 정보내용·표현전략 등을 분석하고자 한다. 특히, 한국·중국·미국 세 국가 사이에 인터넷 광고 관련 특성들이 어떻게 동시에 발생하고 또 이러한 특성들이 특정 국가들(대상)과 어떻게 연관되어 있는지를 살펴보고자 한다. 공간좌표는 특정 국가르부터 인터넷 광고의 정보내용, 표현전략과의 거리 즉, 멀리 떨어져있거나 가까이 있는 거리를 보여줄 것이다.

이와 관련하여 이미 선행연구에서 그 타당성이 입증된바 있다. 먼저, 김유경(1996)은 미국, 일본, 한국 세 국가 잡지광고의 표현전략, 정보내용, 소구유형을 비교분석하여 잡지광고 소구요인과 세 국가 사이에 어떠한 연관성이 있는지를 조사하였다. 표현전략에 있어서 미국은 정보에 일본은 브랜드친숙성에 그리고 한국은 심리적 소구와 상징적 연상에 가까운 것으로 나타났다. 정보내용에 있어서 미국은 안정감에, 일본은 가격에 그리고 한국은 취향에 가깝게 나타났으며, 소구유형에 있어서 미국은 경성소구와 비교소구에 일본은 경성소구에 그리고 한국은 연성소구에 가까운 것으로 나타났다. 한편 김춘식(1998)은 다차원 개념도를 한국, 미국, 일본 세 국가의 신문에 게재된 정치광고의 소구내용, 소구방향, 소구유형을 비교분석하여 정치광고의 소구요인들과 세 국가 사이에 어떠한 연관성이 있는지를 조사하였다. 먼저 소구내용에 있어서 한국은 이미지에, 미국은 이슈 및 이미지에 일본은 미국에 비해 이슈에 가까운 것으로 나타났으며 소구방향에 있어서는 한국이 미국과 일본에 비해 부정 광고에 거리가 가까우며, 미국은 긍정광고와 부정 광고에, 일본은 이슈광고에 상대적으로 거리가 가까운 것으로 나타났다. 마지막으로 소구유형에 있어서 한국은 윤리적 소구에 미국은 논리적 소구에 일본은 감성적 소구에 가까운 것으로 나타났다. 이와 같이 다차원 개념도는 각 개념의 표준 적재치를 이용하여 그림으로 나타낸 것으로 변인들 사이의 상대적 거리와 상호 관계를 보여주는 유용한 분석이라고 할 수 있다.

코딩 도구로부터 얻어진 데이터는 SAS에서 다차원 개념도를 위한 컴퓨터 프로그램인 VBPro로 변환 처리된다(Miller, 1995). 데이터는 광고 속의 중요한 특성을 나타내기 위해서 재포맷 된다. 데이터가 VBPro에 의해 요구된 특정 포맷으로 변환 처리된 후, VBPro는 각 국가의 동시발생과 빈도분포에 대한 데이터를 부호화한다. 동시발생 매트릭스의 표준화된 주요 요소는 국가변인과 범주화된 특성 사이의 상호작용에 근거하여 만들어지며,

그 결과로서 개념과 개념의 표준 적재치의 군집관계가 3개의 좌표로 제시된다(Chew, Mehta & Oldfather, 1994). 컴퓨터 그래픽을 이용하여 이러한 표준 적재치를 2차원 공간에 투사한 국가변인과 범주화된 특성 사이의 군집관계를 그림으로 나타낼 수 있다(김춘식, 1998). 다차원 개념도는 세 국가 사이에 어떤 유형의 범주화된 특성이 더 자주 발생하는지에 대한 상대적인 통찰력을 제공하며, 특히 세 국가를 도표화함으로써 미리 설계된 범주화된 특성으로 국가와 국가를 서로 비교할 수 있다(김유경, 1996).

6) 자료 분석

본 연구의 독립변인은 국가이며, 종속변인은 광고관련 요소 즉 정보내용, 표현전략이다. 본 연구를 위한 분석유목인 정보내용, 표현전략은 명목 척도(nominal scale)로 측정하고, 각 유목의 다양성과 정보성을 측정하기 위해 등간 척도를 이용한다. 다양성과 정보성이라 함은 정보내용, 표현전략 각각의 분석유목의 합으로 이는 명목척도의 존재유무를 합한 것으로 평가된다. 인터넷이라는 매체적 특성으로 인한 기술적 영역을 비교하기 위해 광고의 길이, 카피형태, 멀티미디어의 사용, main/first페이지(광고메뉴 이외의 초기화면)와 광고메뉴에서 상호작용 할 수 있는 아이템의 수를 측정한다.

본 연구의 결과분석을 위해 통계적 측정수단으로 판별분석, 카이스퀘어(χ^2), 일원변량분석(one-way ANOVA) 그리고 t-test를 사용하였으며, 정보내용, 표현전략의 평균차이를 이용한 국가 간 변별력을 사후검증하기 위해 Scheffe test를 병행하여 실시하였다. 또한 세 국가의 인터넷 광고의 차이를 종합적으로 판별하기 위해 판별분석을 실시하였다. 통계검증의 유의수준은 $p < .05$로 설정하였으며, 수집된 자료는 SPSS를 이용하여 분석하였다.

또한 다차원 개념도를 이용하여 분석대상 국가와 인터넷 광고의 정보내용, 표현전략의 상대적 군집형태를 파악하였다. 다차원 개념도는 분석대상 국가와 인터넷 광고와 관련된 소구요인들을 동시에 고려하여 분석 처리하는 기법으로 여러 변인들 간의 상호작용을 관찰할 수 있으며, 통계적 유의성 테스트에 근거한 것은 아니지만 보다 분명한 통찰력을 제공하는 질적 분석이다.

제 5 장 연구결과 및 논의

  본 연구는 한국·중국·미국 세 국가를 대상으로 인터넷이 지니는 기능적 특성 외에도 각 국가의 정보문화 특성(도구문화와 규범문화)과 함께 온라인 산업 환경 즉, 인터넷 이용자수, 인터넷 쇼핑환경 그리고 인터넷 광고 산업이 인터넷 광고의 정보내용과 표현전략에 어떠한 영향을 미치는지를 비교하여 차이를 검증하고 그에 따른 결과 및 논의를 제시하고자 한다.

  연구결과는 한국·중국·미국 세 국가 사이에 나타나는 통계적 유의성 검증결과와 인터넷 광고의 정보내용, 표현전략과 분석대상 국가와의 연관성을 공간적 거리로 나타낸 질적 분석인 다차원 개념도 결과가 제시된다.

1. 유의성 검증결과

  유의성 검증결과는 한국·중국·미국 세 국가와 인터넷 광고의 정보내용과 정보성, 표현전략과 다양성 그리고 기술적 영역과의 관계가 유의미한지 아니면 상호 독립적인지 검증하였다. 검증결과 세 국가 사이에 유의미한 차이가 발견된 경우 인터넷 광고종류별로 정보내용과 정보성, 표현전략과 다양성 그리고 기술적 영역에 있어서 어떠한 차이가 나타나는지를 살펴보고, 한국과 중국, 중국과 미국, 한국과 미국 세 쌍으로 나누어 이들 두 국가 사이에도 유의미한 차이가 발견되는지를 알아보기 위한 세부검증을 실시하였다.

1) 정보내용 검증결과

한국·중국·미국 세 국가의 인터넷 광고에 나타난 정보내용의 차이를 종합적으로 판별하기 위해 판별분석을 실시한 결과 통계적으로 유의미한 결과를 얻어냈다(〈표 5-1〉). 대체로 정보내용에 관한 분석유목들이 한국·중국·미국 세 국가의 인터넷 광고를 75% 판별해 낸 것으로 나타났다. 정보내용에 관한 15가지 요소 가운데, 인센티브($r=.695$)가 세 국가의 광고를 판별해 내는 데 있어서 가장 판별능력이 높은 요인으로 나타났으며 그 다음은 이벤트 스폰서쉽($r=.652$), 품질($r=.503$), 가격/가치($r=-.463$), 제품범주($r=.447$), 새로운 아이디어($r=.376$), 안전성($r=-.369$), 목표소비자($r=-.236$), 성능($r=-.194$) 순으로 나타났다. 그러나 브랜드 이름, 구매, 성분/내용, 특별제공, 보증, 독립기관의 조사 요인은 세 국가의 광고를 판별해 내는데 유의미하지 않았다.

〈표 5-1〉 한·중·미 인터넷 광고의 정보내용에 대한
표준화 판별상관계수

정보내용	Function 1	Function 2
제품범주	.447	.181
인센티브	.695	−.443
목표소비자	.236	−.233
가격/가치	.132	−.463
품 질	.387	.503
성 능	−.194	−.118
안전성	.023	−.369
새로운 아이디어	.108	.376
이벤트 스폰서쉽	.105	.652
Eigenvalue	1.445	.365
Canonical Correlation	.769	.517
Wilk's Lambda	.300	.732
Chi-square	714.816	184.710
Significance	.000	.000
Grouped Classification=75%		
p<.05		

　　정보내용에 관한 유목들이 한국·중국·미국 세 국가의 인터넷
광고를 판별하는데 있어서 비교적 높은 판별력 제공하는 것으로
발견되었기 때문에, 세 국가의 인터넷 광고에 나타나는 정보내용
은 국가 간 어떠한 차이를 보이는지 알아보았다.
　　한국·중국·미국 세 국가의 인터넷 광고에 나타나는 정보내

용(information content)은 국가 간 어떠한 차이를 보이는가에 대한 검증결과, 한국·중국·미국 세 국가 사이에는 유의미한 차이가 있는 것으로 나타났다(〈표 5-2〉). 정보내용과 관련 있는 총 15개의 하위유목 가운데 독립기관의 조사를 제외한 모든 유목에서 세 국가 간에 유의미한 차이를 보이는 것으로 나타났다.

먼저 브랜드 이름의 사용을 보면, 한국·중국·미국 모두 인터넷 광고에 브랜드 이름(한국: 94.5%, 중국: 90.5% 미국: 97%)을 가장 많이 포함하는 것으로 나타났다. 세 국가 모두 인터넷 광고에 다른 정보단서보다도 브랜드 이름을 가장 많이 포함하고 있는 것으로 나타났으며 그중 미국과 한국이 중국보다 높게 나타난 것은 정보문화와 온라인 마케팅 환경 특성에 영향을 받은 것으로 나타났다. 미국은 정보문화가 발달한 국가로 이러한 정보문화를 바탕으로 전자상거래가 활발하게 이루어지고 있기 때문에 브랜드 이름을 인터넷 광고에 많이 사용함으로써 소비자의 욕구를 충족시켜주기 위한 것이라고 할 수 있다. 한편, 한국과 중국은 집단주의 문화를 반영한 결과로 집단주의 사회에서는 브랜드를 제품 구매요인으로 삼으며, 제품을 결정하는데 있어서 '신뢰' 요인이 구매 결정에 영향을 미친 것이라고 할 수 있다.

브랜드가 속한 제품범주의 명시는 중국(62.5%)에 비해 한국(96.5%)과 미국(97%)이 높은 것으로 나타났으며, 브랜드가 제시하는 명백한 보상(인센티브)수준 또한 미국(90.5%)이 가장 많이 포함하는 것으로 나타났다. 한국(70%)도 중국(12.3%)에 비해 사용빈도가 높은 것으로 나타났다. 제품범주와 인센티브의 경우는 미국과 한국의 인터넷 광고에서 많이 사용하는 것으로 나타났는데 이는 미국과 한국이 중국에 비해 인터넷 광고를 통합마케팅이나 판촉차원에서 다양하게 활용하는데서 기인하는 것으로 볼 수 있으며, 중국에 비해 온라인 산업시장이나 기술적 측면에서 상당히 발전했기 때문에 나타난 결과라고 볼 수 있다. 목표소비자의 명시여부 또한 미국(46.5%)이 가장 많이 명시하는 것으로 나타났는데, 이는 타겟에 따른 다양한 매체계획에 근거하여 나타나는 것으로 문화적인 설명보다는 광고전략의 합리화라는 산업적 측면에서 살펴보는 것이 타당할 것이다.

제품 또는 서비스에 대한 구매정보를 보면, 미국(61.5%)이 한국(46.5%)과 중국(38.5%)에 비해 구매정보의 사용빈도가 높은 것으로 나타났는데, 이는 미국과 한국이 인터넷 이용자수가 많기 때문에 인터넷상에서 활발한 전자상거래가 이루어질 수 있도록 제품과 서비스에 대한 구매정보를 많이 포함하는 것으로 볼 수 있다. 또한 저상황–개인주의 문화에 속하며 약한 불확실성 회피성향을 지닌 미국의 커뮤니케이션 스타일이 행동 지향적이며 직접적인 메시지를 사용하기 때문에 인터넷 광고에 구매정보를 많이 포함하는 것으로 보인다. 가격 정보에 있어서도 미국(48%)의 사용빈도가 높게 나타났는데, 구매정보와 마찬가지로 온라인 마케팅 환경을 반영한 결과라고 할 수 있으며 고상황–집단주의 문화에 속하는 한국과 중국의 경우 광고에 가격을 언급한다는 것은 너무 직접적이며 무례하다고 생각하기 때문에 커뮤니케이션 스타일이 직접적인 저상황–개인주의 문화에 속하는 미국이 가격정보를 많이 사용하는 것으로 나타났다.

한편, 품질에 관한 정보는 한국(68.5%)이 가장 높게 나타났는데 이는 한국이 불확실성 회피성향이 강하기 때문에 제품과 서비스의 품질에 관한 정보를 통해 구매의 확신을 갖기 때문인 것으로 해석할 수 있다. 그러나 한국과 같이 불확실성 회피성향이 강한 중국(12.5%)의 경우 미국(57%)보다 품질정보를 덜 포함하는 것은 정보문화와 온라인 마케팅 환경에 기인하는 것으로 볼 수 있다. 예측한대로 미국은 중국에 비해 정보통신 기반구조와 이를 운영할 수 있는 다양한 정보통신 서비스를 포함하는 도구문화의 발달로 인터넷 광고를 통해 소비자들에게 제품의 품질과 관련된 정확한 정보를 제공해줌으로써 구매의 확신을 갖기 때문에 전자상거래 역시 활발하게 이루어지고 있다.

성능과 성분에 관한 정보는 미국이 한국과 중국에 비해 사용빈도가 높은 것으로 나타났는데, 이는 미국이 불확실성 회피성향이 낮은 국가로 논리적이며 사실 그대로의 정보를 추구하는 경향이 많기 때문이며, 또한 예측한대로 미국은 정보문화가 상당수준 발전했기 때문에 인터넷 이용자가 많아 소비자의 욕구충족을 위해 다양하고 많은 정보를 인터넷 광고에 포함하는 것으로 나타났다. 한국이 중국에 비해 성능과 성분정보가 많이 포함하고 있는 것도 정보문화와 온라인 마케팅 환경에 기인하기 때문인 것으로 볼 수 있다.

특별제공에 관한 정보의 사용빈도를 보면 한국(62.5%)이 가장 많이 사용하는 것으로 나타났다. 한국은 도구문화가 발달한 국가로 이러한 도구문화를 바탕으로 인터넷 이용수준이 높고 전자상거래가 활발하게 이루어져 인터넷 광고 산업이 발전하게 된 것은 할인, 사은품 증정과 같은 판매 이벤트관련 정보의 의존도가 높기 때문인 것으로 보이며, 이 같은 정보의 사용으로 인터넷 이용자들을 구매고객으로 유인하여 인터넷상에서 전자상거래가 활발하게 이루어질 수 있도록 유도하기 위한 것으로 볼 수 있다. 이는 한국이 이벤트 스폰서쉽을 광고에 많이 포함하고 있는 것과도 관련이 있다고 하겠다.

보증에 관한 정보는 미국(49%)과 한국(40%)이 많이 포함하고 있는 것으로 나타났다. 보증은 소비자들에게 도움이 되는 서비스 즉, 자료실, 개인맞춤서비스, A/S, 소비자 상담, 고객센터의 활용 정도를 나타내는 것으로 도구문화와 관련이 있다고 하겠다. 도구문화가 발달하면 정보통신기술을 기반으로 기업과 쌍방향 커뮤니케이션을 할 수 있는 다양한 상호작용아이템을 제공할 수 있다. 한국과 미국은 도구문화가 발달한 국가이므로 인터넷 광고에 보증에 관한 정보를 많이 포함하고 있는 것으로 나타났다. 또한 한국과 미국은 전자상거라가 활발하게 이루어지고 있는데 전자상거래는 '신뢰'가 바탕이 되어야 가능하기 때문에 보증에 관한 정보를 인터넷 광고에 많이 포함하고 있는 것으로 나타났다.

안전성에 관한 정보의 사용빈도는 미국(13.5%)이 높게 나타났는데, 이는 개인주의 성향이 강한 서양문화에서 주로 사용하는 정보로 개인주의 문화에 속하는 미국에서는 법이나 규범과 같은 보편적 원칙이 우선 시 되며, 과학과 기술을 중시하는 국가이므로 제품의 사용으로 보장되는 안전에 관련된 정보를 많이 사용하는 것으로 나타났다.

한국(63%)의 경우 중국(14%)과 미국(49.5%)과는 달리 인터넷 광고에 이벤트 스폰서쉽을 자주 사용하는 것으로 나타났다. 이벤트 스폰서쉽 정보는 집단주의 문화에서 주로 사용하는 정보로 집단주의 문화에 속하는 한국의 경우 광고에 상표나 상품을 사회 이벤트와 연결시킴으로써 소비자의 인지도를 증대시키려는 광고주의 의도가 크기 때문이라고 할 수 있다. 이러한 결과는 Choi(2001)의 연구결과와도 일치한다. 한편 미국이 한국보다 사용빈도는 낮지만 중국보다 사용빈도가 높은 것은 정보문화와 온라인 마케팅 환경요인에 기인하는 것이라고 볼 수 있다. 인터넷 이용자들은 정보 및 오락 등의 욕구 충족을 위한 기대감으로 인터넷에 접근하는 경우가 많기 때문에 한국과 미국처럼 정보문화가 발달한 국가는 이벤트 스폰서쉽을 통해 인터넷 이용자에게 다양하고 구체적인 정보와 오락을 인터넷 광고를 통해 동시에 제공해줌으로써 제품에 대한 소비자의 능동적이고 적극적인 이용을 유도할 수 있다. 또한 중국과 달리 한국과 미국은 인터넷 이용자의 수가 많기 때문에 이를 기반으로 인터넷상에서 활발한 전자상거래가 이루어질 수 있도록 이벤트 스폰서쉽을 사용하여 소비자의 인지도를 증대시킴으로써 제품의 판매로 연결시키려는 의도를 엿볼 수 있다.

한국·중국·미국 인터넷 광고의 정보성을 평가한 결과 유의미한 차이를 발견되었다(〈표 5-3〉). 또한 각 집단 간의 상호 변별력을 살펴보기 위해 Scheffe를 이용한 사후검증을 실시한 결과도 상호 유의미한 차이를 보인 것으로 나타났다(〈표 5-4〉). 그 결과 미국(M=7.585)이 인터넷 광고에 가장 많은 정보를 포함하고 있는 것으로 나타났으며, 이는 인터넷 광고 종류별 정보성에서 미국이 다른 두 국가보다 모든 광고 종류에서 높게 나타난 결과에 기인한 것이라고 할 수 있다. 그 다음은 한국(M=6.75)이 인터넷 광고에 많은 정보를 포함하고 있으며, 중국(M=3.425)은 가장 적은 양의 정보를 포함하고 있는 것으로 나타났다(미국〉한국〉중국).

예측한대로 미국의 인터넷 광고가 가장 많은 정보를 포함하고 있는 것으로 나타났는데, 이는 미국이 정보문화와 온라인 마케팅 환경이 발달했기 때문에 소비자의 욕구충족을 위해 소비자가 필요로 하는 많은 양의 정보를 인터넷 광고에 포함한 것이라고 볼 수 있다. 또한 미국은 저상황-개인주의문화이며 불확실성 회피성향이 약한 문화로 이러한 문화에서는 언어적 메시지의 사용이 많아 광고의 정보성이 높을 수밖에 없다.

<표 5-2> 국가별 인터넷 광고의 정보내용 비교

국 가 정보내용	한국(%)	중국(%)	미국(%)	χ^2	유의도
브랜드 이름	189(94.5)	181(90.5)	194(97)	7.624	.022
제품범주	193(96.5)	125(62.5)	194(97)	124.991	.000
인센티브	140(70)	24(12.5)	181(90.5)	267.912	.000
목표소비자	41(20.5)	16(8)	93(46.5)	82.293	.000
구매정보	93(46.5)	77(38.5)	123(61.5)	21.825	.000
가격/가치	39(19.5)	22(11)	96(48)	77.762	.000
품 질	137(68.5)	25(12.5)	114(57)	140.862	.000
성 능	42(21)	36(18)	66(33)	13.816	.001
성분/내용	112(56)	50(25)	127(63.5)	66.743	.000
특별제공	125(62.5)	28(14)	99(49.5)	103.489	.000
보 증	80(40)	62(31)	98(49)	13.5	.001
안전성	4(2)	7(3.5)	27(13.5)	26.353	.000
독립기관의 조사	6(3)	1(.5)	5(2.5)	3.571	.168
새로운 아이디어	23(11.5)	2(1)	1(.5)	37.229	.000
이벤트 스폰서쉽	126(63)	28(14)	99(49.5)	105.072	.000

한편 한국의 경우 정보성에 있어서 미국과 거의 차이가 없는 것으로 나타났는데 이는 한국이 정보문화 측면에서 볼 때 미국과 유사하기 때문에 나타난 결과라고 볼 수 있다. 이처럼 같은 동양 문화권에 속하는 중국의 광고보다 한국의 광고가 정보성에서 높게 나타난 것은 정보문화가 인터넷 광고에 커다란 영향력

을 미친 것으로 볼 수 있다. 즉, 정보문화가 인터넷 광고를 설명하는 중요한 설명요인으로 작용한 것이라고 할 수 있다. 따라서 미국과 한국은 서로 상이한 문화에 속하나 유사한 정보문화로 인해 소비자의 욕구를 충족시켜줄 수 있는 다양한 정보를 인터넷 광고에 제공하고 있으며 또한 광고를 포함한 마케팅 커뮤니케이션의 수단으로 인터넷을 활용하기 때문에 광고에 많은 정보를 포함하고 있는 것으로 나타났다.

〈표 5-3〉 한국·중국·미국 인터넷 광고의 정보성에
관한 분산분석

구 분	Sum of Squares	df	Mean Squares	F	유의도
집단 간	1937.230	2	968.615	163.032	.000
집단 내	3546.930	597	5.941		

〈표 5-4〉 한국·중국·미국 인터넷 광고의 정보성에
대한 사후검증표

구 분	Subset for Alpha=.05		
	1	2	3
중 국	3.425		
한 국		6.75	
미 국			7.585

인터넷 광고에 나타난 정보내용에 대한 유의성 검증을 실시한 결과 한국·중국·미국 세 국가 사이에는 유의미한 차이가 발견되었다. 따라서 한국·중국·미국 세 국가의 인터넷 광고에 나

타나는 정보내용은 상호 유의미한 차이를 보일 것이다 라는 〈연구가설 1〉은 지지되었다.

(1) 광고종류별 정보내용 검증결과

다음은 인터넷 광고에 나타나는 정보내용에 대한 세 국가 사이에서 발견된 유의미한 차이가 인터넷 광고종류에 따라서도 차이가 나타나는지 알아보기 위해 인터넷 광고종류별 유의성 검증을 실시하였다.

① 홈페이지 광고의 정보내용에 대한 검증결과

한국·중국·미국 세 국가의 홈페이지 광고에 나타난 정보내용을 검증한 결과 세 국가 사이에 유의미한 차이가 있는 것으로 발견되었다(〈표 5-5〉). 정보내용과 관련 있는 총 15개의 하위유목 가운데 인센티브, 목표소비자, 구매정보, 가격/가치, 품질, 성분/내용, 특별제공, 보증, 안전성 그리고 이벤트 스폰서쉽에서 세 국가 간에 유의미한 차이를 보이고 있는 것으로 나타났다.

한국의 홈페이지 광고는 중국과 미극에 비해 품질(92%), 특별제공(72%) 그리고 이벤트 스폰서쉽(72%)을 홈페이지 광고에 많이 사용하고 있는 것으로 나타났다. 먼저 한국이 품질에 관한 정보의 사용빈도가 높은 것은 한국이 불확실성 회피성향이 강하기 때문에 제품과 서비스의 품질에 관한 정보를 통해 구매의 확신을 갖기 때문인 것으로 해석할 수 있으며 도구문화의 발달로 인터넷 이용자가 많고 활발한 전자상거래가 이루어지고 있기 때문에 인터넷 광고를 통해 제품의 품질과 관련된 정보를 많이 제공해줌으로써 이용자의 욕구를 충족시켜주는 것이라고 할 수 있다. 그러나 같은 문화권에 속하는 중국(26%)의 경우 미국(74%) 보다 품질정보를 덜 포함하는 것으로 나타났는데, 예측한대로 미국은 중국에 비해 정보통신 기반구조와 이를 운영할 수 있는 다양한 정보통신 서비스를 포함하는 도구문화의 발달로 인터넷 광고를 통해 제품의 품질과 관련된 정확한 정보를 제공해줌으로 써 인터넷 이용자의 정보추구욕구를 충족시켜주는 것으로 볼 수 있다.

특별제공에 관한 정보 또한 한국이 가장 많이 사용하는 것으로 나타났는데 이는 한국이 도구문화가 발달한 국가로 이러한 도구문화를 바탕으로 전자상거래가 활발하게 이루어지고 있는 것은 할인, 사은품 증정과 같은 판매 이벤트관련 정보의 의존도가 높기 때문으로 보인다. 이는 한국이 이벤트 스폰서쉽을 홈페이지 광고에 많이 포함하고 있는 것과 관련이 있다고 하겠다.

한국(72%)의 경우 중국(10%)과 미국(60%)과는 달리 이벤트 스폰서쉽을 자주 사용하는 것으로 나타났다. 이벤트 스폰서쉽 정보는 집단주의 문화에서 주로 사용하는 정보로 집단주의 문화에 속하는 한국의 경우 광고에 상표나 상품을 사회 이벤트와 연결시킴으로써 소비자의 인지도를 증대시키려는 광고주의 의도가 크기 때문이라고 할 수 있다. 한편 미국이 한국보다 사용빈도는 낮지만 중국보다 사용빈도가 높은 것은 정보문화와 온라인 마케팅 환경요인에 기인하는 것으로 다양한 이벤트를 통해 전자상거래가 활성화 될 수 있도록 유도하기 위한 것이라고 할 수 있다.

미국은 인센티브(82%), 목표소비자(74%), 구매정보(92%), 성능(46%), 성분/내용(92%), 가격/가치(76%), 보증(92%) 그리고 안전성(24%)을 많이 포함하고 있는 것으로 나타났다. 브랜드가 제시하는 명백한 보상(인센티브)수준은 미국이 가장 많이 포함하는 것으로 나타났으며 한국(76%)도 중국(12%)에 비해 사용빈도가 높은 것으로 나타났다. 이는 한국과 미국이 중국에 비해 인터넷 광고를 통합마케팅이나 판촉차원에서 다양하게 활용하는 데서 기인하는 것으로 볼 수 있다. 목표소비자의 명시여부 또한 미국이 가장 많이 명시하는 것으로 나타났는데, 이는 타겟에 따른 다양한 매체계획에 근거하여 나타나는 것으로 문화적인 설명보다는 광고전략의 합리화라는 산업적 측면에서 살펴보는 것이 타당할 것이다.

제품 또는 서비스에 대한 구매정보와 가격정보에서도 미국이 사용빈도가 높은 것으로 나타났는데, 이는 미국이 인터넷 이용자가 많기 때문에 이 같은 정보를 제공해줌으로써 활발한 전자상거래가 이루어질 수 있도록 유도하기 위한 것이라고 할 수 있다. 또한 저상황－개인주의 문화에 속하며 불확실성 회피성향이 약한 미국의 커뮤니케이션 스타일이 행동 지향적이며 직접적인 메시지를 사용하기 때문에 인터넷 광고에 구매정보를 많이 포함하는 것으로 나타났다.

성능과 성분에 관한 정보는 미국이 한국과 중국에 비해 사용빈도가 높은 것으로 나타났는데, 이는 미국이 불확실성 회피성향이 낮은 국가로 논리적이며 사실 그대로의 정보를 추구하는 경향이 많기 때문이며 또한 정보문화와 온라인 마케팅 환경이 상당수준 발전했기 때문에 소비자의 욕구충족을 위해 제품의 구성내용이나 제조방법 등에 관한 성분관련 정보를 구체적으로 많이 제시하는 것으로 나타났다. 한편 미국과 상이한 전통문화를 지닌 한국(88%)이 유사한 전통문화를 지닌 중국(24%)에 비해 성분정보를 많이 포함하고 있는 것도 미국과 같이 정보문화와 온라인 마케팅 환경에 기인하는 것이라고 할 수 있다.

보증에 관한 정보 역시 미국이 많이 포함하고 있는 것으로 나타났다. 보증은 소비자들에게 도움이 되는 서비스 즉, 자료실,

150

개인맞춤서비스, A/S, 소비자 상담, 고객센터의 활용 정도를 나타내는 것으로 도구문화와 관련이 있다고 하겠다. 도구문화가 발달하면 기업과 쌍방향 커뮤니케이션을 할 수 있는 다양한 상호작용아이템을 제공할 수 있기 때문에 도구문화가 발달한 미국은 인터넷 광고에 보증에 관한 정보를 많이 포함하고 있는 것으로 나타났다. 한편 한국(76%)이 중국(46%)보다 보증 정보의 사용빈도가 높은 것도 이와 같은 이유라고 할 수 있겠다.

안전성에 관한 정보의 사용빈도는 개인주의 성향이 강한 서양문화에서 주로 사용하는 정보로 개인주의 문화에 속하는 미국이 안전에 관련된 정보를 많이 사용하는 것은 당연한 결과라고 할 수 있다. 그러나 브랜드 이름, 제품범주, 성능, 독립기관의 조사 그리고 새로운 아이디어의 유목에서는 한국·중국·미국 세 국가 사이에 통계적으로 유의미한 차이를 보이지 않았다.

한국·중국·미국 세 국가 간 홈페이지 광고의 정보성을 비교한 결과 대체로 유의미한 차이가 발견되었다(〈표 5-6〉). 또한 각 집단 간의 상호 변별력을 살펴보기 위해 Scheffe를 이용한 사후검증을 실시한 결과 상호 유의미한 차이를 보인 것으로 나타났다(α=.05, 〈표 5-7〉). 한국·중국·미국 세 국가 가운데 미국(M=9.8)이 홈페이지 광고에 가장 많은 양의 정보를 담고 있는 것으로 나타났으며, 그 다음은 한국(M=8.62)으로 미국과 비슷한 양의 정보를 광고에 담고 있는 것으로 나타났다. 한편 중국(M=4.4)은 홈페이지 광고에 가장 적은 양의 정보를 담고 있는 것으로 나타났다. 결국 미국이 홈페이지 광고에 있어서 정보성이 가장 높은 반면, 중국은 정보성이 가장 낮은 국가로 나타났다.

〈표 5-5〉 홈페이지 광고의 국가 간 정보내용 비교

국가 정보내용	한국(%)	중국(%)	미국(%)	χ^2	유의도
브랜드 이름	50(100)	49(98)	50(100)	2.013	.365
제품범주	48(96)	46(92)	50(100)	4.167	.125
인센티브	38(76)	6(12)	41(82)	61.303	.000
목표소비자	18(36)	5(10)	37(74)	43.167	.000
구매정보	31(62)	21(42)	46(92)	27.963	.000
가격/가치	18(36)	14(28)	38(76)	26.571	.000
품 질	46(92)	13(26)	37(74)	50.521	.000
성 능	19(38)	17(34)	23(46)	1.565	.457
성분/내용	44(88)	12(24)	46(92)	66.912	.000
특별제공	36(72)	5(10)	30(60)	43.377	.000
보 증	38(76)	23(46)	46(92)	26.668	.000
안전성	2(4)	2(4)	12(24)	13.993	.001
독립기관의 조사	3(6)	1(2)	3(6)	1.199	.549
새로운 아이디어	4(8)	1(2)	1(2)	3.125	.21
이벤트 스폰서쉽	36(72)	5(10)	30(60)	43.377	.000

　　예측한대로 인터넷 이용자가 가장 많고 최고 수준의 인터넷 정보통신 기술을 지닌 미국이 공간의 제약이 없는 홈페이지 광고에 가장 많은 정보를 포함하고 있는 것으로 나타났다. 한국도 미국과 차이가 거의 없는 것으로 나타났는데 이는 한국이 정보문화와 온라인 마케팅 환경이 미국과 유사하기 때문에 나타난

152

결과로 볼 수 있다. 따라서 홈페이지 광고의 정보성은 정보문화
와 온라인 마케팅 환경요인이 설명요인으로 작용한 것으로 나타
났으며, 더불어 전통문화(고상황 - 저상황, 개인주의 - 집단주의)
의 영향을 받은 것으로 나타났다. 즉 미국과 한국은 정보통신기
술의 발달로 소비자의 욕구를 충족시켜줄 수 있는 다양한 정보
를 홈페이지 광고에 제공하고 있으며 또한 광고를 포함한 마케
팅 커뮤니케이션의 수단으로 인터넷을 활용하기 때문에 광고에
많은 정보를 포함하고 있는 것으로 나타났다.

〈표 5-6〉 한국·중국·미국 홈페이지 광고의 정보성에
관한 분산분석

구 분	Sum of Squares	df	Mean Squares	F	유의도
집단 간	806.03	2	403.007	100.789	.000
집단 내	587.8	147	3.999		

〈표 5-7〉 한국·중국·미국 홈페이지 광고의 정보성에
대한 사후검증표

구 분	Subset for Alpha=.05		
	1	2	3
중 국	4.4		
한 국		8.62	
미 국			9.8

② 배너 광고의 정보내용에 대한 검증결과

한국·중국·미국 세 국가의 배너 광고에 나타난 정보내용을 검증한 결과 대체로 유의미한 차이가 있는 것으로 발견되었다(〈표 5-8〉). 정보내용과 관련 있는 총 15개의 하위유목 가운데 제품범주, 인센티브, 구매정보, 품질, 성분/내용, 특별제공, 새로운 아이디어 그리고 이벤트 스폰서쉽에서 세 국가 간에 유의미한 차이가 발견되었다.

한국의 배너 광고는 품질(52%), 특별제공(38%), 새로운 아이디어(14%) 그리고 이벤트 스폰서쉽(40%)을 많이 포함하고 있는 것으로 나타났다. 이러한 결과는 홈페이지 광고 결과와 유사하나, 사용빈도 면에서 보면 홈페이지 광고에 비해 낮은 편으로 이는 배너 광고의 크기가 제한적이기 때문에 많은 양의 정보를 포함하지 못하는 것으로 볼 수 있다. 품질과 이벤트 스폰서쉽은 불확실성 회피성향이 강하며, 집단주의 문화에 속하는 한국에서 많이 사용하는 정보로 다른 제품과 차별화 할 수 있는 독특한 특성에 관한 품질정보나 경품, 선물제공과 같은 이벤트 스폰서쉽을 배너 광고에 사용함으로써 소비자의 인지도를 증대시켜 결국 더 많은 정보를 검색하기 위해 자사의 홈페이지로 유인하도록 하기 위한 의도라고 볼 수 있다.

미국은 인센티브(92%), 목표소비자(20%), 가격(14%)을 많이 포함하고 있는 것으로 나타났다. 미국 역시 홈페이지 광고와 유사한 결과를 보이고 있으나 인센티브를 제외하고는 사용빈도 면에서 보면 홈페이지 광고에 비해 상당히 낮은 편으로, 이 또한 배너 광고의 크기 때문에 나타난 결과라고 할 수 있다. 배너 광고(92%)에서 인센티브의 사용빈도가 높게 나타난 것은 미국이 저상황-개인주의 문화로 커뮤니케이션 스타일이 직접적이고 명백한 메시지를 사용하기 때문에 공간이 제한적인 배너 광고에 브랜드가 제시하는 명백한 보상 정보를 광고에 많이 포함하여 소비자의 관심을 유도하기 위한 것으로 볼 수 있다.

한편 중국은 구매정보(40%)를 배너 광고에 많이 포함하는 것으로 나타났는데 이는 정보문화와 관련 있는 정보통신기술(IT)이 발달하지 못한 초기 상황에서 인터넷 광고를 통해 제품에 대한 이미지를 전달하기 위한 광고보다는 기술적인 문제로 문자위주의 광고를 제작하는데 주안점을 둔 결과라고 할 수 있다. 그러나 브랜드 이름, 목표소비자, 가격/가치, 성능, 보증 그리고 안전성의 유목에서는 세 국가 사이에 통계적으로 유의미한 차이를 보이지 않았다.

한국·중국·미국 세 국가 사이에서 배너 광고의 정보성을 비교한 결과 대체로 유의미한 차이가 발견되었다(〈표 5-9〉). 또한 각 집단 간의 상호 변별력을 살펴보기 위해 Scheffe를 이용한 사후검증을 실시한 결과에서도 상호 유의미한 차이를 보인 것으로 나타났다($\alpha = .05$, 표 5-10〉). 한국·중국·미국 세 국가 가운데 미국(M=4.68)이 배너 광고에 가장 많은 양의 정보를 담고 있는 것으로 나타났으며, 그 다음은 한국(M=4.34)으로 미국과 거의 비슷한 양의 정보를 광고에 담고 있는 것으로 나타났다. 한편 중국(M=2.32)은 배너 광고에 가장 적은 양의 정보를 담고 있는 것으로 나타났다. 결국 미국이 배너 광고에 있어서 정보성이 가장 높은 반면, 중국은 정보성이 가장 낮은 국가로 나타났다.

<표 5-8> 배너 광고의 국가 간 정보내용 비교

국 가 정보내용	한국(%)	중국(%)	미국(%)	χ^2	유의도
브랜드 이름	44(88)	39(78)	45(90)	3.303	.192
제품범주	49(98)	8(16)	45(90)	93.934	.000
인센티브	25(50)	8(16)	46(92)	58.139	.000
목표소비자	6(12)	6(12)	10(20)	1.705	.425
구매정보	1(2)	20(40)	12(24)	21.212	.000
가격/가치	3(6)	1(2)	7(14)	5.494	.064
품 질	26(52)	3(6)	20(40)	25.884	.000
성 능	3(6)	6(12)	6(12)	1.333	.513
성분/내용	14(28)	4(8)	14(28)	7.945	.019
특별제공	19(38)	8(16)	14(28)	6.109	.047
보 증	N/A	4(8)	1(2)	5.379	.068
안전성	N/A	1(2)	N/A	2.013	.365
독립기관의 조사(a)	N/A	N/A	N/A	NS	NS
새로운 아이디어	7(14)	N/A	N/A	14.685	.001
이벤트 스폰서쉽	20(40)	8(16)	14(28)	2.714	.028

(a) 상수이므로 통계량은 계산할 수 없음.

　　예측한대로 인터넷 이용자가 가장 많고 최고 수준의 인터넷 정보통신 기술을 지닌 미국과 함께 정보문화와 온라인 마케팅 환경이 유사한 한국이 홈페이지 광고와 비교할 때 정보의 양은 적으나 배너 광고에 많은 정보를 포함하고 있는 것으로 나타났다. 따라서 배너 광고의 정보성은 정보문화와 온라인 마케팅 환경요인이 설명요인으로 작용한 것으로 보인다. 즉 미국과 한국

156

의 배너 광고는 정보문화, 온라인 마케팅 환경 그리고 전통문화의 영향을 받아 소비자의 욕구를 충족시켜줄 수 있는 많은 정보를 배너 광고에 제공하고 있으며, 배너 광고를 통해 제품을 구매하도록 하기보다는 소비자의 인지도를 증대시킬 수 있는 정보단서를 많이 포함하는 것으로 볼 수 있다. 결국 배너 광고도 정보문화와 온라인 마케팅 환경 특성의 영향을 많이 받는 것으로 나타났다.

<표 5-9> 한국·중국·미국 배너 광고의 정보성에
관한 분산분석

구 분	Sum of Squares	df	Mean Squares	F	유의도
집단 간	162.76	2	81.38	26.764	.000
집단 내	446.98	147	3.041		

<표 5-10> 한국·중국·미국 배너 광고의 정보성에
대한 사후검증표

구 분	Subset for Alpha=.05		
	1	2	3
중 국	2.32		
한 국		4.34	
미 국			4.68

③ 틈입형 광고의 정보내용에 대한 검증결과

한국·중국·미국 세 국가의 틈입형 광고에 나타난 정보내용을 검증한 결과 대체로 유의미한 차이가 있는 것으로 발견되었다(〈표 5-11〉). 정보내용과 관련 있는 층 15개의 하위유목 가운데 제품범주, 인센티브, 목표소비자, 구매정보, 품질, 성분/내용, 특별제공, 안전성, 새로운 아이디어 그리고 이벤트 스폰서쉽에서 세 국가 간에 유의미한 차이를 보이고 있는 것으로 나타났다.

한국의 틈입형 광고는 중국과 미국에 비해 구매정보(50%), 특별제공(78%), 새로운 아이디어(14%) 그리고 이벤트 스폰서쉽(78%) 정보를 많이 포함하고 있는 것으로 나타났으며, 이 가운데 특별제공과 이벤트 스폰서쉽 정보는 홈페이지 광고보다도 사용빈도가 높은 것으로 나타났다. 이는 틈입형 광고에 속하는 팝업 틈입형 광고와 인라인 틈입형 광고가 이용자의 의도와 상관없이 웹 페이지가 다운로드 되는 동안 자동적으로 나타나는 광고이기 때문에 홈페이지나 배너 광고와 달리 특별제공이나 이벤트 스폰서쉽 정보 단서를 많이 사용함으로써 인터넷 이용자의 주의나 관심을 끌기 위한 의도가 많은 것으로 보인다. 따라서 한국의 경우 특별제공과 이벤트 스폰서쉽 정보는 홈페이지 광고와 배너 광고와 마찬가지로 전통문화의 영향을 받아 나타난 결과라고 할 수 있으며, 공간의 제한을 받지 않는 홈페이지 광고보다 사용빈도가 높은 것은 틈입형 광고의 특성으로 인해 나타난 결과라고 할 수 있겠다. 인센티브 정보 역시 한국이 미국보다 사용빈도는 낮지만, 한국의 홈페이지 광고보다 높은 것도 같은 결과라고 할 수 있겠다.

구매정보의 경우 한국(50%)이 중국과 미국보다 높게 나타났는데, 이 또한 광고의 특성상 틈입형 광고가 이용자의 주목률이 높기 때문에 특별제공과 이벤트 스폰서쉽의 정보와 함께 구매 관련 정보를 포함함으로써 광고를 클릭 하도록 유도하여 자사의 홈페이지로 이동함으로써 제품과 서비스에 대한 많은 양의 정보를 제공하고 더 나아가 전자상거래가 이루어질 수 있도록 하기 위한 의도로 볼 수 있다.

<표 5-11> 틈입형 광고의 국가 간 정보내용 비교

정보내용 \ 국가	한국(%)	중국(%)	미국(%)	χ^2	유의도
브랜드 이름	45(90)	44(88)	49(98)	3.804	.149
제품범주	46(92)	21(42)	49(98)	53.930	.000
인센티브	42(84)	11(22)	45(90)	62.578	.000
목표소비자	6(12)	4(8)	18(36)	15.105	.001
구매정보	25(50)	10(20)	20(40)	10.048	.007
가격/가치	8(16)	3(6)	13(26)	7.440	.024
품 질	19(38)	5(10)	24(48)	17.831	.000
성 능	3(6)	3(6)	4(8)	.214	.898
성분/내용	12(24)	4(8)	18(36)	11.258	.004
특별제공	39(78)	13(26)	28(56)	27.375	.000
보 증	6(12)	9(18)	4(8)	2.290	.318
안전성	N/A	1(2)	5(10)	7.292	.026
독립기관의 조사	1(2)	N/A	N/A	2.013	.365
새로운 아이디어	7(14)	1(2)	N/A	11.356	.003
이벤트 스폰서쉽	39(78)	13(26)	28(56)	27.375	.000

미국은 인센티브(90%), 목표소비자(36%), 가격/가치(26%), 품질(48%), 성분/내용(36%) 정보를 많이 포함하고 있는 것으로 나타났다. 품질정보의 경우 한국(38%)과 중국(10%)보다 높게

나타났으나 홈페이지 광고(74%)에 비하면 높은 수준은 아니다. 품질정보는 일반적으로 전통문화의 영향을 받아 나타나는 단서이나 미국이 높게 나타난 것은 정브문화와 온라인 마케팅 환경 특성이 발달하였기 때문에 나타난 결과이기도 하지만, 홈페이지 광고에 비해 낮은 이유는 틈입형 광고가 공간의 제한을 받기 때문에 배너 광고(40%)와 비슷한 수준의 사용빈도를 보이는 것이라고 할 수 있다.

인센티브, 목표소비자, 가격/가치, 성분/내용 정보는 홈페이지와 배너 광고에 비해 사용빈도에 있어서 약간의 차이는 있으나, 미국과 한국이 중국보다 높게 나타난 것은 여전히 문화적 특성과 온라인 마케팅 환경 특성에 영향을 받아 나타난 결과라고 할 수 있다.

중국은 보증(18%)을 한국(12%)과 미국(8%)에 비해 많이 포함하고 있는 것으로 나타났다. 그러나 브랜드 이름, 성능, 보증 그리고 독립기관의 조사 유목에서는 세 국가 사이에 통계적으로 유의미한 차이를 보이지 않았다.

〈표 5-12〉 한국·중국·미국 틈입형 광고의 정보성에
관한 분산분석

구　분	Sum of Squares	df	Mean Squares	F	유의도
집단 간	339.693	2	169.847	59.854	.000
집단 내	417.140	147	2.838		

160

〈표 5-13〉 한국·중국·미국 틈입형 광고의 정보성에
대한 사후검증표

구 분	Subset for Alpha=.05		
	1	2	3
중 국	2.84		
한 국		5.96	
미 국			6.1

한편 한국·중국·미국 세 국가 사이에서 틈입형 광고의 정보성을 비교한 결과 대체로 유의미한 차이가 발견되었다(〈표 5-12〉). 또한 각 집단 간의 상호 변별력을 살펴보기 위해 Scheffe를 이용한 사후검증을 실시한 결과 상호 유의미한 차이를 보인 것으로 나타났다(a=.05, 〈표 5-13〉). 한국·중국·미국 세 국가 가운데 미국(M=6.1)이 틈입형 광고에 가장 많은 양의 정보를 담고 있는 것으로 나타났으며, 그 다음은 한국(M=5.96)으로 미국과 거의 비슷한 양의 정보를 광고에 담고 있는 것으로 나타났다. 한편 중국(M=2.84)은 틈입형 광고에 가장 적은 양의 정보를 담고 있는 것으로 나타났다. 틈입형 광고의 정보성이 홈페이지 광고보다 낮고 배너 광고보다 높은 것은 광고의 크기가 홈페이지 광고보다 작고 배너 광고보다는 크기 때문에 나타난 결과라고 할 수 있다.

틈입형 광고의 정보성도 홈페이지 광고, 배너 광고와 마찬가지로 정보문화와 온라인 마케팅 환경요인이 설명요인으로 작용한 것으로 보인다. 즉 미국과 한국은 정보통신기술의 발달로 소비자의 욕구를 충족시켜줄 수 있는 다양한 정보를 틈입형 광고에 제공하고 있으며 또한 광고를 포함한 마케팅 커뮤니케이션의

수단으로 인터넷을 활용하기 때문에 광고에 많은 정보를 포함하고 있는 것으로 나타났다.

④ 스폰서쉽 광고의 정보내용에 대한 검증결과

한국·중국·미국 세 국가의 스폰서쉽 광고에 나타난 정보내용을 검증한 결과 대체로 유의미한 차이가 있는 것으로 발견되었다(〈표 5-14〉). 정보내용과 관련 있는 총 15개의 하위유목 가운데 인센티브, 목표소비자, 구매정보, 가격/가치, 품질, 성능, 성분/내용, 특별제공, 보증, 안전성, 새로운 아이디어 그리고 이벤트 스폰서쉽에서 세 국가 간에 유의미한 차이를 보이고 있는 것으로 나타나 홈페이지 광고, 배너 광고, 틈입형 광고보다 많은 유목에서 유의미한 차이를 보이고 있다.

한국의 스폰서쉽 광고는 중국과 미국에 비해 품질(92%), 특별제공(62%), 새로운 아이디어(10%) 그리고 이벤트 스폰서쉽(62%)을 많이 포함하고 있는 것으로 나타났으며, 미국은 인센티브(98%), 목표소비자(56%), 구매정보(90%), 가격/가치(76%), 성능(66%), 성분/내용(98%), 보증(94%), 안전성(20%) 정보를 많이 포함하고 있는 것으로 나타나 전반적으로 미국이 스폰서쉽 광고에 다양한 정보단서를 포함하고 있는 것으로 나타났다. 그러나 브랜드 이름, 제품범주 그리고 독립기관의 조사 유목에서는 세 국가 사이에 통계적으로 유의미한 차이를 보이지 않았다.

<표 5-14> 스폰서쉽 광고의 국가 간 정보내용 비교

국 가 정보내용	한국(%)	중국(%)	미국(%)	χ^2	유의도
브랜드 이름	50(100)	49(98)	50(100)	2.013	.365
제품범주(a)	50(100)	50(100)	50(100)	NS	NS
인센티브	35(70)	N/A	49(98)	103.409	.000
목표소비자	11(22)	1(2)	28(56)	38.114	.000
구매정보	36(72)	26(52)	45(90)	17.670	.000
가격/가치	10(20)	4(8)	38(76)	58.163	.000
품 질	46(92)	4(8)	33(66)	74.825	.000
성 능	17(34)	10(20)	33(66)	23.167	.000
성분/내용	42(84)	30(60)	49(98)	23.682	.000
특별제공	31(62)	2(4)	27(54)	41.167	.000
보 증	36(72)	26(52)	47(94)	22.220	.000
안전성	2(4)	3(6)	10(20)	8.444	.015
독립기관의 조사	2(4)	N/A	2(4)	2.055	.358
새로운 아이디어	5(10)	N/A	N/A	10.345	.006
이벤트 스폰서쉽	31(62)	2(4)	27(54)	41.167	.000

(a) 상수이므로 통계량은 계산할 수 없음.

스폰서쉽 광고는 인터넷상에서 기업 혹은 브랜드에 대한 인터넷 이용자들의 인식 증대, 이미지 형성 및 태도 강화를 목적으로 인터넷 매체와의 협찬 형식을 통해 웹사이트의 내용 부분에 광고 메시지, 브랜드, 제품을 삽입하는 광고로 이들을 클릭 하여 이동한 홈페이지를 분석하였기 때문에 사용빈도에 있어서 약간의 차이를 보이고 있으나 홈페이지 광고와 유사한 결과를 나타냈다. 그러나 중국의 경우 홈페이지 광고와 달리 인센티브, 독립 기관의 조사, 새로운 아이디어 정보는 스폰서쉽 광고에 전혀 포함하지 않은 것으로 나타났다.

〈표 5-15〉 한국·중국·미국 스폰서쉽 광고의 정보성에
관한 분산분석

구　분	Sum of Squares	df	Mean Squares	F	유의도
집단 간	832.173	2	416.087	177.382	.000
집단 내	344.82	147	2.346		

〈표 5-16〉 한국·중국·미국 스폰서쉽 광고의 정보성에
대한 사후검증표

구　　분	Subset for Alpha＝.05		
	1	2	3
중　국	4.14		
한　국		8.08	
미　국			9.76

　한편 한국·중국·미국 세 국가 사이에서 스폰서쉽 광고의 정보성을 비교한 결과 대체로 유의미한 차이가 발견되었다(〈표 5-15〉). 또한 각 집단 간의 상호 변별력을 살펴보기 위해 Scheffe를 이용한 사후검증을 실시한 결과 상호 유의미한 차이를 보인 것으로 나타났다(α＝.05, 〈표 5-16〉). 한국·중국·미국 세 국가 가운데 미국(M＝9.76)이 스폰서쉽 광고에 가장 많은 양의 정보를 담고 있는 것으로 나타났으며, 그 다음은 한국(M＝8.06)으로

미국과 거의 비슷한 양의 정보를 광고에 담고 있는 것으로 나타났다. 한편 중국(M＝4.14)은 스폰서쉽 광고에 가장 적은 양의 정보를 담고 있는 것으로 나타났다. 결국 스폰서쉽 광고에 있어서도 미국이 정보성이 가장 높은 반면, 중국은 정보성이 가장 낮은 국가로 나타났다.

예측한대로 인터넷 이용자가 가장 많고 최고 수준의 인터넷 정보통신 기술을 지닌 미국이 공간의 제약이 없는 스폰서쉽 광고에 가장 많은 정보를 포함하고 있는 것으로 나타났다. 한국도 미국과 차이가 거의 없는 것으로 나타났는데 이는 한국이 정보문화와 온라인 마케팅 환경이 미국과 유사하기 때문에 나타난 결과로 볼 수 있다. 예컨대 미국과 한국은 정보통신기술의 발달로 소비자의 욕구를 충족시켜줄 수 있는 다양한 정보를 스폰서쉽 광고에 제공하고 있으며 또한 광고를 포함한 마케팅 커뮤니케이션의 수단으로 인터넷을 활용하기 때문에 광고에 많은 정보를 포함하고 있는 것으로 나타났다.

따라서 인터넷 광고종류별(홈페이지, 배너, 틈입형, 스폰서쉽)로 나타난 정보내용에 대한 유의성 검증을 실시한 결과 한국·중국·미국 세 국가 사이에는 유의미한 차이가 발견되었다. 즉, 인터넷 광고의 종류 가운데 한국·중국·미국 세 국가 모두 홈페이지 광고가 정보성이 가장 높으며, 그 다음으로는 스폰서쉽 광고, 틈입형 광고, 배너 광고 순으로 나타나 광고의 종류에 따라 차이가 발견되었으며, 또한 사용빈도에 있어서 차이가 있는 것으로 나타났다. 따라서 한국·중국·미국 세 국가의 인터넷 광고에 나타나는 정보내용(information content)은 광고종류별로 상호 유의미한 차이를 보일 것이다 라는 〈연구가설 1-1〉은 지지되었다.

인터넷 광고의 정보내용에 대한 검증결과를 종합해보면 1인터넷 광고는 전통 매체광고와 달리 인터넷이 지닌 매체적 특성으로 인해 인터넷 광고의 정보내용은 정보문화와 온라인 마케팅 환경의 유사성이 전통문화의 유사성보다 인터넷 광고를 통한 국제광고 캠페인 수행 정도를 예견하는데 보다 유용할 것이라는 점을 시사하고 있다.

2) 표현전략 검증결과

한국·중국·미국 세 국가의 인터넷 광고에 나타난 표현전략의 차이를 종합적으로 판별하기 위해 판별분석을 실시한 결과 통계적으로 유의미한 결과를 얻어냈다(〈표 5-17〉). 대체로 표현전략에 관한 분석유목들이 한국·중국·미국 세 국가의 인터넷 광고를 79.8% 판별해 낸 것으로 나타났다.

〈표 5-17〉 한·중·미 인터넷 광고의 표현전략에
대한 표준화 판별상관계수

표현전략	Function 1	Function 2
정　보	−.374	.537
논　증	.023	−.455
심리소구	.378	.383
구매유인	.189	−.116
브랜드친숙성	.627	−.238
사은전략	.335	.300
일반적 편익소구전략	.400	.269
특장점소구전략	.186	−.007
과장광고	.067	.205
공명전략	.046	−.296
정서소구전략	−.223	.438
Eigenvalue	1.678	.606
Canonical Correlation	.792	.614
Wilk's Lambda	.233	.623
Chi-square	863.507	280.327
Significance	.000	.000
Grouped Classification=79.8%		
p<.05		

　표현전략에 관한 13가지 요소 가운데, 브랜드친숙성(r=.627)이 세 국가의 광고를 판별해 내는데 있어서 가장 판별능력이 높은 요인으로 나타났으며 그 다음은 정보(r=.537), 논증(r=−.455),

정서소구전략(r=.438), 일반적 편익소구전략(r=.400), 심리소구(r=.383), 사은전략(r=.335), 공명전략(r=−.296), 과장광고(r=.206), 구매유인(r=.189), 특장점소구전략(r=.186) 순으로 나타났다. 그러나 선제공격적전략과 포지셔닝전략 요인은 세 국가의 광고를 판별해 내는데 유의미하지 않았다.

표현전략에 관한 유목들이 한국·중국·미국 세 국가의 인터넷 광고를 판별하는데 있어서 비교적 높은 판별력을 제공하는 것으로 발견되었기 때문에, 세 국가의 인터넷 광고에 나타나는 표현전략은 국가 간 어떠한 차이를 보이는지 알아보았다. 한국·중국·미국 세 국가의 인터넷 광고에 나타나는 표현전략(creative strategy)은 국가 간 어떠한 차이를 보이는가에 대한 검증결과, 한국·중국·미국 세 국가 사이에는 유의미한 차이가 있는 것으로 나타났다(〈표 5-18〉). 검증결과, 선제 공격적 전략과 포지셔닝 전략을 제외한 모든 유목에서 유의미한 차이가 발견되었다.

먼저 정보전략을 보면 중국(99.5%)의 인터넷 광고가 한국(94.5%)과 미국(73.5%)의 인터넷 광고보다 조금 높은 사용빈도를 보였다. 정보전략은 사실위주의 경백한 결론을 선호하는 개인주의 또는 저상황 문화권에서 사용되는 전략이지만, 고상황−집단주의 문화권에 속하는 중국광고에서 높게 나타난 것은 정보문화의 영향에 기인하는 것으로 볼 수 있다. 예측한대로 중국은 한국과 미국에 비해 정보통신 인프라의 낙후로 인해 다양한 멀티미디어적 요소를 사용하는데 있어서 디지털 기술이 뒷받침되지 않기 때문에 정보전략을 많이 이용하는 것으로 볼 수 있다. 한국과 미국은 디지털 기술의 발달로 제품과 서비스에 대한 정보위주의 전략과 함께 제품과 서비스에 대한 정보를 시각적(visual)메시지로 확대하여 사용하는 소구전략을 쓰고 있는 것으로 해석할 수 있다.

　논증전략을 보면 미국(21.5%)이 한국(8%)과 중국(2%)에 비해 사용빈도가 높게 나타났는데, 논증은 불확실성 회피성향이 낮은 개인주의 문화에서 주로 나타나는 표현전략으로 저상황－개인주의 문화에 속하는 미국에서는 감정보다는 논리적 가치를 강조하는 광고를 선호하는 경향이 있으며(Zandpour & Harich, 1996), 미국의 인터넷 광고에서 논증전략을 많이 사용하는 것은 개인주의 문화에 속하는 미국에서는 논쟁이나 갈등이 자연스러운 것으로 받아들여지는 반면, 한국, 중국과 같이 고상황－집단주의 성향이 강한 나라에서는 논쟁이나 갈등은 위협적인 것으로 간주되기 때문으로 사용빈도가 낮은 것으로 나타났다.

　심리적 소구의 사용의 사용에 있어서 한국(69%)이 미국(30%)과 중국(17%)에 비해 사용빈도가 훨씬 높은 것으로 나타났다. 심리적 소구전략은 제품에 관한 대소비자 소구에 있어 정보위주의 이성적인 접근보다 감성, 만족감 등의 심리적 효용을 강조하는 것으로, 예상했던 대로 정보통신기술을 기반으로 정보문화가 발달한 한국과 미국의 경우 디지털 기술을 활용하여 정보를 시각적(visual) 메시지로 확대하여 사용함으로써 많은 소비자의 이용욕구를 창출할 수 있도록 감정적 동기유발에 관한 심리적 소구전략을 많이 사용하는 것으로 볼 수 있다. 심리적 소구전략은 위에서 설명한 정보전략과는 차이가 있는 것으로 정보전략의 의존도가 높은 중국은 상대적으로 심리적 소구의 사용빈도가 낮을 수밖에 없다. 이 밖에 심리적 소구가 중국에 비해 인터넷 이용자가 많고 전자상거래가 활발하게 이루어지며 인터넷 광고 산업이 발전한 한국과 미국에서 자주 이용되는 것은 정보문화의 발달로 제품에 대한 기능적 혜택뿐만 아니라 감성적 혜택을 동시에 소비자들에게 제공해줌으로써 소비자의 욕구를 충족시켜주기 위한 것이라고 할 수 있다. 또한 이 전략은 예상했던 대로 고상황 문화에 속하며 집단주의 성향이 높은 문화의 전향인 한국의 인터넷 광고에서 심리적 소구를 통한 동기유발전략이 현저히 높았다.

구매유인을 보면 한국(53%)과 미국(43%)이 중국(9.5%)에 비해 사용빈도가 높은 것으로 나타났다. 한국과 미국은 도구문화의 발달로 인터넷 이용수준이 현저히 높고 전자상거래도 활발하게 이루어지고 있으며 인터넷 광고 산업 또한 성장했기 때문에 소비자들에게 다양한 형태의 경품이나 Free(공짜), Save(절약), Bargain(싼물건), Money off(할인) 등 스비자들을 "구매고객"으로 유인하는 표현전략을 자주 사용함으로써 인터넷 광고를 마케팅 커뮤니케이션의 도구로 활용하고 있는 것으로 볼 수 있다. 또한 구매유인전략은 앞의 결과에서 한극과 미국이 중국에 비해 인센티브나 특별제공을 인터넷 광고에 많이 포함하고 있는 것과 관련이 있다. 한국과 미국은 인터넷 이용자의 수가 많기 때문에 이를 기반으로 인터넷상에서 활발한 전자상거래가 이루어질 수 있도록 이벤트 관련정보를 사용하여 소비자의 인지도를 증대시킴으로써 제품의 판매로 연결시키려는 의도를 엿볼 수 있다. 특히 이 소구전략은 인터넷 이용 수준이 현저히 높은 두 국가의 경우 전반적인 온라인 산업 환경에 따른 크리에이티브 기술의 발달과 아울러 한국의 경우 집단주의 기질을 감안해 상징을 활용한 심리소구의 의존도가 높은 탓도 있다.

브랜드 친숙 전략의 사용을 보면 한극(90.5%)이 사용빈도가 가장 높게 나타났으며, 미국(78.5%)드 중국(19.5%)에 비해 사용빈도가 높은 것으로 나타났다. 이는 브랜드 친숙 전략이 간접적인 어법을 사용하는 집단주의 문화에서 주로 사용될 것이라는 예측을 뒷받침해 주고 있다. 그러나 개인주의 문화에 속하는 미국이 중국에 비해 이 소구전략을 많이 사용하는 것으로 나타났는데, 이는 미국의 경우 온라인 마케팅 환경이 전반적으로 중국에 비해 발달했기 때문에 인터넷을 통해 기업은 소비자와의 지속적인 관계를 형성하기 위해 기업의 입장에서 브랜드를 단순히 기업을 대표하는 상표로서 제시하는 것이 아니라 소비자와의 친밀한 관계를 형성하는 얼굴로 제시하기 위해 사용하는 것으로 기업과 소비자간의 관계구축에 좀 더 많은 배려를 하기 위해 사용하는 것으로 볼 수 있다. 또한 인터넷 이용자들은 정보 및 오락 등의 욕구충족을 위한 기대감으로 스스로 광고에 접근하는 경우가 많기 때문에 정보뿐만 아니라 오락을 동시에 제공해줌으로써 인터넷 이용자가 많은 한국과 미국의 경우 브랜드 친숙 전략을 사용함으로써 소비자와의 브랜드 친화 또는 친밀 관계를 높여 인터넷 이용자의 수를 지속적으로 유지, 증대시키기 위한 시도로 볼 수 있다.

사은전략의 사용 또한 한국(69.5%)이 높게 나타났는데, 이는 구매유인 전략의 사용빈도가 한국이 높은 것과 관련이 있다. 한국은 온라인 산업 환경이 발달한 국가로 정보나 사은품을 무료로 제공하여 소비자에게 만족을 줌으로써 지속적으로 인터넷상에서 전자상거래가 이루어질 수 있도록 이용자들을 구매고객으로 유인하기 위한 것이라고 할 수 있다. 또 이 같은 전략은 경쟁이 치열한 시장상황에서나 선진시장에서 관찰되는 경향이 높으며, 광고규제가 덜 심한 시장에서 자주 이용되는 전략(Benedetto et al, 1992)으로 미국의 경우 한국보다 낮은 수준이나 중국에 비해 높게 나타난 것도 한국과 미국은 전사상거래가 활발하게 이루어지고 있으며, 인터넷 광고 산업도 괄목할만한 성장을 보이고 있고, 규범문화의 발달로 비교적 인터넷 관련 규제가 완화되어 있기 때문에 자주 사용하는 것으로 나타났다.

일반적 편익소구전략을 보면 한국(70%)과 미국(39.5%)이 중국(15.5%)에 비해 높게 나타났는데. 이는 앞의 결과에서 한국과 미국이 중국에 비해 정보성이 높은 것고 관련이 있다고 하겠다. 한국과 미국은 정보문화의 발달로 인터넷 이용자의 수가 많기 때문에 이들의 인터넷 이용욕구를 충족시켜주기 위해 다양하고 많은 정보를 인터넷 광고에 포함하는 것으로 나타났는데, 이러한 제품과 서비스에 대한 정보를 전달하는 전략으로 일반적 편익소구전략을 많이 사용하는 것으로 볼 수 있다. 특장점 소구전략 또한 일반적 편익소구전략과 마찬가지로 인터넷 광고의 정보성과 관련 있는 것으로 정보문화가 발달한 한국(17.2%)과 미국(11%)의 사용빈도가 높은 것으로 나타났다. 또한 특장점 소구전략은 제품수명 주기상의 도입기나 성장기에 일반적으로 많이 사용하는 전략으로 인터넷 광고비용 지출이 많은 한국과 미국이 광고전략의 합리화라는 측면에서 사용빈드가 높은 것으로 나타났다.

정서소구전략의 경우 한국(40%)과 중국(33%)이 미국(2.5%)에 비해 훨씬 높게 나타났는데, 이는 간접적이고 함축적인 메시지를 사용하는 고상황－집단주의 문화에 속하는 한국과 중국이 이러한 문화권에 사는 소비자에게 적용될 것이라는 예측을 뒷받침해주고 있다. 따라서 직접적이며 명백한 데시지를 사용하는 미국의 인터넷 광고에서 외면될 수밖에 없는 요소이기도 하다.

이 밖에도 과장광고와 공명전략에서 세 국가 간에 유의미한 차이가 있는 것으로 나타났으나 사용빈도가 대체로 낮기 때문에 문화적 특성과 온라인 마케팅 환경적 특성을 적용하여 설명하는 데 있어서 다소 무리가 있다고 하겠다.

<표 5-18> 국가별 인터넷 광고의 표현전략 비교

표현전략 \ 국 가	한국(%)	중국(%)	미국(%)	χ^2	유의도
정 보	189(94.5)	199(99.5)	147(73.5)	78.815	.000
논 증	16(8)	4(2)	43(21.5)	42.458	.000
심리적 소구	138(69)	34(17)	60(30)	126.456	.000
구매유인	106(53)	19(9.5)	86(43)	91.068	.000
브랜드 친숙	181(90.5)	39(19.5)	157(78.5)	247.391	.000
사은전략	139(69.5)	28(14)	74(37)	129.419	.000
일반적 편익소구전략	140(70)	31(15.5)	79(39.5)	122.784	.000
선제공격적전략	9(4.5)	4(2)	12(6)	4.09	.129
특장점소구전략	103(51.5)	9(4.5)	66(33)	107.466	.000
과장광고	26(13)	7(3.5)	10(5)	15.682	.000
공명전략	7(3.5)	3(1.5)	18(9)	13.561	.001
포지셔닝전략	16(8)	6(3)	13(6.5)	4.794	.091
정서소구전략	80(40)	66(33)	5(2.5)	84.444	.000

<표 5-19> 한국·중국·미국 인터넷 광고의 다양성에
관한 분산분석

구 분	Sum of Squares	df	Mean Squares	F	유의도
집단 간	1232.023	2	616.012	250.508	.000
집단 내	1468.05	597	2.459		

〈표 5-20〉 한국·중국·미국 인터넷 광고의 다양성에
대한 사후검증표

구 분	Subset for Alpha=.05		
	1	2	3
중 국	2.245		
미 국		3.835	
한 국			5.75

　한편 한국·중국·미국 인터넷 광고의 표현전략의 다양성을 평가한 결과 유의미한 차이를 발견되었다(〈표 5-19〉). 또한 각 집단 간의 상호 변별력을 살펴보기 위해 Scheffe를 이용한 사후검증을 실시한 결과도 상호 유의미한 차이를 보인 것으로 나타났다(a=.05, 〈표 5-20〉). 그 결과, 한국(M=5.75)이 인터넷 광고에 가장 다양한 표현전략을 사용하는 것으로 나타났으며, 그 다음은 미국(M=3.835)이 인터넷 광고에 다양한 표현전략을 사용하고 있으며, 중국(M=2.245)이 표현전략의 다양성이 가장 떨어지는 것으로 나타났다(한국〉미국〉중국).

　예측한대로 한국과 미국이 중국에 비해 인터넷 광고에 다양한 표현전략을 사용하는 것으로 나타났다. 이는 한국과 미국이 정보문화와 온라인 마케팅 환경에 있어서 서로 유사하기 때문에 정보문화와 온라인 마케팅 환경이 상이한 중국과 차이가 있는 것으로 나타났다. 결국 인터넷 광고에 있어서 크리에이티브 기술은 정보통신기술을 기반으로 하는 정보문화와 온라인 마케팅 환경과 관련이 크기 때문에 디지털 기술이 발달하지 못한 중국에 비해 한국과 미국이 인터넷 광고에 다양한 표현전략을 사용함으로써 인터넷 이용자의 욕구 즉, 정보 및 오락 추구욕구를 충족

시켜주기 위한 것으로 볼 수 있다.

또한 국가 간 커뮤니케이션 패턴에 있어서 고상황-집단주의이며, 불확실성 회피성향이 높은 한국과 중국은 심볼의 사용과 암시적이고 함축적이며 간접적인 메시지 표현으로 인터넷 광고에 심리적 소구, 브랜드 친숙 그리고 정서소구전략을 많이 사용할 것이며, 반대로 저상황-개인주의이며 불확실성 회피성향이 낮은 미국은 커뮤니케이션 패턴이 논리적이고 명백하며 직접적이기 때문에 정보와 논증전략을 사용할 것으로 예측했는데 연구결과 예측한대로 한국은 인터넷 광고에 심리적 소구, 정서소구전략을 많이 사용하는 것으로 나타났으며, 미국은 한국과 중국에 비해 논증을 많이 사용한 것으로 나타났다. 물론 브랜드 친숙 전략에 있어서는 미국이 한국에 비해 더 높은 결과를 나타냈는데 이는 앞에서도 설명했듯이 정보문화와 온라인 마케팅 환경 특성에 기인한 것으로 볼 수 있다. 한국과 중국의 경우도 고상황-집단주의이며 불확실성회피성향 강한 같은 문화권에 속하지만 인터넷 광고에 사용된 표현전략에 있어서 커다란 차이를 보이고 있는 것으로 나타났다. 이러한 결과는 표현전략의 경우도 정보문화와 온라인 마케팅 환경이 커다란 영향을 미치는 것으로 볼 수 있으며, 한국과 중국은 정보문화와 온라인 마케팅 환경이 서로 상이하기 때문에 인터넷 광고에 나타난 표현전략에 있어서 국가 간 차이를 보인 것으로 설명할 수 있다.

인터넷 광고에 나타난 표현전략에 대한 유의성 검증을 실시한 결과 한국·중국·미국 세 국가 사이에는 유의미한 차이가 발견되었다. 따라서 한국·중국·미국 세 국가의 인터넷 광고에 나타나는 표현전략은 상호 유의미한 차이를 보일 것이다 라는 〈연구가설 2〉는 지지되었다.

(1) 광고종류별 표현전략 검증결과

다음은 인터넷 광고에 나타나는 표현전략에 대한 세 국가 사이에서 발견된 유의미한 차이가 인터넷 광고종류에 따라서도 차이가 나타나는지 알아보기 위해 인터넷 광고종류별 유의성 검증을 실시하였다.

① 홈페이지 광고의 표현전략에 대한 검증결과

한국·중국·미국 세 국가의 홈페이지 광고에 나타난 표현전략을 검증한 결과 세 국가 사이에 유의미한 차이가 있는 것으로 발견되었다(〈표 5-21〉). 표현전략과 관련 있는 총 13개의 하위유목 가운데 논증전략, 심리적 소구, 구매유인, 브랜드 친숙, 사은전략, 일반적 편익소구전략, 선제 공격적 전략, 특장점 소구전략, 공명전략, 정서소구전략에서 세 국가 간에 유의미한 차이를 보이고 있는 것으로 나타났다.

한국의 홈페이지 광고는 중국과 미극에 비해 심리적 소구, 사은전략, 일반적 편익소구전략, 특정점 소구전략, 정서소구전략을 가장 많이 사용하는 것으로 나타났으며, 미국은 논증전략, 구매유인, 브랜드 친숙 전략, 선제 공격적 전략. 공명전략, 포지셔닝전략을 많이 사용하는 것으로 나타났다. 중국은 정보전략을 제외한 모든 전략에서 사용빈도가 낮게 나타났다.

먼저 논증전략은 미국(32%)의 홈페이지 광고에 많이 나타났는데, 이는 전체 인터넷 광고에서 나타난 결과에서 설명했듯이, 논증은 불확실성 회피성향이 낮은 개인주의 문화에서 주로 나타나는 표현전략으로 이러한 문화에 속하는 미국이 이 같은 전략을 많이 사용한다는 것은 당연한 결과라고 할 수 있다.

한편 심리적 소구전략은 제품에 관한 대소비자 소구에 있어 정보위주의 이성적인 접근보다 감성, 만족감 등의 심리적 효용을 강조하는 전략으로 예상했던 대로 이 전략은 고상황 문화에 속하며 집단주의 성향이 높은 한국에서 심리적 소구를 통한 동기유발전략이 현저히 높게 나타났다. 또한 정보통신기술을 기반으로 도구문화가 발달한 한국의 경우 디지털 기술을 활용하여 정보를 시각적(visual)메시지로 확대하여 사용함으로써 많은 소비자의 이용욕구를 창출할 수 있도록 감정적 동기유발에 관한 심리적 소구전략을 많이 사용하는 것으로 볼 수 있다. 미국(36%)의 경우도 한국과 유사한 도구문화로 인해 중국(6%)에 비해 심리적 소구전략의 사용빈도가 높은 것으로 나타났다.

구매유인을 보면 한국(52%)과 미국(58%)이 중국에 비해 상당히 높은 사용빈도를 나타내고 있는데, 이는 한국과 미국의 경우 도구문화의 발달로 온라인 마케팅 환경 또한 괄목할 만한 성장을 보이고 있기 때문에 소비자들에게 다양한 형태의 할인이나 경품 등 소비자를 '구매고객'으로 유인하는 표현전략을 광고에 자주 사용함으로써 인터넷 광고를 마케팅 커뮤니케이션의 도구로 활용하고 있는 것으로 해석할 수 있다.

브랜드 친숙 전략 또한 집단주의 문화에서 주로 사용하는 표현전략이나 개인주의 문화에 속하는 미국의 인터넷 광고에서 이 같은 전략을 많이 사용한 것으로 나타났는데, 이는 미국의 경우 온라인 마케팅 환경이 전반적으로 발달했기 때문에 기업과 소비자간의 관계구축에 좀 더 많은 배려를 하기 위해 이 같은 전략을 많이 사용하는 것으로 볼 수 있다. 또한 인터넷은 다양하고 많은 양의 정보뿐만 아니라 오락을 제공해주는 매체로써 인터넷 이용자가 많은 미국의 경우 소비자와의 브랜드친화 또는 친밀관계를 높이려는 전략으로 인터넷 이용자의 수를 지속적으로 유지, 증대시키기 위한 시도로 볼 수 있다.

사은전략은 소비자의 구매 욕구를 자극하기 위해 광고를 통해 사은품이나 샘플 등의 무료제공을 알리는 유인전략으로 예측한대로 한국이나 미국과 같이 인터넷 광고 산업이 성장한 곳에서 관찰되는 경향이 높으며, 광고규제가 덜 심한 시장에서 자주 사용되는 전략(Benedetto et al, 1992)으로 비교적 자유로운 법적, 제도적 환경을 지닌 한국과 미국의 홈페이지 광고에서 사용빈도가 높게 나타난 것으로 보인다. 또한 한국과 미국은 도구문화가 발달하여 인터넷 이용자가 많기 때문에 사은전략의 사용으로 소비자들에게 만족감을 제공해 줌으로써 지속적으로 관계를 유지하기 위한 것으로 보인다.

일반적 편익소구전략과 특장점 소구전략은 제품과 서비스에 대한 일반적인 특징이나 편익 혹은 특장점을 집중적으로 소구하는 전략으로 한국과 미국은 도구문화가 발달하여 인터넷 이용자의 수가 많고 또한 규범문화의 발달로 법적, 제도적 규제가 심하지 않기 때문에 디지털 마케팅에서 중요한 정보교환의 자유가 보장되어 다양하고 많은 정보를 인터넷 광고에 포함함으로써 소비자의 이용욕구를 충족시켜주기 위해 자주 이용하는 것으로 보인다.

공명전략은 애매모호함이나 유머, 기타의 방법을 통해 소비자의 정서를 자극하고 직접적인 설득이라기브다 간접적이며 장기적인 관점에서 소비자를 서서히 메시지에 젖게 만드는 전략으로 주로 고상황−집단주의 문화에서 사용하는 커뮤니케이션 스타일이나 저상황−개인주의 문화에 속하는 미국이 사용빈도가 높게 나타난 것은 유머소구가 약한 불확실성 회피성향 문화에서 자주 사용하는 전략으로 정보문화와 온라인 마케팅 환경보다는 부분적으로 이러한 전통문화의 성향이 반영된 것이라고 할 수 있다.

정서소구전략의 경우 한국과 중국이 미국보다 높게 나타난 것은 정보문화와 온라인 마케팅 환경에 의한 것이라기보다는 고상황－집단주의 문화권 즉, 한국과 중국같이 커뮤니케이션 패턴이 암시적이며 간접적이고 함축적인 메시지를 선호하는 나라에서 소비자들을 대상으로 주로 이용하는 전략이라고 볼 수 있다. 그러나 정보전략, 과장광고, 포지셔닝전략에 있어서는 한국·중국·미국 세 국가 사이에 통계적으로 유의미한 차이가 발견되지 않았다.

〈표 5-21〉 홈페이지 광고의 국가 간 표현전략 비교

표현전략＼국 가	한국(%)	중국(%)	미국(%)	χ^2	유의도
정 보	49(98)	50(100)	50(100)	2.013	.365
논 증	6(12)	2(4)	16(32)	15.476	.000
심리적 소구	36(72)	8(6)	18(36)	33.211	.000
구매유인	26(52)	3(6)	29(58)	34.127	.000
브랜드 친숙	46(92)	15(30)	48(96)	68.942	.000
사은전략	41(82)	7(14)	18(36)	48.864	.000
일반적 편익소구전략	47(94)	3(6)	26(52)	77.507	.000
선제공격적전략	1(2)	0(0)	5(10)	7.292	.026
특장점소구전략	42(84)	4(8)	25(50)	58.139	.000
과장광고	4(8)	4(8)	3(6)	.196	.907
공명전략	1(2)	0(0)	11(22)	20.109	.000
포지셔닝전략	3(6)	2(4)	8(16)	5.222	.073
정서소구전략	22(44)	16(32)	3(6)	18.998	.000

〈표 5-22〉 한국·중국·미국 홈페이지 광고의 다양성에
관한 분산분석

구 분	Sum of Squares	df	Mean Squares	F	유의도
집단 간	463.413	2	231.707	114.858	.000
집단 내	296.56	147	2.017		

〈표 5-23〉 한국·중국·미국 홈페이지 광고의 다양성에
대한 사후검증표

구 분	Subset for Alpha=.05		
	1	2	3
중 국	2.28		
미 국		5.2	
한 국			6.48

　한편 한국·중국·미국 홈페이지 광고의 표현전략의 다양성을 평가한 결과 유의미한 차이를 발견되었다(〈표 5-22〉). 또한 각 집단 간의 상호 변별력을 살펴보기 위해 Scheffe를 이용한 사후검증을 실시한 결과도 상호 유의미한 차이를 보인 것으로 나타났다(α=.05, 〈표 5-23〉). 그 결과, 한국(M=6.48)이 홈페이지 광고에 가장 다양한 표현전략을 사용하는 것으로 나타났으며, 그 다음은 미국(M=5.2)이 홈페이지 광고에 다양한 표현전략을 사용하고 있으며, 중국(M=2.28)이 표현전략의 다양성이 가장 떨어지는 것으로 나타났다(한국〉미국〉중국).

　예측한대로 한국과 미국이 중국에 비해 홈페이지 광고에 다양한 표현전략을 사용하는 것으로 나타났다. 크리에이티브 기술은 정보통신기술을 기반으로 하는 정보문화와 온라인 마케팅 환경과 관련이 크기 때문에 정보문화와 온라인 마케팅 환경이 상당 수준 발전한 한국과 미국이 아직 성숙기에 접어들지 못한 중국보다 홈페이지 광고에 다양한 표현전략을 사용하는 것으로 나타났다. 결국 한국과 미국의 경우 정보문화와 온라인 마케팅 환경의 발달에 의한 크리에이티브 전략 및 스타일과 관련된 크리에

이티브 기술의 질적 선진성에 기인한 탓으로 볼 수 있다.

또한 국가 간 커뮤니케이션 패턴에 있어서 고상황－집단주의이며, 불확실성 회피성향이 강한 문화에서는 심볼의 사용과 암시적이고 함축적이며 간접적인 메시지를 사용하기 때문에 이러한 문화에 속하는 한국과 중국은 홈페이지 광고에 심리적 소구, 브랜드 친숙, 공명전략 그리고 정서소구전략을 많이 사용할 것이며, 반대로 저상황－개인주의이며 불확실성 회피성향이 약한 문화권은 커뮤니케이션 패턴이 논리적이고 명백하며 직접적이기 때문에 이 문화권에 속하는 미국은 홈페이지 광고에 정보와 논증전략을 사용할 것으로 예측했는데 연구결과 예상했던 대로 한국은 홈페이지 광고에 심리적 소구, 정서소구전략을 많이 사용하는 것으로 나타났으며, 미국은 논증전략을 많이 사용한 것으로 나타났다. 물론 브랜드 친숙 전략에 있어서는 미국이 한국에 비해 사용빈도가 약간 높게 나타났는데 이는 전통문화보다는 정보문화와 온라인 마케팅 환경의 영향력이 더 큰 볼 수 있다.

② 배너 광고의 표현전략에 대한 검증결과

한국·중국·미국 세 국가의 배너 광고에 나타난 표현전략을 검증한 결과 세 국가 간에 유의미한 차이가 있는 것으로 발견되었다(〈표 5-24〉). 표현전략과 관련 있는 총 13개의 하위유목 가운데 정보전략, 심리적 소구전략, 구매유인, 브랜드 친숙, 사은전략, 일반적 편익소구전략, 특장점 소구전략, 과장광고, 정서소구전략에서 세 국가 간에 유의미한 차이가 발견되었다. 한국은 정보전략과 논증전략을 제외한 모든 표현전략에서 중국과 미국에 비해 높은 사용빈도를 보였으며, 중국은 한국, 미국에 비해 정보(98%)전략과 정서소구전략(40%)을 가장 많이 사용하는 것으로 나타났다. 한편 미국은 한국과 중국에 비해 브랜드 친숙 전략(54%)의 사용빈도가 가장 높은 것으로 나타났다. 전반적으로 홈페이지 광고보다 배너 광고가 표현전략의 사용빈도 면에서 낮은 것은 배너 광고는 크기가 제한적이기 때문에 다양한 표현전략을 사용하지 못한 것으로 보인다.

심리적 소구전략의 경우 한국의 배너 광고가 중국과 미국의 배너 광고보다 높게 나타난 것은 정보문화와 온라인 마케팅 환경 특성에 기인한 것으로 보인다.

홈페이지 광고와 달리 구매유인과 브랜드 친숙 전략은 한국의 배너 광고가 미국의 배너 광고보다 높게 나타났다. 브랜드 친숙 전략은 주로 집단주의 문화에서 자주 사용하게 될 것이라는 예측을 뒷받침해 주고 있다. 구매유인 역시 정보내용에 대한 앞의 결과에서 한국이 미국과 중국에 비해 인센티브나 특별제공을 광고에 많이 포함하고 있는 것과 관련이 있으며, 한국이 미국과 중국보다 사은 전략을 많이 사용하는 것과도 관련이 있다. 이 전략 또한 배너 광고의 크기가 제한적이기 때문에 다양한 형태의 경품이나 Free(공짜), Money off(할인), 절약(Save), 무료 등 소비자를 구매고객으로 유인하는 표현전략을 배너 광고에 많이 사용한 것으로 나타났다. 이는 한국이 인터넷 이용자가 많고 전자상거래가 활발하게 이루어지는 것은 이 같은 표현전략을 사용함으로써 소비자들을 자사의 홈페이지로 유도하여 제품과 서비스에 대한 더 많은 정보를 제공함으로써 소비자의 욕구를 충족시켜주기 위한 것이라고 볼 수 있다.

중국의 경우 정보전략과 정서소구전략의 사용이 많은 것으로 나타났는데, 정보전략의 경우 크리에이티브 전략 및 스타일에 관련된 크리에이티브 기술은 정보문화와 온라인 마케팅 환경의 발달과 관련이 있기 때문에 크리에이티브 기술을 필요로 하지 않는 이 같은 전략을 배너 광고에 많이 사용한 것으로 나타났다. 정서소구전략은 한국과 함께 높은 사용빈도를 보였는데 예측한대로 이 같은 전략은 고상황-집단주의 문화권 즉, 한국과 중국같이 커뮤니케이션 패턴이 간접적이고 함축적인 메시지를 선호하는 나라에서 소비자들을 대상으르 이용하는 전략이라고 볼 수 있다.

정보전략의 경우 미국이 한국과 중국에 비해 사용빈도가 낮게 나타난 것은 의외의 결과라고 할 수 있다. 논증전략은 국가 간 유의미한 차이를 보이지 않았으나 개인주의 문화에서 주로 나타나는 이 전략이 두 국가와 별 차이를 보이지 않는 것은 배너 광고의 크기가 제한적이기 때문에 제품이용의 명분을 표현하는 논리적인 카피로 제품이용을 사실과 곤련시켜 설명하기에는 다소 무리가 있는 것으로 보인다. 그러나 논증전략, 선제 공격적 전략, 공명전략, 포지셔닝 전략에 있어서는 한국·중국·미국 세 국가 사이에 통계적으로 유의미한 차이가 발견되지 않았다.

<표 5-24> 배너 광고의 국가 간 표현전략 비교

국 가 \ 표현전략	한국(%)	중국(%)	미국(%)	x^2	유의도
정 보	40(80)	49(98)	29(58)	23.914	.000
논 증	1(2)	1(2)	2(4)	.514	.773
심리적 소구	36(72)	12(24)	8(16)	39.210	.000
구매유인	19(38)	7(14)	11(22)	8.036	.018
브랜드 친숙	43(86)	5(10)	27(54)	58.240	.000
사은전략	19(38)	7(14)	16(32)	7.738	.021
일반적 편익소구전략	20(40)	14(28)	6(12)	10.091	.006
선제공격적전략	4(8)	1(2)	0(0)	5.379	.068
특장점소구전략	20(40)	1(2)	7(14)	24.854	.000
과장광고	16(32)	3(6)	2(4)	20.266	.000
공명전략	2(4)	2(4)	2(4)	.000	1.000
포지셔닝전략	4(8)	1(2)	1(2)	3.125	.210
정서소구전략	20(40)	20(40)	0(0)	27.273	.000

　한편 한국·중국·미국 배너 광고의 표현전략의 다양성을 평가한 결과 유의미한 차이가 발견되었다(<표 5-25>). 또한 각 집단 간의 상호 변별력을 살펴보기 위해 Scheffe를 이용한 사후검증을 실시한 결과도 상호 유의미한 차이를 보인 것으로 나타났다(a=.05, <표 5-26>). 그 결과 한국(M=4.88)이 배너 광고에 가장 다양한 표현전략을 사용하는 것으로 나타났으며, 그 다음은 중국(M=2.46)과 미국(M=2.22) 순으로 나타나 미국의 배너 광고가 소구의 다양성이 떨어지는 것으로 나타났다(한국>중국>미국). 배너 광고의 경우 크기로 인해 홈페이지 광고에 비해 평균

사용빈도가 낮게 나타났으나, 미국이 중국의 배너 광고와 비교
해 볼 때 커다란 차이는 없으나 중국보다 낮게 나타난 것은 의
외의 결과라고 할 수 있다.

〈표 5-25〉 한국·중국·미국 배너 광고의 다양성에 관한 분산분석

구 분	Sum of Squares	df	Mean Squares	F	유의도
집단 간	216.493	2	108.274	66.224	.000
집단 내	240.28	147	1.635		

〈표 5-26〉 한국·중국·미국 배너 광고의 다양성에 대한 사후검증표

구 분	Subset for Alpha = .05		
	1	2	3
미 국	2.22		
중 국		2.46	
한 국			4.88

　　예측한대로 한국이 배너 광고에 다양한 표현전략을 사용하는
것으로 나타났다. 국가 간 커뮤니케이션 스타일에 있어서 한국
은 고상황－집단주의이며 불확실성 회피성향이 강한 문화로 암
시적이고 함축적이며 간접적인 메시지를 사용하기 때문에 배너
광고에 심리적 소구, 브랜드 친숙 전략, 정서소구전략을 많이 사
용하는 것으로 볼 수 있다. 또한 표현전략이 정보문화와 온라인
마케팅 환경의 발달에 의한 크리에이티브 전략 및 스타일과 관

련된 크리에이티브 기술에 영향을 받는 것으로 한국은 기인한 탓으로 볼 수 있다. 반면에 중국은 한국과 유사한 전통문화에 속하나 표현전략의 다양성이 떨어지는 것은 정보통신기술의 낙후로 다양한 크리에이티브 기술의 질적 선진성에 기인한 탓으로도 볼 수 있다.

예측한 대로 배너 광고 역시 정보문화와 온라인 마케팅 환경 특성이 지배적인 설명요인으로 작용하는 것으로 볼 수 있으며, 전통문화는 부분적으로 영향을 미치는 것으로 보인다. 그러나 미국의 경우 전통문화는 상이하나 유사한 정보문화와 온라인 마케팅 환경을 지닌 한국과 배너 광고의 경우 표현전략의 다양성이 떨어지는 것은 광고의 기술적 영역인 광고 길이에서 한국은 모든 배너 광고가 3페이지 이상으로 100%를 차지하고 있으며 중국은 82%, 미국은 78%로 한국과 중국에 비해 3페이지 이상의 배너 광고가 차지하는 비율이 낮기 때문에 나타난 결과로 예측할 수 있다.

③ 틈입형 광고의 표현전략에 대한 검증결과

한국·중국·미국 세 국가의 틈입형 광고에 나타난 표현전략을 검증한 결과 세 국가 간에 유의미한 차이가 있는 것으로 발견되었다(〈표 5-27〉). 표현전략과 관련 있는 총 13개의 하위유목 가운데 정보전략, 심리적 소구전략, 구매유인, 브랜드 친숙 전략, 사은전략, 일반적 편익소구전략, 특장점 소구전략, 포지셔닝 전략, 정서소구전략에서 세 국가 간에 유의미한 차이가 발견되었다. 한국은 논증전략을 제외한 모든 표현전략에서 중국과 미국에 비해 높은 사용빈도를 보였으며, 중국은 정보(100%)전략과 정서소구전략(36%)을 가장 많이 사용하는 것으로 나타났다. 한편 미국은 논증전략만 한국과 중국에 비해 약간 높으며 한국보다 사용빈도는 낮지만 전반적으로 다양한 전략을 사용하는 것으로 나타났다.

정보전략의 경우 미국의 틈입형 광고가 한국과 중국의 틈입형 광고에 비해 현저하게 낮은 사용빈도를 보인 것은 의외의 결과라고 할 수 있다. 특히, 미국 틈입형 광고의 경우 정보전략은 홈페이지 광고와 배너 광고보다도 낮게 나타났다. 정보전략은 개인주의 문화에서 자주 사용하는 표현전략이나 한국의 사용빈도가 높게 나타난 것은 한국은 도구문화의 발달로 인터넷 이용자가 많기 때문에 광고를 통해 소비자들에게 제품과 서비스에 관련된 사실 그대로의 정보를 제공해 줌으로써 제품에 대한 신뢰를 형성하고 규범문화의 발달로 광고규제가 비교적 자유롭기 때문에 정보전략을 통해 소비자의 욕구를 충족시켜주기 위한 것으로 볼 수 있다. 반면에 중국이 정보전략을 많이 사용한 것은 크리에이티브 전략 및 스타일에 관련된 크리에이티브 기술은 정보문화와 온라인 마케팅 환경의 발달과 관련이 있기 때문에 크리에이티브 기술을 필요로 하지 않는 이 같은 전략을 틈입형 광고에 많이 사용한 것으로 나타났다.

심리적 소구전략은 틈입형 광고에서 한국(72%)이 가장 높게 나타났는데 이러한 결과는 틈입형 광고 역시 정보문화와 온라인 마케팅 환경 특성 그리고 Hofstede와 Hall의 문화적 특성이 동시에 영향을 미친 결과라고 할 수 있다.

구매유인과 브랜드 친숙 전략의 경우 배너 광고와 마찬가지로 한국이 가장 높게 나타났으며 중국보다는 미국의 사용빈도가 높은 것으로 나타났다. 구매유인전략은 소비자들에게 다양한 형태의 경품이나 할인 등을 통해 소비자들을 구매고객으로 유인하는 표현전략으로 틈입형 광고는 광고의 특성상 웹사이트에 지속적으로 머물러 있지 않기 때문에 구매유인 전략을 통해 인터넷 이용수준이 현저히 높은 두 국가의 경우 많은 인터넷 이용자들을 기업의 홈페이지도 유도하기 위한 의도를 엿볼 수 있다. 또한 전반적인 온라인 산업 환경에 따른 크리에이티브 기술의 발달과 아울러 한국은 부분적으로 집단주의 기질을 감안해 상징을 사용한 심리적 소구의 의존도가 높은 탓도 있다. 사은 전략 또한 한국이 높게 나타난 것은 구매유인 전략에서 한국의 사용빈도가 높은 것과 관련이 있다고 하겠다.

브랜드 친숙 전략 또한 한국과 미국이 높게 나타났는데 이러한 결과는 브랜드 친숙 전략이 고상황–집단주의 성향이 강하게 나타나는 문화권에서 자주 쓰이는 표현전략으로 한국의 경우 전통문화가 반영된 결과라고 할 수 있다. 한편 전통문화가 상이한 미국이 전통문화가 유사한 중국보다 사용빈도가 높은 것은 한국과 미국은 정보문화의 발달로 많은 인터넷 이용자인 소비자와의 브랜드 친화 또는 친밀감을 제고하려는 의도를 엿볼 수 있다. 일반적 편익소구전략과 특장점 소구전략에 있어서 한국의 틈입형 광고가 높게 나타난 것은 홈페이지 광고와 같은 결과라고 할 수 있다.

<표 5-27> 틈입형 광고의 국가 간 표현전략 비교

국 가 표현전략	한국(%)	중국(%)	미국(%)	x^2	유의도
정 보	50(100)	50(100)	19(38)	78.151	.000
논 증	1(2)	0	4(8)	5.379	.068
심리적 소구	36(72)	12(24)	11(22)	33.582	.000
구매유인	37(74)	8(16)	17(34)	36.345	.000
브랜드 친숙	42(84)	15(30)	35(70)	33.115	.000
사은전략	39(78)	12(24)	20(40)	30.861	.000
일반적 편익소구전략	27(54)	1(2)	15(30)	33.123	.000
선제공격적전략	1(2)	0	1(2)	1.014	.602
특장점소구전략	17(34)	1(1)	7(14)	18.861	.000
과장광고	4(8)	0	4(8)	4.225	.121
공명전략	2(4)	1(2)	2(4)	.414	.813
포지셔닝전략	7(14)	2(4)	1(2)	6.643	.036
정서소구전략	17(34)	18(36)	1(2)	19.956	.000

정서소구전략을 보면 중국과 한국이 높게 나타났는데 이 역시 전통문화 즉 커뮤니케이션 패턴이 간접적이고 함축적인 메시지를 선호하는 고상황－집단주의 문화가 반영된 결과라고 할 수 있다. 그러나 논증전략, 선제 공격적 전략, 과장광고, 공명전략에서는 한국·중국·미국 세 국가 사이에 통계적으로 유의미한 차이가 발견되지 않았다.

〈표 5-28〉 한국·중국·미국 틈입형 광고의 다양성에
관한 분산분석

구　　분	Sum of Squares	df	Mean Squares	F	유의도
집단 간	308.92	2	154.46	80.625	.000
집단 내	281.62	147	1.916		

〈표 5-29〉 한국·중국·미국 틈입형 광고의 다양성에
대한 사후검증표

구　　분	Subset for Alpha=.05		
	1	2	3
중　국	2.4		
미　국		2.74	
한　국			5.6

　한편 한국·중국·미국 틈입형 광고의 표현전략의 다양성을 평가한 결과 유의미한 차이를 발견되었다(〈표 5-28〉). 또한 각 집단 간의 상호 변별력을 살펴보기 위해 Scheffe를 이용한 사후검증을 실시한 결과도 상호 유의미한 차이를 보인 것으로 나타났다(α=.05, 〈표 5-29〉). 그 결과, 한국·중국·미국 세 국가 가운데 한국(M=5.6)이 틈입형 광고에 가장 다양한 표현전략을 사용하는 것으로 나타났으며, 이는 미국(M=2.74)과 중국(M=2.4)에 비해 두 배가 넘는 수치로 표현전략의 다양성이 가장 높은 국가로 발견되었다(한국>미국>중국). 미국과 중국은 표현전략의 다양성에 있어서 미국이 약간 높으나 거의 차이를 보이지 않았다.

예측한 대로 한국의 틈입형 광고가 가장 다양한 표현전략을 사용하는 것으로 나타났으며, 미국 또한 한국과 유사한 결과가 나타날 것으로 기대했으나 한국과 커다란 차이를 보이는 것은 의외의 결과라고 할 수 있다. 따라서 한국은 전통문화(고상황-집단주의)와 정보문화 그리고 온라인 마케팅 환경 특성이 전반적으로 영향을 미친 것으로 볼 수 있으며, 중국의 경우 정서소구전략이 높게 나타난 것은 전통문화에 기인하는 것으로 볼 수 있다. 한편, 미국의 경우 고상황-집단주의 성향이 강한 문화에서 사용되는 심리적 소구전략이나 브랜드 친숙 전략에 있어서 이러한 문화권에 속하는 중국에 비해 높게 나타난 것은 정보문화와 온라인 산업 환경이 중국보다 발달하였기 때문에 소비자들의 다양한 욕구를 충족을 위해 이 같은 전략의 사용빈도가 높은 것으로 볼 수 있다.

종합해보면 틈입형 광고 역시 정보문화와 온라인 마케팅 환경 특성이 지배적인 설명요인으로 작용하는 것으로 볼 수 있으며, 전통문화는 부분적으로 영향을 미치는 것으로 보인다.

④ 스폰서쉽 광고의 표현전략에 대한 검증결과

한국·중국·미국 세 국가의 스폰서쉽 광고에 나타난 표현전략을 검증한 결과 세 국가 간에 유의미한 차이가 있는 것으로 발견되었다(〈표 5-30〉). 표현전략과 관련 있는 총 13개의 하위유목 가운데 논증전략, 심리적 소구, 구매유인, 브랜드 친숙, 사은전략, 일반적 편익소구전략, 특장점 소구전략, 정서소구전략에서 세 국가 간에 유의미한 차이가 발견되었다.

스폰서쉽 광고에서도 한국은 심리적 소구전략, 브랜드 친숙 전략, 사은전략 그리고 정서소구전략의 사용빈도가 높게 나타났는데, 이는 앞서 설명한 것과 마찬가지로 문화적 특성과 온라인 마케팅 환경특성의 영향으로 나타난 당연한 결과라고 할 수 있다. 미국의 스폰서쉽 광고는 다른 광고종류와는 달리 논증전략, 구매유인전략, 특장점 소구전략에서 한국보다 사용빈도가 높게 나타났다. 스폰서쉽 광고의 특성상 새로운 특화 제품군에 대한 상식과 함께 특정 상품의 우위를 표현하기 위해 스폰서쉽 광고를 집행하게 되는데, 이 같은 전략은 저상황 문화에 속하면서 개인주의 성향이 강하게 나타나는 문화권에서 많이 사용되는 전략으로 커뮤니케이션 패턴이 직접적이고 명백한 메시지를 선호하기 때문에 이러한 문화권에 속하는 미국이 논증전략이나 특장점 소구전략을 스폰서쉽 광고에 많이 사용한 것으로 볼 수 있다.

〈표 5-30〉 스폰서쉽 광고의 국가 간 표현전략 비교

국 가 표현전략	한국(%)	중국(%)	미국(%)	x^2	유의도
정 보	50(100)	50(100)	49(98)	2.013	.365
논 증	8(16)	1(2)	21(42)	25.75	.000
심리적 소구	30(60)	2(4)	20(40)	35.557	.000
구매유인	24(48)	1(2)	29(58)	38.715	.000
브랜드 친숙	50(100)	4(8)	47(94)	120.449	.000
사은전략	40(80)	2(4)	20(40)	59.604	.000
일반적 편익소구전략	46(92)	13(26)	32(64)	45.986	.000
선제공격적전략	3(6)	3(6)	6(12)	1.630	.443
특장점소구전략	24(48)	3(6)	27(54)	29.688	.000
과장광고	2(4)	0	1(2)	2.014	.360
공명전략	2(4)	0	3(6)	2.897	.235
포지셔닝전략	2(4)	1(2)	3(6)	1.042	.594
정서소구전략	21(42)	12(24)	1(2)	22.896	.000

　　구매유인전략의 경우 한국보다 높지만 유사한 결과를 나타내고 있는데 이는 두 국가 모두 정보문화와 온라인 마케팅 환경이 발달했기 때문에 전반적인 온라인 산업 환경에 따른 크리에이티브 기술의 발달과 아울러 한국은 부분적으로 집단주의 기질을 감안해 상징을 사용한 심리적 소구와 사은전략의 의존도가 높은 탓도 있다. 그러나 정보전략, 선제 공격적 전략, 과장광고, 공명전략, 포지셔닝 전략에서는 한국·중국·미국 세 국가 사이에

통계적으로 유의미한 차이가 발견되지 않았다.

〈표 5-31〉 한국·중국·미국 스폰서쉽 광고의 다양성에
관한 분산분석

구 분	Sum of Squares	df	Mean Squares	F	유의도
집단 간	492.253	2	246.127	186.479	.000
집단 내	446.98	147	3.041		

〈표 5-32〉 한국·중국·미국 스폰서쉽 광고의 다양성에
대한 사후검증표

구 분	Subset for Alpha=.05		
	1	2	3
중 국	1.84		
미 국		5.18	
한 국			6.04

한편 한국·중국·미국 스폰서쉽 광고의 표현전략의 다양성을 평가한 결과 유의미한 차이를 발견되었다(〈표 5-31〉). 또한 각 집단 간의 상호 변별력을 살펴보기 위해 Scheffe를 이용한 사후검증을 실시한 결과도 상호 유의미한 차이를 보인 것으로 나타났다(α=.05, 〈표 5-32〉). 그 결과, 한국·중국·미국 세 국가 가운데 한국(M=6.04)이 스폰서쉽 광고에 가장 다양한 표현전략을 사용하는 것으로 나타났으며, 그 다음은 미국(M=5.18)으로 한국과 유사한 결과를 보였으며, 중국(M=1.18)은 스폰서쉽 광고의 경우 정보전략이라는 표현전략을 집중적으로 사용함으로써 표현전

략의 다양성에서 가장 떨어지는 것을 볼 수 있다.

예측한대로 한국과 미국이 중국에 비해 스폰서쉽 광고에 다양한 표현전략을 사용하는 것으로 나타났다. 이러한 결과는 홈페이지 광고에 나타난 표현전략의 다양성 결과와 일치하는 것으로 홈페이지 광고와 스폰서쉽 광고가 본 연구가 예측한 대로 정보문화와 온라인 마케팅 환경 특성이 지배적인 설명요인으로 작용하였으며, 크리에이티브 기술은 정보통신기술을 기반으로 하는 정보문화와 온라인 마케팅 환경과 관련이 크기 때문에 정보문화와 온라인 마케팅 환경이 상당수준 발전한 한국과 미국이 아직 성숙기에 접어들지 못한 중국보다 홈페이지 광고에 다양한 표현전략을 사용하는 것으로 보인다. 결국 한국과 미국의 경우 정보문화와 온라인 마케팅 환경의 발달에 의한 크리에이티브 전략 및 스타일과 관련된 크리에이티브 기술의 질적 선진성에 기인한 탓으로 볼 수 있다.

따라서 인터넷 광고종류별(홈페이지, 배너, 틈입형, 스폰서쉽)로 나타난 표현전략에 대한 유의성 검증을 실시한 결과 한국·중국·미국 세 국가 사이에는 유의미한 차이가 발견되었다. 즉, 인터넷 광고의 종류 가운데 홈페이지 광고와 스폰서쉽 광고가 대체로 다양한 표현전략을 사용하는 것으로 나타났으며 인터넷 광고의 종류에 따라 차이가 표현전략의 다양성에서 차이가 있는 것으로 발견되었다. 또한 광고의 크기와 형식에 따라 표현전략의 사용빈도에 있어서도 차이가 있는 것으로 나타났다. 따라서 한국·중국·미국 세 국가의 인터넷 광고에 나타나는 표현전략(creative strategy)은 광고종류별로 상호 유의미한 차이를 보일 것이다 라는 〈연구가설 2-1〉은 지지되었다.

이상의 결과들을 종합해보면 인터넷 광고는 전통 매체광고와 달리 인터넷이 지닌 매체적 특성으로 인해 정보문화와 온라인 마케팅 환경의 유사성이 전통문화의 유사성보다 광고소구방식에 있어서 인터넷 광고를 통한 국제광고 캠페인 수행 정도를 예견하는데 보다 유용할 것이라는 점을 시사하고 있다.

3) 기술적 영역 검증결과

기술적 영역에서는 한국·중국·미국 세 국가 사이에 인터넷 광고의 길이, 카피형태, 멀티미디어 사용, 인터넷 광고의 main/first페이지에서의 상호작용성과 광고메뉴에서의 상호작용성을 분석해 보았다.

먼저 국가별 인터넷 광고의 길이를 살펴본 결과, 전체 600개의 인터넷 광고 중 1~2페이지 광고가 반이 넘는 53.5%로 한국과 중국의 비율이 높기 때문인 것으로 보인다. 한편 1페이지 미만의 광고는 미국이 가장 많았으며, 3페이지 이상의 광고도 미국이 중국을 약간 앞서고 있다(〈표 5-33〉). 이러한 결과는 배너 광고를 제외한 나머지 광고에서 1페이지 미만의 광고가 많기 때문에 나타난 결과라고 볼 수 있다.

〈표 5-33〉 한국·중국·미국 인터넷 광고의 길이(%)

길이 \ 국가	한 국	중 국	미 국	계
1페이지 미만	45(22.5)	N/A	79(39.5)	124(20.7)
1-2페이지	105(52.5)	148(74)	68(34)	321(53.5)
3페이지 이상	50(25)	52(26)	53(26.5)	155(25.8)
$x^2=106.037$, df$=4$, p$<.000$				

한국과 미국이 중국에 비해 1페이지 미만의 광고가 많으며 1~2페이지의 광고 비율이 낮은 것으로 나타났으나, 인터넷 광고의 정보내용과 표현전략의 검증결과를 보면 이 두 국가가 훨씬 높은 사용빈도를 보이는 것으로 나타났다. 이러한 결과는 광고길이와 상관없이 한국과 미국은 정보문화의 발달로 인터넷 이용수준이 중국에 비해 현저히 높기 때문에 소비자의 욕구를 충족시켜줄 수 있는 제품과 서비스 관련의 꼭 필요한 정보를 제공하고 있기 때문에 광고의 길이와 커다란 상관관계를 지니지 않는 것으로 보인다. 중국의 경우 인터넷 광고 모두가 1페이지 이상의 광고이며, 3페이지 이상의 광고비율에 있어서도 한국, 미국과 유사하게 나타났다. 이는 중국이 정부주도의 IT인프라와 산업부양에 나서고 있기 때문에 정보화의 진전이 급속히 이루어지는 과정에서 나타난 투자의 결과로 볼 수 있으나 온라인 산업환경이 발전하기 못했기 때문에 광고전략 측면에서는 여전히 두 국가에 비해 뒤떨어지는 것으로 볼 수 있다.

〈표 5-34〉 한국·중국·미국 인터넷 광고의 카피형태(%)

카피형태＼국 가	한 국	중 국	미 국	계
text-heavy	27(13.5)	25(12.5)	19(9.5)	71(11.8)
text-visual balance	160(80)	169(84.5)	178(89)	507(84.5)
text-limited	13(6.5)	6(3)	3(1.5)	22(3.7)
$x^2=9.605$, df=4, p<.048				

국가별 인터넷 광고의 카피형태를 보면, 한국·중국·미국 세

국가 모두 인터넷 광고에 텍스트와 비주얼을 균형 있게 사용 (84.5%)하는 것으로 나타났다〈표 5-34〉. 비교적 인터넷 수준이 높은 한국과 미국에서는 속도와 편리함을 동시에 추구하는 이용자의 정보문화환경을 고려해 동영상과 문자정보를 적절히 안배하여 사용하는 것으로 나타났다. 반면에 중국은 네트워크 인프라와 가입수 면에서 급성장하고는 있지만, 전체 인구대비로 볼 때 한국과 미국에 비해 정보문화와 온라인 산업 환경이 상당히 뒤떨어지는 수준으로 인터넷 광고의 카피형태가 텍스트와 비주얼을 균형 있게 사용하고 있을 지라도 앞의 결과에서 보았듯이 이러한 카피형태가 이용자의 욕구를 충족시켜주는 내용과 전략은 아닌 것으로 보인다.

〈표 5-35〉 한국·중국·미국 인터넷 광고의
멀티미디어 사용(%)

국 가 / 멀티미디어사용	한 국	중 국	미 국	계
text-only	3(1.5)	14(7)	4(2)	21(3.5)
text and photo/ illustration	196(98)	185(92.5)	184(92)	565(94.2)
text and sound and/or video	1(.5)	1(.5)	12(6)	14(2.3)
$x^2=28.328$, df=4, p<.000				

국가별 멀티미디어 사용을 보면 한국·중국·미국 세 국가 모두 인터넷 광고에 text and photo/illustration(94.2%)을 사용하는 것으로 나타났으며, text and sound and/or video의 사용은 미국이 한국과 중국보다 약간 높은 수치를 보였다. text-only만 제외

할 경우 한국과 미국이 중국에 비해 인터넷 광고에 멀티미디어 요소를 많이 사용하는 것으로 나타났는데(〈표 5-35〉), 이는 한국과 미국이 중국보다 정보문화의 발달로 인터넷의 매체 융합기술이 발달되었기 때문에 새로운 기술을 이용한 광고가 많이 나타나고 있다.

〈표 5-36〉 한국·중국·미국 인터넷 광고의
main/first페이지의 상호작용성(%)

국가 main/first 에서의 상호작용성	한 국	중 국	미 국	계
없음	N/A	26(13)	N/A	26(4.3)
1-5개	N/A	91(45.5)	N/A	91(15.2)
6개 이상	200(100)	83(41.5)	200(100)	483(80.5)
x^2=290.683, df=4, p<.000				

상호작용성은 하이퍼링크 또는 클릭 할 수 있는 아이템의 수로 측정하였는데, main/first페이지(광고메뉴 이외의 초기화면)의 상호작용 아이템의 수를 측정한 결과, 전체 600개의 광고를 수집한 main/first페이지(광고메뉴 이외의 초기화면)에서 80.5%가 6개 이상의 상호작용 아이템을 갖고 있는 것으로 나타났다(〈표 5-36〉). 특히 한국과 미국은 인터넷 광그를 수집한 웹사이트 모두가 6개 이상의 상호작용 할 수 있는 아이템을 갖고 있는 것으로 보아, 한국과 미국은 인터넷 이용자와 인터넷 서비스 제공업체 간이 쌍방향 커뮤니케이션이 활발하게 이루어지고 있는 것으로 볼 수 있으며, 이는 인터넷 이용자의 정보문화 욕구에 부응

하는 현상이라고 할 수 있다. 또한 한국과 미국은 인터넷 이용
자가 많으며 그에 따른 전자상거래도 활발하게 이루어지고 있기
때문에 기업과 소비자가 상호작용 할 수 있는 아이템을 많이 갖
고 있는 것으로 볼 수 있다.

중국의 경우 200개의 인터넷 광고를 수집한 웹사이트 중에 26
개(13%)가 상호작용 아이템이 하나도 없는 것으로 나타났는데
한국, 미국과는 달리 중국은 정보문화가 발달하지 못했으며 인
터넷 이용자의 수가 적고 전자상거래율도 상당히 낮은 것으로
보아 상호작용 할 수 있는 아이템을 갖고 있지 않은 웹사이트의
비율이 높게 나타났다.

〈표 5-37〉 한국·중국·미국 인터넷 광고의
광고메뉴에서의 상호작용성(%)

국 가 광고메뉴 에서 상호작용성	한 국	중 국	미 국	계
없음	15(7.5)	31(15.5)	1(.5)	47(7.8)
1-5개	93(46.5)	152(46)	105(52.5)	350(58.3)
6개 이상	92(46)	17(8.5)	94(47)	203(33.8)
x^2=102.370, df=4, p<.000				

국가별 광고메뉴에서 상호작용 할 수 있는 아이템의 수를 측
정한 결과, 전체 인터넷 광고 중 92.1%가 광고메뉴에서 1개 이
상의 상호작용 아이템을 갖고 있는 것으로 나타났으며, 중국이
한국과 미국에 비해 상호작용 아이템이 하나도 없는 광고가
5.2%를 차지하였다(〈표 5-37〉). 광고메뉴의 상호작용성에서도 한

국과 미국의 인터넷 광고 90% 이상이 광고메뉴에서 상호작용할 수 있는 아이템을 갖고 있는 것으로 보아 온라인 마케팅 환경이 발달하였기 때문에 인터넷상에서 전자상거래에 의한 직접거래가 많은 것에 기인하며, 또한 인터넷을 광고매체로 활용하는 의식이 성숙되어 나타난 결과라고 할 수 있겠다.

인터넷 광고에 나타나는 기술적 영역 즉, 인터넷 광고의 길이, 카피형태, 멀티미디어의 사용, main/first페이지(광고메뉴 이외의 초기화면)의 상호작용성, 광고메뉴에서의 상호작용성에 대한 유의성 검증을 실시한 결과 한국·중국·미국 세 국가 사이에는 유의미한 차이가 발견되었다. 따라서 한국·중국·미국 세 국가의 인터넷 광고에 나타나는 기술적 영역은 상호 유의미한 차이를 보일 것이다 라는 〈연구가설 3-1〉, 〈연구가설 3-2〉, 〈연구가설 3-3〉, 〈연구가설 3-4〉는 모두 지지되었다.

2. 국가군별 유의성 검증결과

1) 국가군별 인터넷 광고의 정보내용 검증결과

한국·중국·미국 세 국가 사이에서 유의미한 차이를 보인 정보내용을 대상으로 디지털 거리에 따라 한국과 중국, 한국과 미국, 중국과 미국 두 국가 사이의 정보내용에는 유의미한 차이가 나타나는지 알아보기 위한 세부검증을 실시하였다.

(1) 한국과 중국

먼저 한국과 중국 인터넷 광고의 정보내용을 비교한 결과 대체로 유의미한 차이가 있는 것으로 나타났다(〈표 5-38〉). 정보내용과 관련 있는 총 15개의 하위유목 가운데 제품범주, 인센티브, 목표소비자, 가격/가치, 품질, 성분/내용, 특별제공, 새로운 아이디어, 이벤트 스폰서쉽에서 두 국가 간에 유의미한 차이를 보이는 것으로 나타났다.

인터넷 광고에 포함된 정보내용과 관련 있는 총 15개의 정보단서들은 모두 한국의 인터넷 광고에서 높은 사용빈도를 보이고 있다. 구매정보, 성능, 성분/내용 정보들은 정보문화와 온라인 마케팅 환경적 특성과 함께 일반적으로 저상황-개인주의이며 불확실성 회피성향이 약한 문화에 속하는 미국과 같은 서구 광고에서 두드러지게 나타나는 단서이나, 전통 문화적으로 상이한 차이를 보이고 있는 한국의 인터넷 광고에서도 많이 포함하고 있는 것은 정보문화와 온라인 마케팅 환경 특성에 기인하는 것으로 볼 수 있다.

인센티브와 목표소비자의 명시에서도 중국보다 한국의 인터넷 광고에 많이 포함하는 것으로 나타났는데 한국은 온라인 산업시장이나 디지털 기술의 발달로 인터넷 광고를 통합마케팅 커뮤니케이션의 수단으로 다양하게 활용하고 있는 반면 중국은 인터넷 이용수준이 한국보다 현저히 떨어지기 때문에 광고주들이 인터넷을 비즈니스를 위한 도구로 고려하지 못하고 있다.

품질과 이벤트 스폰서쉽 정보는 불확실성 회피성향이 강하며 집단주의 문화에서 자주 사용하는 단서로 한국과 중국은 유사한 전통문화를 가지고 있으나 한국이 높은 사용빈도를 나타내고 있는 것은 정보문화와 온라인 마케팅 환경에 기인하는 것으로 한국은 정보문화와 온라인 마케팅 환경의 발달로 인터넷 이용자의 정보 및 오락 추구동기를 만족시켜주기 위한 것으로 볼 수 있다.

특별제공은 할인, 사은품 증정과 같은 판매 이벤트관련 정보로 중국보다 한국의 사용빈도가 훨씬 높게 나타난 것은, 정보문화와 온라인 마케팅 환경에 영향을 받은 것으로 볼 수 있다. 정보문화가 발달한 한국이 이를 기반으로 인터넷 광고 산업이 발달하게 된 것은 인터넷 이용자가 많기 때문에 인터넷상에서 활발하게 전자상거래가 이루어지도록 소비자들에게 특별제공과 관련 있는 정보를 많이 포함하는 것으로 나타났다.

예컨대 한국은 중국보다 도구문화가 발달하여 정보통신 인프라가 잘 구축되어 있으며, 규범문화의 발달로 법적·제도적 환경이 비교적 자유롭기 때문에 표현의 자유가 보장되어 있다. 또한 인터넷 이용자의 수가 많고 전자상거래도 활발하게 이루어지고 있어 인터넷 광고 산업 또한 괄목할만한 성장세를 보이고 있다. 따라서 이러한 정보문화와 온라인 마케팅 환경으로 인해 인터넷 광고에 많은 정보를 포함하는 것으르 보인다.

〈표 5-38〉 인터넷 광고의 한국-중국 간 정보내용 비교

국 가 정보내용	한국(%)	중국(%)	x^2	유의도
브랜드 이름	189(94.5)	181(90.5)	2.306	.129
제품범주	193(96.5)	125(62.5)	70.391	.000
인센티브	140(70)	24(12.5)	136.428	.000
목표소비자	41(20.5)	16(8)	12.787	.000
구매정보	93(46.5)	77(38.5)	2.619	.106
가격/가치	39(19.5)	22(11)	5.590	.018
품 질	137(68.5)	25(12.5)	130.138	.000
성 능	42(21)	36(18)	.573	.449
성분/내용	112(56)	50(25)	39.880	.000
특별제공	125(62.5)	28(14)	99.590	.000
보 증	80(40)	62(31)	3.539	.060
안전성	4(2)	7(3.5)	.841	.359
독립기관의 조사	6(3)	1(.5)	3.635	.057
새로운 아이디어	23(11.5)	2(1)	18.816	.000
이벤트 스폰서쉽	126(63)	28(14)	101.404	.000

예측한 대로 국가 간 전통문화보다 정보문화와 디지털 거리가 가까울수록 매체의 특성상 인터넷 광고의 정보내용에 있어서 국가 간 유사성이 더 크기 때문에 한국과 중국의 인터넷 광고의 정보내용은 차이가 있는 것이다. 따라서 한국과 중국의 경우 인터넷 광고에 나타나는 정보내용은 전통문화보다는 정보문화와 온라인 마케팅 환경이 중요한 설명요인으로 작용하였다.

그 밖에 브랜드 이름, 구매정보, 성능, 보증, 안전성, 독립기관의 조사 정보에서는 두 국가 간에 유의미한 차이가 발견되지 않았다.

<표 5-39> 한국과 중국 인터넷 광고의 정보성에
대한 T-검증표

구 분	평균(n)	표준편차	t	df	유의도
한 국	6.75(200)	2.4674	15.446	362.338	.000
중 국	4.27(200)	1.7833			

한편, 한국과 중국의 인터넷 광고에 나타난 정보성을 비교한 결과 두 국가 사이에 유의미한 차이가 있는 것으로 나타났다(<표 5-39>). 전체 인터넷 광고에 나타난 정보성 을 보면 한국(M=6.75)이 중국(M=4.27)보다 많은 양의 정보를 인터넷 광고에 포함하고 있는 것으로 나타났다. 예측한대로 한국과 중국은 유사한 전통 문화적 특성을 갖고 있지만 정보문화 측면에서 한국은 정보통신 기술 및 서비스의 발달로 인터넷 보급이 확산되었고, 정부규제로부터 비교적 자유로운 정보화 관련 법 및 제도적 환경으로 정보문화가 덜 발달한 중국보다 다양하고 많은 양의 정보를 인터넷 광고에 포함하고 있다. 또한 온라인 마케팅 환경에 있어서도 중국은 한국보다 인터넷 이용자수가 적고, 전자상거래율도 현저히 낮으며, 인터넷 광고가 차지하는 비율도 저조하기 때문에 나타난 결과라고 할 수 있다.

따라서 한국과 중국의 인터넷 광고의 정보성은 전통문화(고상황-집단주의)보다는 정보문화와 온라인 마케팅 환경요소가 중요한 설명요인으로 작용한 것으로 볼 수 있다. 결국 전통매체 광고와 달리 인터넷 광고는 같은 전통문화권이라고 할지라도 그 나라의 정보문화와 온라인 마케팅 환경에 따른 광고 캠페인전략을 따로 세우는 것이 바람직하며, 한국과 중국의 인터넷 광고의 정보내용에 있어서는 정보문화와 온라인 마케팅 환경이 인터넷 광고를 통한 국제광고 캠페인 수행 정도를 예견하는데 보다 유용할 것이라는 점을 시사하고 있다.

종합해 보면 한국과 중국의 인터넷 광고는 전통 매체광고와 달리 인터넷이 지닌 매체적 특성으로 인해 정보문화와 온라인 마케팅 환경의 유사성이 전통 문화의 유사성보다 인터넷 광고의 정보내용에 있어서 인터넷 광고를 통한 국제광고 캠페인 수행 정도를 예견하는데 보다 유용할 것이라는 점을 시사하고 있다.

(2) 한국과 미국

한국과 미국 인터넷 광고의 정보내용을 비교한 결과 대체로 유의미한 차이가 있는 것으로 나타났다(〈표 5-40〉). 정보내용과 관련 있는 총 15개의 하위유목 가운데 인센티브, 목표소비자, 구매정보, 가격/가치, 품질, 성능, 특별제공, 안전성, 새로운 아이디어, 이벤트 스폰서쉽 정보에서 두 국가 간에 유의미한 차이를 보이는 것으로 나타났다. 한국의 경우 품질, 특별제공, 새로운 아이디어, 이벤트 스폰서쉽 정보를 인터넷 광고에 많이 사용하는 것으로 나타난 반면, 미국은 인센티브, 목표소비자, 구매정보, 가격/가치, 성능, 안전성 정보를 많이 포함하고 있는 것으로 나타났다.

먼저 브랜드가 제시하는 명백한 보상수준을 보면 미국(90.5%)이 한국(70%)에 비해 사용빈도가 높은 것으로 나타났으며 한국도 비교적 높은 수준이라고 할 수 있다. 이러한 결과는 미국이 인터넷 광고를 통합마케팅이나 판촉차원에서 다양하게 활용하는 데 기인하는 것으로 볼 수 있으며, 또한 저상황－개인주의 문화에 속하는 미국은 커뮤니케이션 스타일이 명백하고 직접적이기 때문에 브랜드가 제공하는 명백한 보상을 인터넷 광고에 제시하고 있는 것으로 나타났다.

목표소비자의 명시에 있어서도 미국이 인터넷 광고에 목표소비자를 많이 명시하는 것으로 나타났는데, 이는 타겟에 따른 다양한 매체계획에 근거하여 나타나는 것으로 미국의 광고 산업은 한국보다 발전 한 국가로 문화적인 설명보다는 광고전략의 합리화라는 산업적 측면에서 살펴보는 것이 타당할 것이다.

제품 또는 서비스의 구매정보, 가격/가치, 성능 정보의 포함여부를 보면 미국이 한국보다 인터넷 광고에 많이 포함하고 있는 것으로 나타났다. 이는 전통 문화적 차이에 기인하는 것으로 미국과 같은 저상황－개인주의 문화에서는 논리적이며, 명백하고 직접적인 메시지를 사용하기 때문에 인터넷 광고에 제품에 대한 많은 구매정보와 가격을 포함하고 있는 것으로 볼 수 있다.

품질 정보의 경우 한국의 인터넷 광고에서 많이 사용하고 있는 것은 제품이나 서비스의 외형적 세부내용을 중시하는 한국의 강한 불확실성 회피성향을 반영한 것으로 볼 수 있다. 또한 한국과 같이 불확실성 회피성향이 강한 국가에서는 제품과 서비스의 품질에 관한 정보를 통해 구매의 확신을 갖기 때문에 이 같은 정보를 많이 포함하는 것으로 해석할 수 있다.

특별제공과 이벤트 스폰서쉽에 관한 정보의 사용빈도를 보면 미국보다 한국의 인터넷 광고가 더 많이 포함하고 있는 것으로 나타났다. 한국은 도구문화가 발달한 국가로 이러한 도구문화를 바탕으로 인터넷 이용수준이 높고 전자상거래가 활발하게 이루어져 인터넷 광고 산업이 발전하게 된 것은 할인, 사은품 증정과 같은 판매 이벤트관련 정보의 사용으로 인터넷 이용자들을 구매고객으로 유인하기 위한 것이라고 할 수 있다. 이는 한국이 이벤트 스폰서쉽을 광고에 많이 포함하고 있는 것과 관련이 있다고 하겠다.

이벤트 스폰서쉽 정보는 집단주의 문화에서 주로 사용하는 정보내용으로 개인주의 문화에 속하는 미국보다 집단주의 문화에 속하는 한국이 인터넷 광고에 많이 포함하고 있는 것으로 나타났다. 또한 한국은 이벤트 스폰서쉽을 통해 다양하고 구체적인 정보와 오락을 제공해줌으로써 제품에 대한 능동적인 이용을 유도하고 인터넷상에서 활발한 전자상거래가 이루어질 수 있도록 이벤트 스폰서쉽을 사용하여 소비자의 인지도를 증대시켜 판매로 연결시키려는 의도로 볼 수 있다.

안전성에 관한 정보의 사용빈도는 미국(13.5%)이 높게 나타났는데, 이는 개인주의 성향이 강한 서양문화에서 주로 사용하는 정보로 개인주의 문화에 속하는 미국에서는 법이나 규범과 같은 보편적 원칙이 우선 시 되며, 과학과 기술을 중시하는 국가이므로 제품의 사용으로 보장되는 안전에 관련된 정보를 많이 사용하는 것으로 나타났다.

한국과 미국의 경우 인터넷 광고에 나타난 정보내용은 전통문화가 큰 설명요인으로 작용한 것으로 보이며, 중국과 미국 두 국가와 달리 각 국가의 전통문화에서 자주 사용되는 정보단서와 그 이외의 단서에서 국가 간 커다란 차이를 보이지 않는 것은 정보문화와 온라인 마케팅 환경이 서로 유사하기 때문인 것으로 해석할 수 있다. 그 밖에 브랜드 이름, 제품범주, 성분/내용, 보증, 독립기관의 조사 정보에서는 두 국가 간에 유의미한 차이가 발견되지 않았다.

〈표 5-40〉 인터넷 광고의 한국-미국 간 정보내용 비교

국가 정보내용	한국(%)	미국(%)	x^2	유의도
브랜드 이름	189(94.5)	194(97)	1.536	.215
제품범주	193(96.5)	194(97)	.080	.778
인센티브	140(70)	181(90.5)	26.515	.000
목표소비자	41(20.5)	93(46.5)	30.345	.000
구매정보	93(46.5)	123(61.5)	9.058	.003
가격/가치	39(19.5)	96(48)	36.327	.000
품 질	137(68.5)	114(57)	5.658	.017
성 능	42(21)	66(33)	7.036	.007
성분/내용	112(56)	127(63.5)	2.339	.126
특별제공	125(62.5)	99(49.5)	6.859	.009
보 증	80(40)	98(49)	3.280	.070
안전성	4(2)	27(13.5)	18.498	.000
독립기관의 조사	6(3)	5(2.5)	.093	.760
새로운 아이디어	23(11.5)	1(.5)	21.454	.000
이벤트 스폰서쉽	126(63)	99(49.5)	7.460	.007

〈표 5-41〉 한국과 미국 인터넷 광고의 정보성에
대한 T-검증표

구 분	평균(n)	표준편차	t	df	유의도
한 국	6.75(200)	2.4674	-3.986	387.01	.002
미 국	7.585(200)	2.925			

한편, 한국과 미국의 인터넷 광고에 나타난 정보성을 비교한 결과 두 국가 사이에 유의미한 차이가 있는 것으로 나타났다 (〈표 5-41〉). 전체 인터넷 광고에 나타난 정보성을 보면 미국(M=7.585)이 한국(M=6.75)보다 많은 양의 정보를 인터넷 광고에 포함하고 있는 것으로 나타났다.

예측한대로 한국과 미국은 유사한 정보문화와 온라인 마케팅 환경을 갖고 있으나 상이한 전통 문화적 특성으로 인해 저상황 －개인주의이며 약한 불확실성 회피성향에 속하는 미국이 한국보다 다양하고 많은 정보를 인터넷 광고에 포함하는 것으로 나타났다. 이러한 결과는 전통매체의 연구결과와도 일치하는 것이다. 물론 한국이 미국보다 정보성이 낮은 것은 전통문화가 반영된 것으로 설명할 수 있지만, 전통문화가 유사한 중국보다 전통문화가 상이한 미국과 정보성에 있어서 큰 차이를 보이지 않는 것은 정보문화와 온라인 마케팅 환경 측면에서 서로 유사하기 때문에 나타난 결과라고 할 수 있다. 즉, 정보문화와 온라인 마케팅 환경이 유사한 한국과 미국의 정보성 차이가 전통문화(고상황－집단주의)는 유사하나 정보문화와 온라인 마케팅 환경이 상이한 한국과 중국의 인터넷 광고에 나타난 정보성의 차이보다 작은 것으로 나타났다. 결국 한국과 미국의 인터넷 광고의 경우 정보문화와 온라인 마케팅 환경과 함께 전통문화가 중요한 설명요인으로 작용한 것으로 볼 수 있으며, 한국과 중국보다 한국과 미국의 인터넷 광고가 더 유사성을 지닌 것으로 볼 수 있다.

따라서 한국과 미국의 인터넷 광고는 정보문화와 온라인 마케팅 환경의 유사성이 인터넷 광고의 정보내용에 있어서 인터넷 광고를 통한 국제광고 캠페인 수행 정도를 예견하는데 보다 유용할 것이라는 점을 시사하고 있다.

(3) 중국과 미국

중국과 미국 인터넷 광고의 정보내용을 비교한 결과 유의미한 차이가 발견되었다(〈표 5-42〉). 정보내용과 관련 있는 총 15개의 하위유목 가운데 독립기관의 조사와 새로운 아이디어 정보를 제외한 모든 정보에서 국가 간 유의미한 차이가 발견되었다.

인터넷 광고에 포함된 정보내용과 관련 있는 총 15개의 정보단서들은 모두 미국의 인터넷 광고에서 높은 사용빈도를 보이고 있다. 브랜드 이름, 품질, 이벤트 스폰서쉽 정보들은 일반적으로 고상황-집단주의이며 불확실성 회피성향이 강한 문화에 속하는 중국 광고에서 두드러지게 나타나는 단서이나, 전통 문화적으로 상이한 차이를 보이고 있는 미국의 인터넷 광고에서 많이 포함하고 있는 것은 전통 문화적 차이라기보다는 정보문화와 온라인 마케팅 환경 특성에 기인하는 것으로 볼 수 있다.

브랜드가 제시하는 명백한 보상수준을 보면 미국이 중국에 비해 사용빈도가 높은 것으로 나타났다. 이는 미국이 중국에 비해 인터넷을 통합마케팅이나 판촉차원에서 다양하게 활용하는데서 기인하는 것으로 볼 수 있으며, 온라인 산업시장이나 기술적인 측면에서 미국이 상당히 발전했기 때문에 나타난 결과라고 볼 수 있다. 짧은 인터넷 역사로 인해 중국은 광고주들에게 인터넷과 온라인을 통한 마케팅이 아직까지는 확대되지 못했기 때문에 인터넷을 비즈니스를 위한 도구로 고려하고 있지 못한 실정이다.

구매정보, 가격/가치, 안전성에 관한 정보의 포함여부를 보면 미국이 중국보다 높게 나타났는데, 이는 전통 문화적 차이에 기인하는 것으로 미국과 같은 저상황-개인주의 문화에서는 논리적이며, 명백하고 직접적인 메시지를 사용하기 때문에 제품에 대한 구매정보와 가격정보를 포함하고 있는 것으로 볼 수 있으며, 개인주의 문화에 속하는 미국에서는 법이나 규범과 같은 보편적 원칙이 우선 시 되며, 과학과 기술을 중시하는 국가이므로 제품의 사용으로 보장되는 안전에 관련된 정보를 많이 사용하는 것으로 나타났다.

〈표 5-42〉 인터넷 광고의 중국-미국 간 정보내용 비교

정보내용 \ 국 가	중국(%)	미국(%)	x^2	유의도
브랜드 이름	181(90.5)	194(97)	7.212	.007
제품범주	125(62.5)	194(97)	73.703	.000
인센티브	25(12.5)	181(90.5)	243.579	.000
목표소비자	16(8)	93(46.5)	74.769	.000
구매정보	77(38.5)	123(61.5)	21.160	.000
가격/가치	22(11)	96(48)	65.825	.000
품 질	25(12.5)	114(57)	87.334	.000
성 능	36(18)	66(33)	11.844	.001
성분/내용	50(25)	127(63.5)	60.085	.000
특별제공	28(14)	99(49.5)	58.158	.000
보 증	62(31)	98(49)	13.500	.000
안전성	7(3.5)	27(13.5)	12.858	.000
독립기관의 조사	1(.5)	5(2.5)	2.707	.100
새로운 아이디어	2(1)	1(.5)	.336	.562
이벤트 스폰서쉽	28(14)	99(49.5)	58.158	.000

특별제공의 사용빈도를 보면 미국의 인터넷 광고가 더 많이 포함하고 있는 것으로 나타났다. 미국은 중국보다 도구문화가 발달한 국가로 이러한 도구문화를 바탕으로 인터넷 이용수준이 높고 전자상거래가 활발하게 이루어져 인터넷 광고 산업이 발전하게 된 것은 할인, 사은품 증정과 같은 판매 이벤트관련 정보의 사용으로 인터넷 이용자들을 구매고객으로 유인하기 위한 것이라고 할 수 있다.

예컨대 미국은 정보문화 측면에서 정보통신 기술 및 서비스의 발달로 인터넷 보급이 확산되었고, 정부규제로부터 비교적 자유로운 정보화 관련 법 및 제도적 환경으로 정보문화가 덜 발달한 중국보다 다양하고 많은 정보를 인터넷 광고에 포함하고 있는 것으로 나타났다. 또한 인터넷 이용자의 수가 많고 전자상거래도 활발하게 이루어지고 있어 인터넷 광고 산업 또한 괄목할만한 성장세를 보이고 있다. 결국 미국은 발전한 정보문화와 온라인 마케팅 환경으로 인해 많은 정보를 인터넷 광고에 포함하는 것으로 나타났다.

따라서 중국과 미국은 디지털 거리의 상대적 거리 때문에 인터넷 광고의 정보내용에 있어서 가장 현격한 차이를 나타내고 있다.

〈표 5-43〉 중국과 미국 인터넷 광고의 정보성에
대한 T-검증표

구 분	평균(n)	표준편차	t	df	유의도
중 국	4.27(200)	1.7833	-17.173	328.984	.000
미 국	7.585(200)	2.925			

한편, 중국과 미국의 인터넷 광고에 나타난 정보성을 비교한 결과 두 국가 사이에 유의미한 차이가 있는 것으로 나타났다 (〈표 5-43〉). 전체 인터넷 광고에 나타난 정보성을 보면 미국(M =7.585)이 중국(M=4.27)보다 많은 양의 정보를 인터넷 광고에 포함하고 있는 것으로 나타났다.

예측한대로 중국과 미국은 정보문화뿐만 아니라 온라인 마케팅 환경에 있어서도 커다란 차이를 보이고 있기 때문에 나타난 결과라고 할 수 있으며, 중국과 미국의 인터넷 광고의 정보성은 정보문화와 온라인 마케팅 환경의 비유사성에 기인한다고 볼 수 있다. 따라서 중국과 미국의 인터넷 광고는 전통 매체광고와 달리 인터넷이 지닌 매체적 특성으로 인해 정보문화와 온라인 마케팅 환경의 유사성이 전통 문화의 유사성보다 인터넷 광고의 정보내용에 있어서 인터넷 광고를 통한 국제광고 캠페인 수행 정도를 예견하는데 보다 유용할 것이라는 점을 시사하고 있다.

2개 국가 간의 광고를 각각 비교한 결과, 한국-미국 간 인터넷 광고와 한국-중국 간 인터넷 광고가 중국-미국 간 인터넷 광고보다 유사성이 유의적으로 크게 나타났다. 즉 정보문화와 온라인 마케팅 환경 특성이 모두 다른 중국과 미국의 인터넷 광고가 전통문화(Hofstede와 Hall의 문화적 특성)만 다른 한국과 미국의 경우와 전통문화만 유사한 한국과 중국의 경우보다 차별화 성향이 강한 것으로 해석할 수 있다. 예컨대 중국의 인터넷 광고를 미국에서 집행할 경우 한국에서 집행할 때보다 현지화 (차별화) 정도를 더 높여야 하며 표준화 정도는 오히려 약화될 수 있다. 한편 한국-중국과 한국-미국 인터넷 광고의 정보성 차이의 경우 한국과 미국의 정보성 차이가 덜 나타나는 것은 전통문화의 유사성보다 정보문화와 온라인 마케팅 환경의 유사성에 기인하는 것으로 한국의 인터넷 광고를 미국에서 집행할 경우 중국에서 집행할 때보다 표준화 정도가 크다고 할 수 있다.

따라서 디지털 거리에 따라 한국과 중국, 한국과 미국, 중국과 미국 두 국가 사이의 정보내용과 정보성에는 유의미한 차이가 있을 것이다 라는 〈연구가설 4〉는 지지되었다. 또한 정보내용의 적용에 있어 한국과 중국 인터넷 광고 간 차이의 정도는 한국과 미국 인터넷 광고 간 차이의 정도보다 클 것이다 라는 〈연구가설 4-1〉과 정보내용의 적용에 있어 중국과 미국 인터넷 광고 간 차이의 정도는 한국과 미국 인터넷 광고 간 차이의 정도보다 클 것이다 라는 〈연구가설 4-2〉 그리고 정보내용의 적용에 있어 중국과 미국 인터넷 광고 간 차이의 정도는 한국과 중국 인터넷 광고 간 차이의 정도보다 클 것이다 라는 〈연구가설 4-3〉은 지지되었다.

2) 국가군별 인터넷 광고의 표현전략 검증결과

한국·중국·미국 세 국가 사이에서 유의미한 차이를 보인 표현전략을 대상으로 디지털 거리에 따라 한국과 중국, 한국과 미국, 중국과 미국 세 쌍으로 나누어 두 국가 사이의 표현전략과 다양성에는 유의미한 차이가 나타나는지 알아보기 위한 세부검증을 실시하였다.

(1) 한국과 중국

한국과 중국 인터넷 광고에 나타난 표현전략을 비교한 결과 대체로 유의미한 차이가 발견되었다(〈표 5-44〉). 표현전략에 대한 총 13개의 하위유목 가운데, 선제 공격적 전략, 공명전략, 정서소구 전략을 제외한 모든 유목에서 유의미한 차이가 발견되었다.

먼저 정보전략을 보면 중국이 한국보다 조금 높은 사용빈도를 보였다. 정보전략은 사실위주의 명백한 결론을 선호하는 개인주의 또는 저상황 문화권에서 사용되는 전략이나, 고상황집단주의 문화권에 속하는 중국광고에서 높게 나타난 것은 정보문화의 영향에 기인하는 것으로 볼 수 있다. 예측한대로 중국은 한국에 비해 정보통신 인프라가 상당히 낙후되었기 때문에 다양한 멀티미디어적 요소를 사용하는데 있어서 디지털 기술의 부족으로 정보전략을 많이 이용하는 것으로 볼 수 있다. 논증정보는 개인주의 문화에서 사용하는 전략으로 한국이 중국보다 사용빈도가 높게 나타났으나 거의 차이가 나타나지 않는 것은 한국과 중국은 집단주의 문화로 이 전략은 전통문화에 기인하는 것으로 볼 수 있다.

심리적 소구의 사용에 있어서 한국이 중국에 비해 사용빈도가 훨씬 높은 것으로 나타났다. 이 전략은 고상황 문화에 속하며 집단주의 성향이 높은 문화에서 많이 이용하는 전략으로 이러한 문화권에 속하는 두 국가의 경우 차이가 나타나는 것은 예상했던 대로 정보통신기술을 기반으로 정보문화가 발달한 한국은 디지털 기술을 활용하여 정보를 시각적(visual) 메시지로 확대하여 사용함으로써 소비자의 이용욕구를 창출할 수 있도록 감정적 동기유발에 관한 심리적 소구전략을 많이 사용하는 것으로 볼 수 있다. 심리적 소구전략은 위에서 설명한 정보전략과는 차이가 있는 것으로 정보전략의 의존도가 높은 중국은 상대적으로 심리적 소구의 사용빈도가 낮을 수밖에 없다.

구매유인 역시 한국이 중국에 비해 사용빈도가 높은 것으로 나타났다. 한국은 도구문화의 발달로 인터넷 이용수준이 현저히 높고 전자상거래도 활발하게 이루어지고 있으며 인터넷 광고 산업 또한 성장했기 때문에 소비자들에게 다양한 형태의 경품이나 할인 등 소비자들을 "구매고객"으로 유인하는 표현전략을 자주 사용함으로써 인터넷 광고를 마케팅 커뮤니케이션의 도구로 활용하고 있는 것으로 볼 수 있다.

브랜드 친숙 전략의 사용을 보면 한국이 사용빈도가 가장 높게 나타났으며 이 전략은 간접적인 어법을 사용하는 집단주의 문화에서 주로 사용되는 전략으로 중국과 차이가 나타나는 것은 한국의 경우 온라인 마케팅 환경이 전반적으르 중국에 비해 발달했기 때문에 기업과 소비자간의 관계구축에 좀 더 많은 배려를 하기 위해 사용하는 것으로 볼 수 있다. 또한 인터넷 이용자들은 정보 및 오락 등의 욕구충족을 위한 기대감으로 스스로 광고에 접근하는 경우가 많기 때문에 정보뿐만 아니라 오락을 동시에 제공해줌으로써 인터넷 이용자가 많은 한국과 미국의 경우 브랜드 친숙 전략을 사용함으로써 소비자와의 브랜드 친화 또는 친밀 관계를 높여 인터넷 이용자의 수를 지속적으로 유지, 증대시키기 위한 시도로 볼 수 있다.

사은전략의 사용 또한 한국이 높게 나타났는데, 이는 구매유인 전략의 사용빈도가 한국이 높은 것과 관련이 있다. 한국은 온라인 산업 환경이 발달한 국가로 정보나 사은품을 무료로 제공하여 소비자에게 만족을 줌으로써 지속적으로 인터넷상에서 전자상거래가 이루어질 수 있도록 이용자들을 구매고객으로 유인하기 위한 것이라고 할 수 있다. 또 이 같은 전략은 경쟁이 치열한 시장상황에서나 선진시장에서 관찰되는 경향이 높으며, 광고규제가 덜 심한 시장에서 자주 이용되는 전략(Benedetto et al, 1992)으로 한국이 중국보다 높게 나타난 것도 한국은 전사상거래가 활발하게 이루어지고 있으며, 구범둔화의 발달로 비교적 인터넷 관련 규제가 완화되어 있기 때문이라고 할 수 있다.

 일반적 편익소구전략을 보면 한국이 중국에 비해 높게 나타났는데, 이는 앞의 결과에서 한국이 중국에 비해 인터넷 광고의 정보성이 높은 것과 관련이 있다고 하겠다. 한국은 정보문화의 발달로 인터넷 이용자의 수가 많기 때문에 이들의 인터넷 이용욕구를 충족시켜주기 위해 다양하고 많은 정보를 인터넷 광고에 포함하는 것으로 나타났는데, 이러한 제품과 서비스에 대한 정보를 전달하는 전략으로 일반적 편익소구전략을 많이 사용하는 것으로 볼 수 있다.

〈표 5-44〉 인터넷 광고의 한국-중국 간 표현전략 비교

국 가 \ 표현전략	한국(%)	중국(%)	x^2	유의도
정 보	189(94.5)	199(99.5)	8.591	.003
논 증	16(8)	4(2)	7.579	.006
심리적 소구	138(69)	34(17)	110.322	.000
구매유인	106(53)	19(9.5)	88.076	.000
브랜드 친숙	181(90.5)	39(19.5)	203.677	.000
사은전략	139(69.5)	28(14)	126.658	.000
일반적 편익소구전략	140(70)	31(15.5)	121.362	.000
선제공격적전략	9(4.5)	4(2)	1.988	.159
특장점소구전략	103(51.5)	9(4.5)	109.573	.000
과장광고	26(13)	7(3.5)	11.923	.001
공명전략	7(3.5)	3(1.5)	1.641	.2
포지셔닝전략	16(8)	6(3)	4.81	.028
정서소구전략	80(40)	66(33)	2.114	.146

　　특장점 소구전략 또한 일반적 편익소구전략과 마찬가지로 인터넷 광고의 정보성과 관련 있는 것으로 정보문화가 발달한 한국의 사용빈도가 높은 것은 당연한 결과라고 할 수 있다. 또한 이 소구전략은 제품수명 주기상의 도입기나 성장기에 일반적으로 많이 사용하는 전략으로 인터넷 광고비용 지출이 많은 한국이 광고전략의 합리화라는 측면에서 사용빈도가 높게 나타났다. 과장광고와 포지셔닝 전략에서 유의미한 차이가 있는 것으로 나

타났으나 사용빈도가 대체로 낮기 때문에 문화적 특성과 온라인 마케팅 환경적 특성을 적용하여 설명하는데 있어서 다소 무리가 있다고 하겠다. 그밖에 선제공격적 전략, 공명전략, 정서소구전략에서는 유의미한 차이가 발견되지 않았다.

<표 5-45> 한국과 중국 인터넷 광고의 다양성에 대한 T－검증표

구　　분	평균(n)	표준편차	t	df	유의도
한　　국	5.75(200)	1.562	26.845	335.623	.000
중　　국	2.245(200)	.9848			

한편, 한국과 중국 인터넷 광고의 표현전략의 다양성을 평가한 결과 유의미한 차이가 발견되었으며 한국(M＝5.75)이 중국(M＝2.245)보다 인터넷 광고에 다양한 표현전략을 사용하는 것으로 나타났다(<표 5-45>).

예측한대로 한국이 중국에 비해 인터넷 광고에 다양한 표현전략을 사용하는 것으로 나타났다. 한국과 중국은 서로 상이한 정보문화와 온라인 마케팅 환경을 지니고 있기 때문에 표현전략의 다양성에서 두 국가 간에 차이가 나타나는 것으로 인터넷 광고에 있어서 크리에이티브 기술은 정보통신기술을 기반으로 하는 정보문화와 온라인 마케팅 환경과 관련이 크기 때문에 디지털 기술이 발달하지 못한 중국에 비해 한국이 인터넷 광고에 다양한 표현전략을 사용함으로써 인터넷 이용자의 욕구 즉, 정보 및 오락 추구욕구를 충족시켜주기 위한 것으로 볼 수 있다.

한국과 중국의 경우 유사한 전통문화(고상황－집단주의)를 지니고 있으나, 인터넷 광고에 사용된 표현전략에 있어서 커다란

차이를 보이는 것은 표현전략의 경우도 전통문화보다는 정보문
화와 온라인 마케팅 환경이 커다란 영향을 미치는 것으로 볼 수
있으며, 한국과 중국은 정보문화와 온라인 마케팅 환경이 서로
상이하기 때문에 인터넷 광고에 나타난 표현전략에 있어서 국가
간 차이를 보인 것으로 설명할 수 있다.

(2) 한국과 미국

한국과 미국 인터넷 광고에 나타난 표현전략을 비교한 결과 대
체로 유의미한 차이가 발견되었다(〈표 5-46〉). 표현전략에 대한
총 13개의 하위유목 가운데, 선제 공격적 전략과 포지셔닝 전략을
제외한 모든 유목에서 유의미한 차이가 발견되었다.

먼저 정보전략을 보면 한국이 미국의 인터넷 광고보다 조금
높은 사용빈도를 보였는데 정보전략은 사실위주의 명백한 결론
을 선호하는 개인주의 또는 저상황 문화권에서 사용되는 전략이
지만, 고상황－집단주의 문화권에 속하는 한국 광고에서 높게
나타난 것은 의외의 결과라고 할 수 있다.

논증전략을 보면 미국이 한국보다 사용빈도가 높게 나타났는
데, 논증은 불확실성 회피성향이 낮은 개인주의 문화에 속하는
미국에서 주로 사용하는 표현전략으로 미국에서는 감정보다는 논
리적 가치를 강조하는 광고를 선호하는 경향이 있으며(Zandpour
& Harich, 1996), 개인주의 문화에 속하는 미국에서는 논쟁이나
갈등이 자연스러운 것으로 받아들여지는 반면, 한국과 같이 고상
황－집단주의 성향이 강한 나라에서는 논쟁이나 갈등은 위협적인
것으로 간주되기 때문으로 사용빈도가 낮은 것으로 나타났다.

심리적 소구의 사용의 사용에 있어서 한국이 미국에 비해 사용
빈도가 훨씬 높은 것으로 나타났다. 예상했던 대로 고상황 문화

에 속하며 집단주의 성향이 높은 문화의 전향인 한국의 인터넷 광고에서 심리적 소구를 통한 동기유발전략이 현저히 높았다.

〈표 5-46〉 인터넷 광고의 한국－미국 간 표현전략 비교

국 가 표현전략	한국(%)	미국(%)	x^2	유의도
정　보	189(94.5)	147(73.5)	32.817	.000
논　증	16(8)	43(21.5)	14.494	.000
심리적 소구	138(69)	60(30)	65.651	.000
구매유인	106(53)	86(43)	4.006	.045
브랜드 친숙	181(90.5)	157(78.5)	10.994	.001
사은전략	139(69.5)	74(37)	42.429	.000
일반적 편익소구전략	140(70)	79(39.5)	37.549	.000
선제공격적전략	9(4.5)	12(6)	.452	.501
특장점소구전략	103(51.5)	66(33)	14.027	.000
과장광고	26(13)	10(5)	7.814	.005
공명전략	7(3.5)	18(9)	5.163	.023
포지셔닝전략	16(8)	13(6.5)	.335	.53
정서소구전략	80(40)	5(2.5)	84.034	.000

　구매유인을 보면 한국이 미국보다 약간 높게 나타났는데 이는 한국이 미국에 비해 인센티브나 특별제공 정보를 인터넷 광고에 많이 포함하고 있는 것과 관련이 있다. 특히 이 소구전략은 인터넷 이용 수준이 현저히 높은 두 국가의 경우 전반적인 온라인 산업 환경에 따른 크리에이티브 기술의 발달과 아울러 한국의

경우 집단주의 기질을 감안해 상징을 활용한 심리소구의 의존도가 높은 탓도 있다. 사은전략의 사용 또한 한국이 높게 나타났는데, 이는 구매유인 전략의 사용빈도가 한국이 높은 것과 관련이 있다.

브랜드 친숙 전략의 사용을 보면 한국이 사용빈도가 가장 높게 나타났으며, 이는 브랜드 친숙 전략이 간접적인 어법을 사용하는 집단주의 문화에서 주로 사용될 것이라는 예측을 뒷받침해 주고 있다. 일반적 편익소구전략과 특장점 소구전략 역시 한국의 사용빈도가 높게 나타났는데 이는 한국의 전자상거래 사이트 이용률이 미국보다 높기 때문에 전자상거래 사이트 이용자에게 다양한 전략을 사용하여 많은 정보를 제공하고 있는 것으로 나타났다.

과장광고의 경우 한국의 사용빈도가 약간 높게 나타났는데 이 전략은 한가지의 편익을 극단적으로 과장해서 소비자에게 전달하는 전략으로 논리적이며 명백한 메시지를 사용하는 미국에서 사용빈도가 낮게 나온 것은 당연한 결과라고 할 수 있다.

정서소구전략의 경우 한국이 미국에 비해 훨씬 높게 나타났는데, 이는 간접적이고 함축적인 메시지를 사용하는 고상황－집단주의 문화에서 많이 사용하는 전략으로 이러한 문화에 속하는 한국에 적용될 것이라는 예측을 뒷받침해주고 있다. 그밖에 선제 공격적 전략과 포지셔닝 전략에서는 두 국가 간에 유의미한 차이가 발견되지 않았다.

224

〈표 5-47〉한국과 미국 인터넷 광고의 다양성에
대한 T-검증표

구 분	평균(n)	표준편차	t	df	유의도
한 국	5.75(200)	1.562	10.699	376.585	.000
미 국	3.835(200)	1.919			

한편, 한국과 미국 인터넷 광고의 표현전략의 다양성을 평가
한 결과 유의미한 차이가 발견되었으며, 한국(M=5.75)이 미국
(M=3.3835)보다 인터넷 광고에 다양한 표현전략을 사용하는 것
으로 나타났다(〈표 5-47〉).

예측한대로 전통문화의 영향으로 한국은 인터넷 광고에 심리
적 소구, 브랜드 친숙, 정서소구전략을 많이 포함하고 있었으며
미국은 논증전략을 많이 포함하고 있었다. 그러나 미국의 인터
넷 광고에서 많이 사용할 것으로 예측되었던 정보전략의 경우
한국이 많이 사용하는 것으로 나타난 것은 의외의 결과라고 할
수 있다. 이 밖에 구매유인, 사은전략, 일반적 편익소구전략, 특
장점 소구 전략의 경우 한국이 미국보다 사용빈도가 높게 나타
난 것은 전자상거래 사이트 이용률에 있어서 한국이 1위를 차지
하고 있는 것과 관련이 있는 것으로 보인다.

전체적으로 볼 때 한국과 미국의 인터넷 광고에 사용된 표현
전략의 경우 표현전략의 다양성에 있어서 차이를 보이고 있으나
한국과 중국의 인터넷 광고와 달리 차이가 적게 나타나는 것은
유사한 정보문화와 온라인 마케팅 환경에 기인하는 것으로 볼
수 있다. 따라서 한국과 미국의 인터넷 광고는 전통문화(고상황-
저상황, 개인주의-집단주의)와 함께 온라인 마케팅 환경이 부분
적으로 영향을 미친 것으로 볼 수 있다.

(3) 중국과 미국

　중국과 미국 인터넷 광고에 나타난 표현전략을 비교한 결과 대체로 유의미한 차이가 발견되었다(〈표 5-48〉). 표현전략에 대한 총 13개의 하위유목 가운데, 과장광그와 포지셔닝 전략을 제외한 모든 유목에서 유의미한 차이가 발견되었다.

　먼저 정보전략을 보면 중국이 미국의 인터넷 광고보다 조금 높은 사용빈도를 보였다. 정보전략은 사실위주의 명백한 결론을 선호하는 개인주의 또는 저상황 문화권에서 사용되는 전략이지만, 고상황−집단주의 문화권에 속하는 중국광고에서 높게 나타난 것은 중국이 미국에 비해 정보통신 인프라가 상당히 낙후되었기 때문에 다양한 멀티미디어적 요소를 사용하는데 있어서 디지털 기술이 뒷받침되지 않기 때문에 정보전략을 이용하는 것으로 볼 수 있다. 논증전략을 살펴보면 미국이 중국에 비해 사용빈도가 높게 나타났는데, 논증은 불확실성 회피성향이 낮은 개인주의 문화에서 주로 나타나는 표현전략으로 당연한 결과라고 할 수 있다.

　심리적 소구의 사용에 있어서 미국이 중국에 비해 사용빈도가 훨씬 높은 것으로 나타났다. 심리적 소구전략은 고상황 문화에 속하며 집단주의 성향이 높은 문화에서 사용하는 전략이나 저상황−개인주의 문화에 속하는 미국의 사용빈도가 높은 것은 예상했던 대로 정보통신기술을 기반으로 정보문화가 발달한 미국의 경우 디지털 기술을 활용하여 정보를 시각적(visual)메시지로 확대하여 사용함으로써 많은 소비자의 기용욕구를 창출할 수 있도록 감정적 동기유발에 관한 심리적 소구전략을 많이 사용하는 것으로 볼 수 있다.

　구매유인 역시 미국이 중국에 비하 사용빈도가 높은 것으로 나타났다. 미국은 도구문화의 발달로 인터넷 이용수준이 현저히 높고 전자상거래도 활발하게 이루어지고 있으며 인터넷 광고 산업 또한 성장했기 때문에 소비자들을 "구매고객"으로 유인하는 이 같은 표현전략을 자주 사용함으로써 인터넷 광고를 마케팅 커뮤니케이션의 도구로 활용하고 있는 것으로 볼 수 있다.

브랜드 친숙 전략의 사용을 보면 미국이 중국보다 사용빈도가 높은 것으로 나타났다. 브랜드 친숙 전략은 간접적인 어법을 사용하는 집단주의 문화에서 주로 사용하는 전략이나 개인주의 문화에 속하는 미국의 사용빈도가 높게 나타난 것은 미국의 경우 온라인 마케팅 환경이 전반적으로 중국보다 발달했기 때문에 인터넷을 통해 기업은 소비자와의 지속적인 관계를 형성하기 위한 배려로 이 같은 전략을 많이 사용하는 것으로 볼 수 있다. 또한 인터넷 이용자들은 정보 및 오락 등의 욕구충족을 위한 기대감으로 스스로 광고에 접근하는 경우가 많기 때문에 정보뿐만 아니라 오락을 동시에 제공해줌으로써 인터넷 이용자가 많은 미국의 경우 브랜드 친숙 전략을 사용함으로서 소비자와의 브랜드 친화 또는 친밀 관계를 높여 인터넷 이용자의 수를 지속적으로 유지, 증대시키기 위한 시도로 볼 수 있다.

사은전략의 사용 또한 미국이 높게 나타났는데, 미국은 온라인 산업 환경이 발달한 국가로 정보나 사은품을 무료로 제공하여 소비자에게 만족을 줌으로써 지속적으로 인터넷상에서 전자상거래가 이루어질 수 있도록 이용자들을 구매고객으로 유인하기 위한 것이라고 할 수 있다. 이것은 미국이 인터넷상에서 제품에 대한 구매율이 높은 것과도 관련이 있다고 하겠다. 또 이 같은 전략은 경쟁이 치열한 시장상황에서나 선진시장에서 관찰되는 경향이 높으며, 광고규제가 덜 심한 시장에서 자주 이용되는 전략(Benedetto et al, 1992)으로 미국이 중국에 비해 높게 나타난 것도 미국은 전사상거래가 활발하게 이루어지고 있으며, 규범문화의 발달로 비교적 인터넷 관련 규제가 완화되어 있기 때문이라고 할 수 있다.

일반적 편익소구전략을 보면 미국이 중국에 비해 높게 나타났는데, 미국은 정보문화의 발달로 인터넷 이용자의 수가 많기 때문에 이들의 인터넷 이용욕구를 충족시켜주기 위해 다양하고 많은 정보를 인터넷 광고에 포함하고 있으며, 제품과 서비스에 대한 정보를 전달하는 전략으로 일반적 편익소구전략을 많이 사용하는 것으로 볼 수 있다. 특장점 소구전략의 경우 미국의 사용빈도가 높은 것으로 나타났는데 특장점 소구전략은 제품수명 주기상의 도입기나 성장기에 일반적으로 많이 사용하는 전략으로 인터넷 광고비용 지출이 많은 미국이 광고전략의 합리화라는 측면에서 사용빈도가 높게 나타났다.

〈표 5-48〉 인터넷 광고의 중국-미국 간 표현전략 비교

국 가 표현전략	중국(%)	미국(%)	x^2	유의도
정 보	199(99.5)	147(73.5)	57.889	.000
논 증	4(2)	43(21.5)	36.67	.000
심리적 소구	34(17)	60(30)	7.525	.006
구매유인	19(9.5)	86(43)	57.969	.000
브랜드 친숙	39(19.5)	157(78.5)	139.296	.000
사은전략	28(14)	74(37)	27.846	.000
일반적 편익소구전략	31(15.5)	79(39.5)	28.89	.000
선제공격적전략	4(2)	12(6)	4.167	.041
특장점소구전략	9(4.5)	66(33)	53.317	.000
과장광고	7(3.5)	10(5)	.553	.457
공명전략	3(1.5)	18(9)	11.308	.001
포지셔닝전략	6(3)	13(6.5)	2.708	.1
정서소구전략	66(33)	5(2.5)	63.718	.000

정서소구전략의 경우 중국이 미국에 비해 훨씬 높은 사용빈도를 보이고 있는데, 이는 간접적이고 함축적인 메시지를 사용하는 고상황-집단주의 문화에서 주로 사용하는 전략으로 이러한 문화에 속하는 중국이 인터넷 광고에 많이 사용하는 것은 당연한 결과라고 할 수 있다. 이 밖에도 공명전략과 선제 공격적 전략에서 두 국가 간에 유의미한 차이가 있는 것으로 나타났으나 사용빈도가 대체로 낮기 때문에 문화적 특성과 온라인 마케팅 환경적 특성을 적용하여 설명하는데 있어서 다소 무리가 있다고

하겠다.

<표 5-49> 중국과 미국 인터넷 광고의 다양성에
대한 T-검증표

구 분	평균(n)	표준편차	t	df	유의도
중 국	2.245(200)	.9848	−10.12	290.800	.000
미 국	3.835(200)	1.9919			

한편, 중국과 미국 인터넷 광고의 표현전략의 다양성을 평가한 결과 유의미한 차이가 발견되었으며 미국(M=3.835)이 중국(M=2.245)보다 인터넷 광고에 다양한 표현전략을 사용하는 것으로 나타났다(<표 5-49>).

예측한대로 미국이 중국에 비해 인터넷 광고에 다양한 표현전략을 사용하는 것으로 나타났다. 미국과 중국은 문화적 특성뿐만 아니라 온라인 마케팅 환경이 모두 상이하기 때문에 표현전략의 다양성에서 두 국가 간에 차이가 나타나는 것으로 인터넷 광고에 있어서 크리에이티브 기술은 정보통신기술을 기반으로 하는 정보문화와 온라인 마케팅 환경과 관련이 크기 때문에 디지털 기술이 발달하지 못한 중국에 비해 미국이 인터넷 광고에 다양한 표현전략을 사용함으로써 인터넷 이용자의 욕구 즉, 정보 및 오락 추구욕구를 충족시켜주기 위한 것으로 볼 수 있다. 따라서 중국과 미국의 인터넷 광고에 나타난 표현전략의 차이는 정보문화와 온라인 마케팅 환경이 중요한 설명요인으로 작용한 것으로 보이며 전통문화도 부분적으로 반영된 것으로 볼 수 있다.

종합적으로 볼 때, 2개 국가 간의 광고를 각각 비교한 결과 한국-중국 간 인터넷 광고의 차이가 한국-미국 간, 중국-미국 간 인터넷 광고보다 차이가 더 높은 것으로 나타났다. 즉 전통문화(고상황-집단주의)는 유사하나 정보문화와 온라인 마케팅 환경이 상이한 한국과 중국의 인터넷 광고가 문화적 특성(전통문화와 정보문화)과 온라인 마케팅 환경 특성이 모두 다른 중국과 미국의 인터넷 광고와 전통문화(고상황-저상황, 개인주의-집단주의)만 상이한 한국과 미국의 경우보다 차별화 성향이 강한 것으로 해석할 수 있다. 따라서 한국과 중국 인터넷 광고의 경우 전통문화의 유사성보다 정보문화와 온라인 마케팅 환경의 유사성에 기인하는 것으로 디지털 거리가 멀면 멀수록 표현전략에 있어서 차별화 정도가 크다고 할 수 있다. 예컨대 중국의 인터넷 광고를 한국에서 집행할 경우 미국에서 집행할 때보다 현지화(차별화) 정도를 더 높여야 하며 표준화 정도는 오히려 약화될 수 있다.

그러나 정보문화와 온라인 마케팅 환경이 유사한 한국과 미국이 문화적 특성과 온라인 마케팅 환경이 모두 상이한 중국과 미국보다 표현전략의 다양성에 있어서 차이가 작은 것은 의외의 결과라고 할 수 있다. 이러한 결과는 인터넷 광고종류별 중국과 미국 두 국가 간 표현전략의 다양성을 측정하기 위한 t-검증결과 중국과 미국의 배너 광고와 틈입형 광고에서 유의미한 차이가 발견되지 않은 것과 관련이 있는 것으로 볼 수 있다. 결국 중국은 온라인 환경의 역사와 수준이 한국과 미국보다 뒤떨어졌기 때문에 크리에이티브 기술이 발달하지 못해 인터넷 광고종류별 표현전략과 다양성의 차이가 거의 없기 때문으로 해석할 수 있다.

따라서 디지털 거리에 따라 한국과 중국, 한국과 미국, 중국과 미국 두 국가 간 인터넷 광고의 표현전략과 다양성에는 유의미한 차이가 있을 것이다 라는 〈연구가설 5〉는 지지되었다. 또한 표현전략의 적용에 있어 한국과 중국 인터넷 광고 간 차이의 정도는 한국과 미국 인터넷 광고 간 차이의 정도보다 클 것이다 라는 〈연구가설 5-1〉은 지지되었으나, 표현전략의 적용에 있어 중국과 미국 인터넷 광고 간 차이의 정도는 한국과 미국 인터넷 광고 간 차이의 정도보다 클 것이다 라는 〈연구가설 5-2〉와 표현전략의 적용에 있어 중국과 미국 인터넷 광고 간 차이의 정도는 한국과 중국 인터넷 광고 간 차이의 정도보다 클 것이다 라는 〈연구가설 5-3〉은 기각되었다.

3. Concept Mapping에 의한 연구결과

다차원 개념도는 각 개념의 표준 적재치를 이용하여 그림으로 나타낸 것으로 한국·중국·미국 세 국가와 인터넷 광고의 정보내용과 표현전략의 동시발생 관계를 보여준다. 이는 통계적 유의성 검증결과에 근거한 것은 아니며, 변인들 사이의 상대적 거리와 상호관계를 보여주는 질적 분석이라고 할 수 있다.

본 연구에서 제시한 다차원 개념도는 한국·중국·미국 세 국가 사이에서 자주 발생하는 인터넷 광고의 정보내용과 표현전략이 무엇인지를 비교하는데 보다 분명한 통찰력을 제공한다.

1) 정보내용

한국·중국·미국 세 국가와 인터넷 광고의 정보내용 그리고 인터넷 광고종류별 정보내용과의 관계를 다차원 개념도를 통해 살펴보았다. 〈그림 5-1〉은 한국·중국·미국 세 국가와 인터넷 광고의 정보내용에 대한 표준 적재치(〈표 5-50〉)를 그림으로 나타낸 것이다. 이 그림은 한국·중국·미국 세 국가와 인터넷 광고의 정보내용을 구성하는 요인들과의 동시발생 관계를 보여준다.

Concept Mapping 결과 브랜드 이름, 특별제공, 이벤트 스폰서쉽, 새로운 아이디어, 제품범주, 품질 정보는 한국에 근접한 반면, 목표소비자, 가격/가치, 안전성, 성분, 보증, 구매안내, 인센티브는 미국에 더욱 가까이 나타났다.

〈표 5-50〉 한국·중국·미국 세 국가와 정보내용의
표준 적재치

개　념	크　기	수　평	수　직
브랜드 이름	0.95	0.03	0.31
제품범주	0.98	0.06	0.19
인센티브	0.95	0.18	−0.26
목표소비자	0.87	−0.41	−0.29
구매정보	0.98	−0.16	0.13
가격/가치	0.91	−0.31	−0.27
품　질	1.00	0.09	−0.00
성　능	0.89	−0.43	0.17
성분/내용	0.99	−0.13	0.07
특별제공	0.87	0.43	−0.23
보　증	0.95	−0.25	0.20
안전성	0.70	−0.71	−0.13
독립기관의 조사	0.76	−0.65	−0.06
새로운 아이디어	0.44	0.83	0.34
이벤트 스폰서쉽	0.87	0.45	−0.22
한　국	0.68	0.72	0.13
중　국	0.33	−0.22	0.92
미　국	0.78	−0.41	−0.48

　이러한 결과는 통계적 유의성 검증결과와도 일치하는 것으로 다차원 개념도는 통계적 유의성 검증결과를 보다 명확하게 그림으로 보여준다. 보증과 성능은 중국과 미국부터 동일한 거리에 위치한 것으로 나타났으며, 한편 독립기관의 조사는 미국과 거리가 가까운 것으로 나타났다. 이처럼 다차원 개념도는 통계적

유의성 결과에 의해서는 유의미한 차이를 보이지 않았으나 이들 변인간의 관계를 상대적 거리라는 질적 개념으로 통찰하게 하는 보다 분명한 그림을 제공해 준다.

<그림 5-1> 한·중·미 인터넷 광고의 정보내용 속성에 관한 Concept Mapping

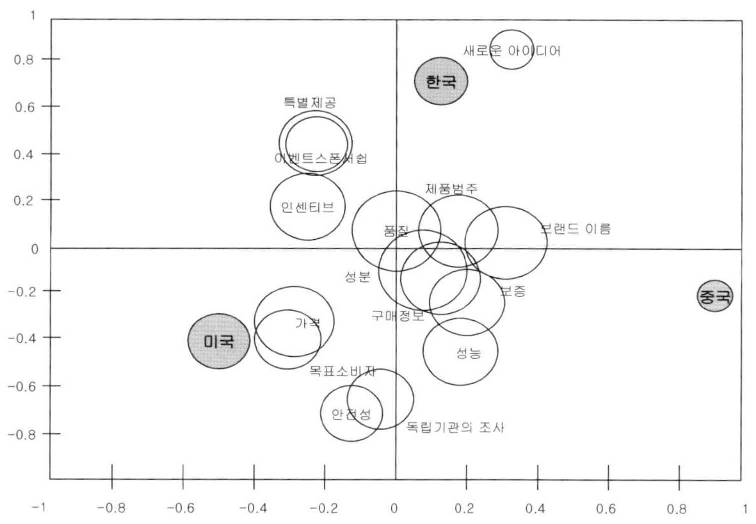

2) 표현전략

<그림 5-2>은 한국·중국·미국 세 국가와 인터넷 광고의 표현전략에 대한 표준 적재치<표 5-51>을 그림으로 나타낸 것이다. 이 그림은 한국·중국·미국 세 국가와 인터넷 광고의 표현전략을 구성하는 요인들과의 동시발생 관계를 보여준다.

〈표 5-51〉 한국·중국·미국 세 국가와 표현전략의
표준 적재치

개 념	크 기	수 평	수 직
정 보	0.92	−0.21	0.34
논 증	0.64	0.62	0.45
심리적 소구	0.97	−0.21	−0.10
구매유인	0.97	0.16	−0.19
브랜드 친숙	0.99	0.12	−0.05
사은전략	0.96	−0.05	−0.27
일반적 편익소구전략	0.99	0.07	−0.15
선제공격적전략	0.69	0.54	0.48
특장점소구전략	0.95	0.23	−0.19
과장광고	0.89	−0.27	−0.36
공명전략	0.61	0.49	0.62
포지셔닝전략	0.87	0.49	−0.01
정서소구전략	0.69	−0.70	0.17
한 국	0.81	−0.27	−0.52
중 국	0.29	−0.60	0.75
미 국	0.59	0.72	0.38

Concept Mapping 결과 심리적 소구, 사은전략, 과장광고, 일반적 편익소구전략, 브랜드 친숙, 구매유인, 특장점 소구전략은 한국에 현저히 가깝게 위치해 있었으며, 논증, 공명전략, 선제 공격적 전략은 미국에 더욱 가까이 나타났다.

이러한 결과는 통계적 유의성 검증결과와도 일치하는 것으로 다차원 개념도는 통계적 유의성 검증결과를 보다 명확하게 그림으로 보여준다. 또한 정보전략과 정서소구전략은 한국과 미국보

다 중국에 가까이 나타났으며, 한편 포지셔닝 전략은 미국에 보다 가까운 것으로 나타났는데 이러한 결과는 통계적 유의성 결과에 의해서는 유의미한 차이를 보이지 않았던 세 국가 사이의 거리를 다차원 개념도는 상대적 빈도의 차이(선제 공격적 전략: 한국－1.5%, 중국－0.7%, 미국－11%, 포지셔닝 전략: 한국－2.7%, 중국－1%, 미국－2.2%)를 이용하여 상대적 군집관계를 보다 분명하게 보여주고 있다.

〈그림 5-2〉 한·중·미 인터넷 광고의 표현전략 속성에
관한 Concept Mapping

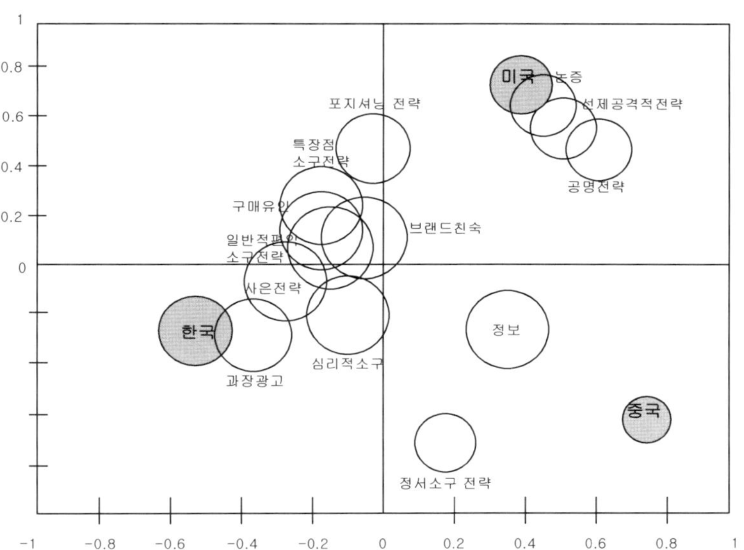

제 6 장 결론에 대신하여

1. 요약 및 결론

본 연구에서는 오프라인 상에서의 국가 간 광고의 표준화-현지화 전략에 대한 논의들을 온라인 상으로 확장하여 인터넷 광고의 표준화-현지화 전략에 대한 논의의 접목 가능성을 모색해보고, 그 가능성을 보다 객관적이고 체계적으로 살펴보기 위해 '정보문화'와 '온라인 마케팅 환경적 특성'이라는 새로운 설명변인을 도입하였다. 이제까지 이루어진 대부분의 연구는 대체로 인터넷의 기술 수준과 인터넷으로서의 독창성에 따른 차별화를 강조하거나 귀납적 차원에서 문화적 차원을 설명요인으로 제시하는 것에 그쳤다.

그러나 본 연구에서는 전통적인 매체광고와 달리 인터넷이 지닌 매체적 특성을 고려하여 인터넷 광고에 미치는 영향요인으로 인터넷을 이용하면서 형성된 정보문화(도구문화와 규범문화)의 특성과 온라인 마케팅 환경적 특성(인터넷 이용자수, 인터넷 쇼핑환경, 인터넷 광고 산업)을 함께 채택하여 국가 간 인터넷 광고의 차이를 살펴봄으로써 정보문화와 온라인 마케팅 환경이 국가 간 인터넷 광고의 정보내용과 표현전략의 기본유형에 미치는 상대적 영향력을 비교 분석하고 국제광고의 쟁점이 되어온 메시지의 표준화와 차별화 시비를 규명해보고자 하였다.

따라서 본 연구는 한국·중국·미국 세 국가를 독립변인으로 하고 정보내용과 표현전략 그리고 기술적 영역을 종속변인으로 하여 인터넷 광고를 대상으로 한국·중국·미국 세 국가의 문화적 특성과 온라인 마케팅 환경이 인터넷 광고의 정보내용과 표현전략에 어떠한 영향을 미치는지 살펴보았다. 또한 각 국가의 문화적 특성과 온라인 마케팅 환경이 인터넷 광고종류(홈페이지, 배너, 틈입형, 스폰서쉽 광고)에 따라 정보내용과 표현전략에 어떠한 차이가 나타나는지 알아보기 위해 인터넷 광고종류를 통제변인으로 사용하였다.

한국·중국·미국 세 국가의 인터넷 광고에 나타난 정보내용, 표현전략 그리고 기술적 영역에 있어서 어떠한 차이를 보이는지에 대한 연구문제에 따른 결과를 요약하면 다음과 같다.

첫째, 한국·중국·미국 세 국가의 인터넷 광고에 나타난 정보내용과 정보성은 국가 간 유의미한 차이가 있는 것으로 발견되었다. 또한 인터넷 광고종류별(홈페이지 광고, 배너 광고, 틈입형 광고, 스폰서쉽 광고)로 나타난 정보내용과 정보성에 대한 유의성 검증을 실시한 결과에서도 한국·중국·미국 세 국가 사이에는 유의미한 차이가 발견되었다. 결국 한국·중국·미국 세 국가 간에 나타난 정보내용과 정보성의 차이는 문화적 특성(전통문화와 정보문화), 온라인 마케팅 환경적 특성 그리고 웹의 기술적 특성이 설명요인으로 작용하였다. 예컨대 인터넷 광고의 정보단서 가운데 제품범주, 인센티브, 목표소비자, 보증, 새로운 아이디어 정보는 전통 문화적 요소보다는 정보문화와 온라인 마케팅 환경특성에 관련된 요소의 차이가 설명력이 높은 것으로 나타났으며, 품질, 특별제공, 이벤트 스폰서쉽, 구매안내, 가격/가치, 안전성 정보는 대체로 전통 문화적 상이성에 의해 설명이 가능하였다.

그러나 한국과 중국과 같이 유사한 전통 문화권(고상황-집단주의, 강한 불확실성 회피성향)에 속하는 두 국가의 경우 정보내용과 정보성에서 현격한 차이를 나타내고 있는 것과 상이한 전통문화를 지닌 한국과 미국의 경우 정보성에서 커다란 차이를 보이지 않는 것은 정보문화와 온라인 마케팅 환경인 지닌 영향력의 지배력이 더욱 큰 것으로 나타났다. 예컨대 품질정보의 경우 전통문화(고상황-집단주의)의 영향으로 한국의 인터넷 광고에 많이 포함하고 있는 것으로 나타난 반면, 한국과 유사한 전통문화를 지닌 중국보다 미국의 사용빈도가 높은 것은 정보문화와 온라인 마케팅 환경요인의 영향력이 우세하다는 결론이다. 따라서 한국·중국·미국 세 국가의 인터넷 광고에 나타난 정보내용과 정보성은 정보문화와 온라인 마케팅 환경적 특성과 함께 전통문화가 복합적으로 작용한 것으로 평가되었다. 정보내용에서 유의성이 드러나지 않은 정보단서들의 경우, 차별화보다는 표준화의 가능성이 오히려 높은 요소들임을 짐작할 수 있다.

둘째, 한국·중국·미국 세 국가의 인터넷 광고에 나타난 표현전략과 다양성은 세 국가 사이에 유의미한 차이가 있는 것으로 발견되었다. 또한 인터넷 광고종류별(홈페이지 광고, 배너 광고, 틈입형 광고, 스폰서쉽 광고)로 나타난 표현전략과 다양성에 대한 유의성 검증을 실시한 결과에서도 한국·중국·미국 세 국가 사이에는 유의미한 차이가 발견되었다. 한국·중국·미국 세 국가 간에 나타난 표현전략과 다양성의 차이는 문화적 특성(전통문화와 정보문화), 온라인 마케팅 환경적 특성 그리고 웹의 기술적 특성이 설명요인으로 작용하였다. 당초 예측한 바와 같이 표현전략의 특성상 언어적 메시지(verbal message)보다는 시각적 메시지(visual message)의 의존도가 높기 때문에 온라인 환경의 역사와 정보통신기술 수준이 발달할수록 표현전략의 세련됨에 미치는 영향은 더욱 클 것이다. 또한 언어적 메시지보다는 시각적 소구를 목표로 하는 크리에이티브는 다른 요인들보다 문화적 민감성이 더욱 클 것으로 보인다.

따라서 표현전략의 요소에 따른 국가별 차이점은 대체로 가설의 근거가 되는 문화 및 온라인 마케팅 환경의 특성을 통해 설명이 가능한 것으로 보인다. 예컨대 논증전략, 정서소구전략은 전통 문화적 상이성에 의해 대체로 설명이 가능한 반면, 심리적 소구, 브랜드 친숙 전략은 문화적 특성(전통문화와 정보문화)과 온라인 마케팅 환경 특성이 복합적으로 작용한 것이라고 할 수 있다. 즉, 심리적 소구와 브랜드 친숙 전략은 전통적 매체광고와 마찬가지로 고상황—집단주의 문화에 속하는 한국이 인터넷 광고에 이 같은 전략을 많이 사용하는 것으로 나타난 반면, 한국과 유사한 전통문화를 지닌 중국이 전통문화가 상이한 미국보다 적은 사용빈도를 보인 것은 정보문화와 온라인 마케팅 환경에 있어서 미국보다 현저히 뒤떨어져 있기 때문에 나타난 결과로 해석할 수 있다.

한편 구매유인, 사은전략, 일반적 편익소구전략, 특장점 소구전략은 정보문화와 온라인 마케팅 환경의 영향을 많이 받는 것으로 나타났다. 한국과 미국은 정보문화의 발달과 이를 기반으로 온라인 마케팅 환경 즉 활발한 전자상거래와 인터넷 광고 산업의 성장으로 이 같은 전략들을 인터넷 광고에 사용함으로써 인터넷 이용자의 정보문화 욕구를 충족시켜줌과 동시에 인터넷 광고를 마케팅 커뮤니케이션의 도구로 활용하고 있는 것으로 해석할 수 있다. 이외에 유의성이 드러나지 않은 표현요소들의 경우 차별화보다는 표준화의 가능성이 높은 요소들임을 짐작할 수 있다.

인터넷 광고종류별(홈페이지 광고, 배너 광고, 틈입형 광고, 스폰서쉽 광고)로 나타난 표현전략을 보면 홈페이지 광고와 스폰서쉽 광고가 대체로 다양한 표현전략을 사용하는 것으로 나났으며 인터넷 광고의 크기와 형식에 따라 표현전략의 사용빈도에 있어서도 차이가 있는 것으로 나타났다.

셋째, 한국·중국·미국 세 국가의 인터넷 광고에 나타나는 기술적 영역은 세 국가 간에 통계적으로 유의미한 차이가 있는 것으로 나타났다. 인터넷 광고에 나타나는 기술적 영역은 정보통신기술의 인프라에 따른 인터넷 광고의 기술적 발전 수준을 알아보기 위한 것이었으나 상호작용성을 제외하고는 세 국가 간에 나타난 차이가 반드시 기술적 수준에 의해 나타난 차이라고만 할 수 없다. 예컨대 정보통신기술에 있어서 낙후된 중국의 인터넷 광고의 경우 한국과 미국 인터넷 광고와 유사한 결과를 보였는데 이는 중국이 정보화의 진전이 급속히 이루어지는 과정에서 나타난 투자의 결과라고 할 수 있다.

그러나 main/first페이지(광고메뉴 이외의 초기화면)와 광고메뉴에서 상호작용 할 수 있는 아이템은 정보문화와 함께 온라인 산업 환경의 영향력이 큰 것으로 나타났다. 상호작용성을 고려한 멀티미디어 유형의 사이트와 광고형식은 문자나 사진으로만 구성된 책보다 더 풍부한 내용과 커뮤니케이션 경험을 소비자에게 전달할 수 있으며, 하이퍼링크를 할 수 있는 컨텐츠는 이용자로 하여금 이용자의 욕구충족과 함께 커뮤니케이션의 풍부한 내용을 경험할 수 있게 한다. 따라서 한국과 미국은 정보통신기술의 발달로 인터넷 이용자의 정보문화욕구를 충족시켜주기 위한 다양한 상호작용 아이템을 갖고 있는 것으로 볼 수 있다.

넷째, 디지털 거리에 따라 한국과 중국, 한국과 미국, 중국과 미국 두 국가 간 인터넷 광고의 정보내용과 정보성에 있어서 통계적으로 유의미한 차이가 있는 것으로 나타났다. 2개국 간의 인터넷 광고를 비교해보면 한국과 미국의 인터넷 광고가 한국과 중국 그리고 중국과 미국의 인터넷 광고보다 유사성이 유의적으로 크게 나타났으며, 특히 중국과 미극 인터넷 광고의 비유사성이 한국과 미국 인터넷 광고의 비유사성보다 더 크게 나타났다.

이는 정보문화와 온라인 마케팅 환경 특성이 모두 상이한 중국과 미국의 인터넷 광고가 디지털 거리의 상대적 거리 때문에 차별화성향이 강한 것으로 해석할 수 있다.

따라서 디지털 거리의 상대적 거리가 멀면 멀수록 인터넷 광고의 차별화전략이 바람직한 반면, 디지털 거리가 가까우면 가까울수록 인터넷 광고의 표준화전략이 바람직한 것을 의미하는 것으로 디지털 거리는 미국과 중국의 경우 차별화전략방식을 채택하게 하는데 기여하는 주 요인이었다는 것을 알 수 있다.

다섯째, 디지털 거리에 따라 한국과 중국, 한국과 미국, 중국과 미국 두 국가 간 인터넷 광고의 표현전략과 다양성에는 유의미한 차이가 있는 것으로 나타났다. 2개국 간의 인터넷 광고를 비교해보면 한국과 미국 그리고 중국과 미국의 인터넷 광고가 한국과 중국의 인터넷 광고보다 디지털 거리의 상대적 거리 때문에 표현전략의 다양성에 있어서 유사성이 유의적으로 크게 나타났으며, 문화적 특성과 온라인 마케팅 환경 특성이 모두 상이한 중국과 미국 인터넷 광고의 차이가 가장 적게 나타났다. 이는 중국과 미국 간 배너 광고와 틈입형 광고에서 유의미한 차이가 발견되지 않은 것에 기인하는 결과라고 할 수 있으며 이로 인해 표현전략의 적용에 있어 중국과 미국 인터넷 광고 간 차이의 정도는 한국과 미국 인터넷 광고 간 차이의 정도보다 클 것이다 라는 연구가설과 중국과 미국 인터넷 광고 간 차이의 정도는 한국과 중국 인터넷 광고 간 차이의 정도보다 클 것이다 라는 연구가설은 기각되었다.

따라서 인터넷 광고의 표현전략과 다양성의 차이는 문화적 특성과 온라인 마케팅 환경 특성에 영향을 많이 받으며, 정보내용과 정보성과 마찬가지로 정보문화와 온라인 마케팅 환경이 표준화할 것인지 또는 차별화 할 것인지를 채택하게 하는데 기여하는 주 요인이었다는 것을 알 수 있다.

결국 정보문화와 온라인 마케팅 환경적 특성의 차이가 국가 간 디지털 거리를 형성하고 이들의 상대적 거리에 따라 국가 간 인터넷 광고의 정보내용과 표현전략에 차이가 있음을 확인했다. 즉, 디지털 거리는 국제광고의 표준화와 차별화(현지화)를 규명하는 척도로 디지털 거리가 가까우면 가까울수록 표준화 경향이 높으며, 반대로 이들 거리가 멀면 멀수록 차별화(현지화)경향이 높다고 할 수 있다. 즉 각 국가의 인터넷 광고의 차별성이 인터넷의 기술적 특성, 문화적 특성, 온라인 마케팅 환경 특성에 의해 적절히 설명되고 있다.

이상의 연구결과들을 토대로 본 연구에서는 몇 가지 시사점을 제시하고자 한다.

첫째, 본 연구는 그동안 인터넷의 기술적 특성, 문화적 요인 그리고 온라인 산업 환경의 상대적 영향력에 대한 논의 없이 대체로 인터넷의 기술 수준과 인터넷으로서의 독창성에 따른 차별화를 강조하거나 귀납적 차원에서 문화적 차원을 설명요인으로 제시하는 것에 그쳤던 것을 보다 객관적이고 체계적으로 분석하기 위해 인터넷 광고에 미치는 영향요인으로 정보문화와 함께 온라인 마케팅 환경적 특성(디지털 거리)이라는 새로운 설명변인을 채택한 통합적 시도로 국가 간 인터넷 광고의 정보내용과 표현전략의 기본유형에 미치는 상대적 영향력을 비교 분석함으로써 국내뿐만 아니라 해외시장을 대상으로 마케팅을 전개하는 광고주들과 마케터들에게 캠페인 운용요령과 방법론적 대안을 제시해 주었다는 점에서 본 연구가 시사하는 바가 크다고 할 수 있다.

따라서 인터넷 광고를 통해 국제광고를 집행할 경우 전통적

매체광고에서와 마찬가지로 Hofstede와 Hall의 문화차원만을 고려하여 광고 캠페인전략을 세우기보다는 인터넷이 지닌 매체적 특성을 고려하여 인터넷을 이용하면서 형성된 정보문화 그리고 온라인 산업 환경을 함께 고려한 광고 캠페인전략을 세우는 것이 바람직하다고 할 수 있다.

둘째, 인터넷 광고에 대한 국가 간 비교연구는 이제까지 전통문화의 전형이라고 할 수 있는 한국과 미국을 대상으로 동양과 서양의 문화적 차이를 설명함으로써 문화외적 요인에 따른 폭 넓은 연구가 진행되지 않았던 것을 본 연구에서는 문화적 특성과 온라인 마케팅 환경적 특성의 관점에서 국가별 군집(clusters) 구조의 전형이라고 할 수 있는 한국·중국·미국 세 국가를 대상으로 정보문화 와 온라인 마케팅 환경 가운데 어떠한 요인이 가장 설명력이 있는지 밝혀냄으로써 전략적 관점에서 실무자들에게 문화 간 인터넷 광고의 집행에 있어서 전세계 소비자를 대상으로 어떠한 광고 캠페인전략을 세워야하는지에 대한 방법을 제시해 주었다.

따라서 문화와 온라인 마케팅 환경이 모두 유사하면 표준화전략을, 문화와 온라인 마케팅 환경이 모두 상이하면 차별화의 가능성이 높다고 볼 수 있다. 또한 전통문화(고상황－저상황, 개인주의－집단주의)는 상이하나 정보문화와 온라인 마케팅 환경이 유사하면 부분 표준화를, 전통문화(고상황－저상황, 개인주의－집단주의)는 유사하나 정보문화와 온라인 마케팅 환경이 상이하면 보다 차별화의 가능성이 높다고 볼 수 있다. 그러나 이 같은 결정은 보편적 기준에 불과하며, 실제 적용에 있어서는 광고관련 요소 즉 정보내용, 표현전략, 소구기법, 인터넷이 지닌 기술적 영역 등과 인터넷 광고의 종류 및 제품 수명주기에 따라 영향을 받게 된다.

  셋째, 본 연구에서는 인터넷 광고의 국가 간 비교연구에 있어서 이제까지 연구되어온 배너 광그 중심에서 벗어나 홈페이지 광고, 배너 광고, 틈입형 광고, 스폰서쉽 광고를 포함한 다양한 인터넷 광고종류별 정보내용과 표현전략의 국가 간 차이점을 측정함으로써 인터넷 광고 종류별 인터넷 광고메시지의 운영방식을 살펴보았다는데 의의가 있다고 할 수 있다. 예컨대 배너 광고와 틈입형 광고의 경우 크기의 제한으로 홈페이지 광고와 스폰서쉽 광고에서처럼 많은 정보와 다양한 표현전략을 사용하고 있지 못한 것으로 나타났으며, 배너 광고와 틈입형 광고는 자사의 웹사이트로 소비자를 유인하기 위한 통로의 역할을 하는 광고로써 소비자들의 관심과 흥미를 끌 수 있는 인센티브, 특별제공, 이벤트 스폰서쉽 같은 정보와 전략을 많이 포함하여 광고를 집행하는 것이 바람직하다고 할 수 있다.

  인터넷의 급속한 양적 성장은 소비자들의 커뮤니케이션 패턴과 문화를 바꾸고 있을 뿐만 아니라 지역적인 커버리지의 제한이 거의 없기 때문에 전 세계의 사람들과 커뮤니케이션이 가능하다는 매체적 특성으로 인터넷은 이제 전 세계 시장의 소비자들을 대상으로 활발한 마케팅 활동을 전거할 수 있는 좋은 매체로 부상하고 있다. 인터넷을 통해 저렴한 비용으로 국제적인 마케팅 활동의 교두보를 효율적으로 마련할 수 있게 된 시점에서 인터넷 광고를 집행하는데 있어서 표준화전략을 사용할 것인지 아니면 지역 현지의 특성에 맞는 차별화전략을 사용할 것인지가 오늘날 다국적 기업과 해외 광고회사가 직면한 현안문제이며 이는 인터넷마케팅의 중요한 전략으로 채택될 수 있을 것이다. 국제광고를 집행하는데 있어서 표준화와 차별화(지역화) 접근방식은 서로 배타적인 것이 아니라 공존의 관계에 있다. 따라서 국제시장을 상대로 인터넷 광고의 기획과 전략을 세울 경우, 각

지역 시장에 어떤 방식으로 접근할 것인지 또 어떤 내용이 제시되어야 할 것인지를 반드시 고려해야 한다.

2. 연구의 한계점 및 향후 연구를 위한 제언

한국·중국·미국 세 국가의 인터넷 광고에 나타난 정보내용, 표현전략 그리고 인터넷 광고의 기술 영역의 차이를 설명하기 위한 개념적 해석 틀로 본 연구가 사용한 인터넷이 지니는 기능적 특성, 정보문화적 특성 그리고 온라인 마케팅 환경적 특성은 인터넷 광고에 대한 중요한 영향력을 지닌 유용한 접근방법인 것으로 확인되었다. 그러나 본 연구는 다음과 같은 한계점을 지니고 있다.

첫째, 본 연구는 정보문화적 특성과 온라인 마케팅 환경적 특성에 따른 한국·중국·미국 세 국가의 인터넷 광고의 정보내용과 표현전략을 인터넷 광고를 종류별로 나누어 그 차이를 살펴보았는데, 인터넷 광고의 정보내용과 표현전략은 제품 유형에 따라서도 차이가 나타날 수 있을 것이며, 제품 유형도 또 하나의 변수로 작용할 것으로 기대된다. 향후 연구에서는 인터넷 광고를 제품 유형별로 나누어 살펴본다면 좀 더 의미 있는 연구가 될 것이다.

둘째, 인터넷 광고에 나타난 정보내용과 표현전략을 분석하기 위해 본 연구에서 사용된 유목들은 그동안 진행되었던 연구의 한계점을 극복하기 위해 전통매체에 사용된 유목들을 그대로 사용하기보다 선행연구들을 검토하여 인터넷 광고에 적합한 유목들과 인터넷 광고의 정보내용을 분석하기 위한 유목들을 함께 고려하여 재구성한 유목들이기는 하지만 아직 체계적으로 정립된 것은 아니다. 따라서 향후 연구에서는 인터넷 광고를 체계적으로 분석하는데 유용한 분석유목을 마련하는 것이 시급하다고 하겠다.

셋째, 국제광고의 비교문화연구가 갖고 있는 제한점으로 표집의 문제를 들 수 있다. 표본선정에 있어 기존 연구의 한계를 극복하기 위해 문화적 특성과 온라인 마케팅 환경적 특성을 함께 고려하여 한국·중국·미국 세 국가의 인터넷 광고를 채택한 것은 의미 있는 선정이라고 할 수 있으나, 비교문화 연구 시 분석 대상 국가의 수를 확대하여 보다 많은 국가의 인터넷 광고를 분석한다면 인터넷 광고와 관련하여 좀 더 신뢰할 만한 연구결과를 도출할 수 있을 것이다.

넷째, 인터넷 광고에 미치는 영향요인과 관련하여 상정한 정보문화와 온라인 마케팅 환경적 특성은 연구자가 선행연구를 검토하여 재구성한 것으로 아직 체계적으로 적립된 것은 아니다. 따라서 본 연구에서 인터넷 광고에 영향을 미치는 요인으로 상정한 정보문화의 도구문화와 규범문화 그리고 온라인 마케팅 환경적 특성의 인터넷 이용자수, 인터넷 쇼핑환경, 인터넷 광고 산업 이외에 인터넷 광고에 영향을 미칠 수 있는 가외변인들을 고려하여 보다 체계적이고 객관적으로 정교화 할 필요가 있다.

광고주와 소비자의 세분화된 욕구, 변화하는 경제여건, 그리고 인터넷 기술의 발달로 인터넷 광고환경은 빠르게 변화하고 있다(Nail, 2000; 홍종필, 2001). 물론 테크놀로지의 발달로 실현된 지구촌 현상으로 국제환경을 둘러싼 오늘날의 시장여건이 문화적 이질성을 극복하고 동질적 여건이 확대됨에 따라 소비자의 욕구가 동질화될 것이며(Levitt, 1983), 그에 따라 광고의 표준화가 점점 가능해진다는 것이다(Mueller, 1987). 그러나 연구결과에서도 살펴보았듯이 한국·중국·미국 세 국가는 인터넷의 기술적 특성, 정보문화 그리고 온라인 마케팅 환경적 특성이 세 국가 사이에 차이를 보이고 있기 때문에 인터넷 광고를 집행하는데 있어서 완전히 표준화된 전략을 사용하는 것은 무리인 듯 하다. 예컨대 유사한 전통문화(고상황-집단주의)를 지닌 한국과 중국의 경우 정보통신 기반구조와 서비스 그리고 정보화 관련 법적, 제도적 환경의 정보문화와 온라인 마케팅 환경의 차이로 인해 인터넷 광고에 나타난 정보내용과 정보성 그리고 표현전략과 다양성에서 커다란 차이를 보이고 있기 때문에 이들을 고려한 광고 캠페인전략을 세우는 것이 바람직하다.

따라서 본 연구에서 새롭게 제시한 정보문화와 온라인 마케팅 환경적 특성에 따른 인터넷 광고의 내용 분석을 통해 한국·중국·미국 세 국가 사이에 어떠한 차이가 존재하는지 비교문화연구를 시도했다는 점에서 본 연구가 시사하는 바가 크다고 할 수 있으며, 또한 국가 간 인터넷 광고를 집행할 경우 한 국가의 문화적 특성과 온라인 마케팅 환경적 특성을 함께 고려한 광고 캠페인전략을 세움으로써 보다 효율적이고 효과적인 캠페인 운용방식을 채택할 수 있을 것으로 기대된다.

참고문헌

1. 국내문헌

공영일(2001), "한국과 중국의 인터넷 시장 및 이용자 비교분석", 『정보통신정책』(제13권 17호), pp.1-15.

김연진(2001), "FCB Grid 및 6분할 메시지전략모델과 적용사례", 『LG애드』, pp.46-51.

김영석(1999), 『사회조사방법론: SPSS WIN 통계분석』, 나남출판사.

김유경(1997), "문화 및 시장거리가 국제광고에 미치는 영향 연구", 『광고연구』(제37호), pp.33-56.

김유경 외(1998), "한국 사회의 정보화 촉진을 위한 커뮤니케이션의 역할", 『정보화시대의 매체정책과 문화정책』, 한국언론학회-한국사회학회 공동세미나, pp.61-102.

김유경, 김은희(2001), "인터넷 광고의 국가 간 비교연구-아시아·태평양지역 7개국을 중심으로-", 『한국방송학보』(가을호, 제15-3), pp.45-86.

김춘식(1998), "정치광고에 영향을 미치는 요인에 관한 비교문화연구", 한국외국어대학교 신문방송학과 박사학위논문.

노규형 외(1988), 『정보문화운동의 전개방향에 관한 연구』, 통신개발연구원, p.21.

박성호(1997), "멀티미디어 온라인 광고의 현황과 발전방향", 『광고연구』(제34호), pp.79-96.

손연기, 한세억(1999), 『정보사회와 정보문화-사회문화정책적 접근과 방향-』, 금왕출판사, pp.36-38.

유진석(2001), "중국 IT산업의 현황과 전망", 삼성경제연구소, pp.1-28.

윤각(1995), "광고매체로서의 뉴미디어에 관한 연구", 『방송연구』(제40호), pp.153-177.

윤선길(2001), 『인터넷과 광고』, 한울아카데미.

윤준수(1998), 『인터넷과 커뮤니케이션 패러다임의 대전환』, 커뮤니케이션북스, pp.127-149.

이두원(1997), "인터넷 홈페이지 광고의 메시지에 대한 분석연구", 『광고연구』(제36호), pp.219-241.

이두희(1997), "인터넷마케팅과 광고", 『광고학 연구』, 8(1), pp.195-214.

이시훈(2000), 『인터넷 광고 효과 모델』, 커뮤니케이션북스.

이현우(1997), "인터넷의 경제적 가치에 대한 연구", 『광고연구』(제35호), pp.33-54.

이현우 외(2001), 『인터넷과 광고』, 한울아카데미, pp.11-25.

임상철(2001), "떠오르는 중국광고시장-중국광고 산업의 오늘", 『광고정보』(2001, 9), pp.7-17.

최영균(2001), "인터렉티브 광고에 있어서 상호작용성이 갖는 의미와 역할", 한국 광고홍보학회 제5회 conference 발표자료집, 한국광고홍보학회, pp.1-18.

최영균(2002), "글로벌 온라인 마케팅 커뮤니케이션 환경", 『글

로벌 마케팅 커뮤니케이션』, 커뮤니케이션북스,
pp.334-346.

최환진, 정보통 공저(2000), 『인터넷 광고 - 이론과 전략』, 나남
출판사, p.83.

한국언론학회 · 한국사회학회(1998), 『정보화시대의 미디어와 문
화』, 세계사, p.71.

한국전산원(2001), 『국가정보화백서』, 한국전산원, pp.531-564.

한국정보문화센타(2000), 『정보문화지수개발 및 측정에 관한 연
구』, 한국정보문화 센터연구보고서(00-01).

한세억, 최두진(1995), 『정보시대의 윤리 및 규범정립에 관한 연
구』, 한국정보문화센터.

한은경(2001), "배너 광고의 클릭에 관한 연구", 『한국방송학보』
(여름호 제15-2호), pp.425-459.

홍종필(2001), "인터넷 동영상 광고의 효과에 관한 연구", 『광고
연구』(제52호), pp.137-161.

2. 외국문헌

Albers-Miller, N. D., & Gelb, B. D.(1996), "Business
Advertising Appeals as a Mirror of Cultural
Dimensions: A Study of Eleven Countries",
Journal of Advertising, 25(4), pp.57-70.

Baker, C., & Gronne, P.(1996), "Advertising on the World
Wide Web", Unpublished Master's Thesis,
Copenhagen Business School.

Berelson, B.(1952), *Content analysis in communication research*, New York: The Free Press of Glencoe, p.18.

Bill, Bishop(1999), *Global Marketing for the Digital Age*, NTC Business Books, pp.130-133.

Cartellieri, C., Parsons, A. J., Rao, V. & Zeisser M. P.(1997), "The Real Impact of Interner Advertising", The Mckinsey Quarterly, 3, pp.45-63.

Choi, Y. K.(2000), "The Relationship between Cultural Variables and the Amount and Type of Information in Korean and US Banner Adver-tisements", 《한국광고학보》(2-1), pp.179-182.

Chung, H. M., & Ahn, E.(1999), "A Content Analysis of Internet Banner Advertising: Focusing on Korean and US Cultural Difference", presented in the advertising division for the Conference of Association for Education in Journalism and Mass Communication in New Orleans, LA, pp.4-7.

De Mooij, M.(1998), *Global Marketing and Advertising: Understanding Cultural Paradoxes*. 김유경, 전성률 공역(1999), 『글로벌시대의 국제광고론』, 나남 출판사.

Dreze, X., & Hussherr, F(1999), "Internet Advertising: Is Anybody Watching?", Working Paper, Department of Marketing, Marshall School of Business, University of Southern California.

Dreze, X., & Zufryden, F(1997), "Testing Web Site Design and Promotional Content", Journal of Advertising

Research, March/April, pp.77-91.

Frazer, C. F.(1983), "Creative Strategy: A Management Perspective", Journal of Advertising.

Giddens, A.(1994), *Socialogy*, 2nd edition, 김미숙 외 역, 『현대사회학』, 을유문화사, p.59.

Gordon, E. Miracle, Kyu Yeol Chang, and Charles R. Taylor(1992), "Culture and Advertising Execution: A Comparison of Selected Characteristics of Korean and US Television Commercial", International Marketing Review.

Gudykunst, W. B., & Nishida, T.(1986), "Attributional Confidence in Low-and High-Context Cultures", Human Communication Research, 12, pp.525-549(Liren Benjamin Zeng, 2000, pp.36-47 재인용).

Gudykunst, W. B., Gao, G., Schmidt, K. L., Nishida, T., Bond, M. H., Leung, K., Wang, G., & Barraclough, R. A.(1992), "The Influence of Individualism-Collectivism, Self-monitoring and Predicted-outcome Value on Communication in Ingroup and Outgroup Relation-ships", Journal of Cross Cultural Psychology 23(2), pp.196-213(Liren Benjamin Zeng, 2000. pp.36-47 재인용).

Hall Edward T.(1976), *Beyond Culture*, Garden City, NY: Anchor Press/Doubleday.

Hall Edward T.(1984), *The Dance of Life: The Other Dimension of Time*, Garden City. NY: Anchor Press/Double day.(Zandpour et al, 1994 재인용)

Hanmill, J.(1997), "The Internet and International Marketing", International Marketing Review, 14(5), pp.300-323.

Hoffman, D., & Novak, T. P.(1996), "Marketing in Hypermedia Computer-Mediated Environments: Conceptual Foundations", Journal of Marketing, 60(3), p55.

Hofstede, G.(1984), *Culture's Consequence: International Difference in Work-Related Values*, Beverly Hills, CA: Sage Publication, Inc.

Hofstede, G.(1991), *Cultures and Organizations: Software of the Mind*, New York: McGraw-Hill.

Hong Jae W., Aydin Muderrisoglu., & George Zink- han.(1987), "Cultural differences and advertising expression: A Comparative analysis of Japanese and US Magazine Advertisements", Journal of Advertising, 16(1), pp.55-62.

Holsti, Ole R.(1981), "Content Analysis: An Introduction", in M. Janowitz & P. Hirsch, eds., *Reader in Public Opinion and Mass Communication*, 3rd ed, NY: Free Press, p.227.

John R. Rossiter, & Steven Bellman(1999), "A Proposed Model for Explaining and Measuring Web Ad Effectiveness", Journal of Current Issues and Research in Advertising, 21(1), pp.13-15.

Karson, E. J.(1998), "Internet Advertising: New Media, New Models?", UMI Dissertation.

Kassarjian, Harold H.(1977), "Content Analysis in Consumer Research", Journal of Consumer Research, 4, June, pp.8-18.

Keegan, W. J.(1989), *Global Marketing Management*, Englewood Cliffs, NJ: Prentice-Hall, p.15.

Kerlinger, F.(1986), *Foundations of behavioral research*(3rd ed.), New York: Holt, Rinehart & Winston.

Kim, Y. K.(1996), "The Impact of Cultural and Market Distance on International Advertising: A Content Analysis of Magazine Advertising From US, Japan and Korea", Unpublished Doctoral Dissertation, Syracuse University.

Krippendorf, K.(1980), *Content analysis· An introduction to its methodology*, Beverly Hills, CA: Sage.

Kuen-Hee Ju-Pak(1999), "Content dimension of Web advertising: across-national comparison", International Journal of Advertising, 18(2), pp.209-210.

Laskey, H. A.(1988), "Television Commercial Effectiveness as a Function of Main Messages and Commercial Structure", Unpublished Doctoral Dissertation.

Laskey, H. A., Day, E., & Crask, M. R.(1989), "Typology of Main Message Strategies for Television Commercials", Journal of Advertising, 18(1), pp.36-42.

Laskey, H. A., & Crask, M. R.(1990), "A Positioning Based Decision Model for Selecting Advertising Message", Journal of Advertising Research.

Levitt, T.(1983), "*The Globalization of Markets*", Harvard Business Review, 61(3), pp.92-102.

Liren Benjamin Zeng(2000), "Globalization and Its Impact on Media in China: A Comparative Semiotic Content Analysis of Visual Representation in Chinese and US Magazine Advertisements 1979-1998", Unpublished Doctoral Dissertation.

Lin, C. A.(1993), "Cultural Difference in Message Strategies: A Comparison between American and Japanese TV Commercials", Journal of Advertising Research, pp.40-48.

Madden Charles, Marjorie Caballero, & Nhinya Masukubo(1986), "Analysis of Information Content in US and Japanese Magazine Advertisers", Journal of Advertising, 15(3), pp.38-45.

Maddox, L. M., & Mehta, D.(1997), "The role and effect of Web addresses in advertising", Journal of Advertising Research, 37(2), pp.47-59.

Manrai, L. A., Broach, V. C., & Manrai, A. K.(1992), "Advertising Appeal and Tone: Implications for Creative Strategy in Television Commercials", Journal of Business Research, 25, pp.43-58.

McDonald, S. C.(1997), "The Once and Future Web: Scenarios for Advertisers", Journal of Advertising Research, 37(2), pp.21-28.

Muller, B.(1987), "Multinational Advertising: An examination of standardization and specialization in commercial messages", UMI Dissertation, p.56.

Muller, B.(1987), "Reflection Culture: An Analysis of Japanese and American Advertising Appeals", Journal of Advertising Research, pp.51-59.

Muller, B.(1992), "Standardization vs. Specialization: An Examination of Westernization in Japanese Advertising", Journal of Advertising Research, January/February.

Nail, J., Charron, C. & Parr, J.(2000), "Hard Times Mesuscitate Rich Media Ads", The Forrester Brief, December 15, Forrester Research.

Oh, K. W., & Cho, C. H.(1999), "A Comparative Analysis of Korean and U. S. Web Advertising", Paper to be presented to 1999 Annual Conference American Academy of Advertising Albuquerque, New Mexico, http://www.ciacvertising.org/.

O'Keefe, R. M., & Cole, M.(2000), "From the User Interface to the Consumer Interface: Results from a Global Experiment", International Journal of Human-Computer Studies, 53, pp 611-628.

Pierre Berthon, Leyland F. Pitt, & Richard T. Watson (1996), "The World Wide as an advertising Medium: Toward an Understanding of Conversion Efficiency", Journal of Advertising Research, 36(1), pp.43-44.

Ramaprasad, J., & Hasegawa, K.(1992), "Creative Strategies in American of Westernization in Japanese Advertising", Journal of Advertising Research, pp.59-67.

Rebecca, B. Rubin(1992), "A Cross-Cultural Examination of Interpersonal Communication Motives in Mexico and the United States", International Journal of

Intercultural Relations, 16(2), pp.145-157.

Resnik, A., & Stern, B. L.(1977), "An Analysis of Information Content in Television Advertising", Journal of Marketing, 41(1), pp.50-53.

Robbin, Zeff & Brad, Aronson(1999), *Advertising on the Internet*, John Wiley & Sons, Inc: Wiley Computer Publishing, p.50.

Samiee, S., & Jeong, I.(1994), "Cross-cultural Research in Advertising: An Assessment of Methodologies", Journal of the Academy of Marketing Science, 22(3), pp.205-217.

Simon, Julian L.(1971), *The Management of Advertising*, Englewood Cliffs, NJ: Prentice Hall.

Schultz, D. E., & Kitchen, P. J. (2000), *Communicating Globally: An Integrated Marketing Approach*, Lincolnwood, IL: NTC Business Books.

Synodinos, N. E., Keown, C. F., & Jacobs, L. W.(1989), "Transnational Advertising Practices: A Survey of Leading Brand Advertiser in Fifteen Countries", Journal of Advertising Research, 29(2), pp.43-50.

Taylor, C. R., Miracle, G. E., & Chang, K. Y.(1994), "The Difficulty of Standardizing International Advertising: Some Propositions and Evidence from Japanese, Korean, and U. S. Television Advertising." In: B. G. English(ed.), Global and Multinational Advertising, pp.171-191.

Thomsen, M. D.(1996), "Advertising on the Internet",

Unpublished Master's Thesis, University of Westminster.

Trevino, L. K., Lengel, R. H., Bodensteiner, W., Gerloff, E. & Muir, N(1990), "The Richness Imperative and Cognitive Style", Management Communication Quarterly, 4, pp.176-197.

Weber, R. P.(1990), *Basic content analysis*(2ed ed.), Newbury Park, CA: Sage.

Weinberg Marc & Harlan Spotts(1989), "Humor in US vs. UK TV Commercials: A Comparison", Journal of Advertising, 18, pp.39-44.

Wenyu Dou, Randy Linn & Sixian Yang(2001), "How Smart Are 'Smart Banner'?", Journal of Advertising Research, 41(4), p.31.

Wheeler, David R.(1988), "Content Analysis: An Analytical Technique for International Marketing Research", International Marketing Review, 5(4), Winter, pp.34-40.

Zandpour, F., Jiang, S., Cho, Y. D., Catalno, J., Chang, C., Scheidler, H., Hoobyar, R., Campos, V., Madrid, S., & Titus, S.(1994), "Global Reach and Local Touch: Achieving Cultural Fitness in TV Advertising", Journal of Advertising Research, pp.35-63.

Zandpour, F., & Harich, K. R.(1996), "Think and Feel Country Clusters: A New Approach to International Advertising Standardization", International Journal of Advertising, 15, pp.325-344.

http://www.c-i-a.com/

http://www.doubleclickkorea.net/

http://www.i-biznet.com/

http://korea.internet.com/

http://www.nic.or.kr/

http://www.foreignpolicy.com/

http://www.gartnerg2.com/

http://www.cnnic.co.cn/(중국인터넷정보센터)

<부록 1>

코딩 용지

1. 일련번호(ID):
2. 국가: 1) 한국   2) 중국   3) 미국
3. 광고종류: 1) 홈페이지 광고   2) 배너 광고
             3) 틈입형 광고   4) 스폰서쉽 광고

* 각각의 사항에 해당하지 않으면 0, 해당하면 1로 표시하시오.

4. 정보내용(Information cue)

  4-1. Brand identification content node:
      브랜드 이름, 회사이름 또는 로고(logo)를 포함하고 있는
      가. ( )
  4-2. Category content node:
      브랜드가 속한 제품의 카테고리를 나타내고 있는가. ( )
  4-3. Attribute content node:
      브랜드가 제공하는 명백한 보상(incentive)을 제시하고 있
      는가. ( )
  4-4. Target audience content node:
      의도된 소비자 또는 이용자를 나타내고 있는가. ( )

4-5. Purchase instruction content node:

제품 또는 서비스를 어떻게 구매하는가에 대한 정보를 포함하고 있는가. ( )

4-6. 가격/가치(Price/value): 제품의 구매가격. ( )

4-7. 품질(Quality): 다른 제품과 구별되는 그 제품만이 가지고 있는 독특하고 특이한 구체적 특성(수공, 기술, 내구성, 재료의 우수성, 구조적 우수성, 개별적 우수성). ( )

4-8. 성능(Performance): 제품이용에 따른 결과에 관련된 정보로 제품의 기능, 대체 제품과 비교 설계된 특징, 제품의 품질을 자세하게 설명한 것. ( )

4-9. 성분/내용(Component/content): 제품의 구성내용이나 제조방법 등을 구체적으로 표현한 것. ( )

4-10. 특별제공(Special offers): 제품구매에 특별하게 부가되는 것. 제한된 기간 동안에 특별 이용으로 얻을 수 있는 것으로 할인판매, 사은품 증정 등과 같은 특별 이벤트와 관련된 정보. ( )

4-11. 보증(Guarantee/warranty): 제품에 관한 품질보증, 애프터서비스, 소비자 상담을 말함. 고객이 제품에 대해 만족하지 않거나 문제가 발생했을 때, 환불을 포함한 별도의 조치에 관련된 내용. ( )

4-12. 안전성(Safety): 제품의 사용으로 보장되는 안전성. 안전에 관련된 정보로 대체선택과 비교하여 특정 제품에 관련된 안전 특성. ( )

4-13. 독립기관의 조사(Independent research): 자사와 관련되지 않는 조사회사에 의한 조사 결과로 고객 또는 특정 조직을 대

상으로 한 테스트의 객관적 결과에 대한 정보. ( )

4-14. 새로운 아이디어(New idea): 독창성(new concept)과 그
　　　에 따른 이득. 새로운 컨셉을 소개하는 것으로 새로운
　　　아이디어 장점을 표현하거나, 기존 제품을 이용하는데
　　　있어 새로운 방법에 대한 소개. ( )

4-15. 이벤트 스폰서쉽(Event sponsorship): 경품대회를 포함한
　　　모든 이벤트, 선물제공. ( )

4-16. 정보내용의 정보성 합 ( ).

5. 표현전략(Creative Strategy)

5-1. 정보(Information): 설명이나 논증이 아닌 제품에 관련된
　　　뉴스로 있는 그대로의 사실을 표현. ( )

5-2. 논증(Argument): 제품 이용의 명분을 표현하는 논리적인
　　　카피로 제품 이용을 사실과 관련시켜 설명(제품의 구매
　　　동기 유인이나 이유 등을 묘사함). 소비자에게 제품의 기
　　　능과 관련된 속성의 우위적 요소를 강조함. ( )

5-3. 심리적 소구(motivation with psychological appeal): 제품 이
　　　용으로 얻을 수 있는 고객 혜택에 대한 명백한 표현으로,
　　　이용욕구를 창출하는 감정적 돋기 유발에 관한 소구. 제품
　　　에 관한 대소비자 소구에 있어 정보위주의 이성적인 접근보
　　　다 감성, 만족감 등의 심리적 효용에 소구함. ( )

5-4. 구매유인(Habit-starting): 소비자가 제품을 정규적으로 이
　　　용하도록 샘플제공 또는 가격을 낮춤으로써 "구매 고객"
　　　으로 유인하는 표현전략. ( )

5-5. 브랜드 친숙(brand familiarization): 친화적이며 우호적인 카피를 사용하여, 제품과의 신뢰관계를 돈독히 하기 위해 사용하는 표현방법. 제품의 특징보다는 브랜드 네임을 소비자에게 친숙하게 각인시키거나 상기시키는 전략. 브랜드 네임을 기억시키기 위해서는 브랜드의 의미를 소비자가 정교화 할 수 있도록 배려하는 것이 필요하다. 주로 기업광고나 브랜드를 알리기 위한 이미지제고전략. 예컨대, '여러분의 삼성이 여기에 ……', 'Mild Seven을 잊으셨나요', '파로마', '2% 부족할 때' 등. ( )

5-6. 사은전략(Obligation): 정보나 사은품을 무료로 제공하여 소비자로 하여금 만족을 얻게 하는 전략. ( )

5-7. 일반적 편익소구전략(Generic strategy): 특별한 제품의 우수한 특성을 강조하지 않고 제품의 일반적인 특징이나 편익을 전달. 새로운 범주의 신제품을 소개 시 사용. 예컨대, 숙취해소에 '컨디션'. ( )

5-8. 선제공격적(pre-emptive)전략: 제품이나 서비스의 배타적 우수성을 포괄적으로 주장. 자사의 기술적 경쟁우위가 있으며 경쟁사가 쉽게 모방할 수 없을 때 적합하다. 예컨대, '반도체 잘 만드는 회사가 PC도 잘 만듭니다(삼성)'. ( )

5-9. 제품의 특장점(USP) 소구전략: 단 하나의 중요한 제품의 특장점을 집중적으로 소구. 제품수명주기상의 도입기나 성장기에 일반적으로 많이 사용하며, 특장점이 소비자에게 중요한 의미를 가질 때 효과적임.
예컨대, '8줄의 러브레터 LG 싸이언'. ( )

5-10. 과장광고(hyperbole): 소수의 편익이나 한 가지의 편익을

극단적으로 과장해서 소비자에게 쉽게 전달하는 전략. 소
비자의 주의를 끌 수 있고 홍미를 유발하는 소구전략. 예
컨대, '삶은 효과, 퍼펙트 하나로, 앗 뜨거!'. ( )

5-11. 공명(resonance)전략: 강하게 제품을 팔고자 하는 관점에
서 벗어나 애매모호함이나 유머, 기타의 방법을 통해 소
비자의정서를 자극하거나 일시적으로 관여수준을 증가시
키는 전략. 직접적인 설득이라기보다 간접적이며 장기적
인 관점에서 소비자를 서서히 메시지에 젖게 만드는 전
략. 예컨대, '여자라서 행복해요. 디오스', '꼭 011이 아니
어도 좋습니다'. ( )

5-12. 포지셔닝(positioning)전략: 소비자의 마음에서 경쟁사에 비
해 유리한 인식의 고지를 점령하기 위한 전략. 성숙기에
접어들어 제품의 차이가 경미해져도 한번 확립된 소비자의
인식은 변하지 않는다. 따라서 제품차별화가 어려울 때 브
랜드의 이미지를 차별화하여 소비자에게 지각된 품질
(perceived quality)감을 높이는 전략.
예컨대, '슈퍼용 화장품, 식물나라'. ( )

5-13. 정서소구전략(affective strategy): 제품의 특징이나 기능을
말하지 않고 특정 브랜드와 '사랑', '희망', '자유', '카리스
마', '정'과 같은 호의적인 정서를 연결시켜, 브랜드를 회상
하면 이와 연결된 정서를 연상시키는 전략. 예컨대, 쵸코
파이 '정', 경동보일러 '효', '돈 주고 살 수 없는 감동의 순
간, 마스터 카드와 함께 합니다' 등. ( )

5-14. 표현전략의 다양성 합. ( )

6. 기술적 관점(Technical operation)

6-1. 길이(Length) ( )

　　1) 1페이지 미만　　2) 1-2페이지　　3) 3페이지 이상

6-2. 카피형태(Copy format) ( )

　　1) t ext-heavy　2) text-visual balance　3) text-limited

6-3. 멀티미디어 사용(Multimedia use)

　　1) text-only

　　2) text and photo/illustration

　　3) text and sound and/or video

6-4. 상호작용성

　　main/first페이지(광고메뉴 이외의 초기화면)에서 상호작용
　　(hyperlinks/clickable) 할 수 있는 아이템의 수 ( )

　　1) 없음　　2) 1-5개　　3) 6개 이상

6-5. 광고메뉴에서 상호작용(hyperlinks/clickable) 할 수 있는 아
　　이템의 수 ( )

　　1) 없음　　2) 1-5개　　3) 6개 이상

〈부록 2〉

코딩 지침서

Q1. **일련번호(ID)**: 분석대상 광고의 일련번호를 코딩한다.

Q2. **국가**: 광고물이 어느 국가의 것인지 확인하고 해당번호를 코딩한다.

Q3. **광고종류**: 광고물이 어떤 종류의 광고인지 확인하고 해당번호를 코딩한다.

Part Ⅰ. 정보내용(Information cue)

Q4~Q18은 해당내용을 포함하고 있지 않으면 "0", 포함하고 있으면 "1"로 코딩한다.

Q4. 브랜드이름: 브랜드 이름, 회사이름 또는 로고(logo)를 포함하고 있는가.

Q5. 카테고리: 브랜드가 속한 제품의 카테고리를 나타내고 있는가.

Q6. 보상: 브랜드가 제공하는 명백한 보상(incentive)을 제시하고 있는가.

Q7. 목표소비자: 의도된 소비자 또는 이용자를 나타내고 있는가.

Q8. 구매정보: 제품 또는 서비스를 어떻게 구매하는가에 대한 정보를 포함하고 있는가.

Q9. 가격/가치: 제품의 구매가격.

Q10. 품질: 다른 제품과 구별되는 그 제품만이 가지고 있는 독특하고 특이한 구체적 특성(수공, 기술, 내구성, 재료의 우수성, 구조적 우수성, 개별적 우수성.

Q11. 성능: 제품이용에 따른 결과에 관련된 정보로 제품의 기능, 대체 제품과 비교 설계된 특징, 제품의 품질을 자세하게 설명한 것.

Q12. 성분/내용: 제품의 구성내용이나 제조방법 등을 구체적으로 표현한 것.

Q13. 특별제공: 제품구매에 특별하게 부가되는 것. 제한된 기간 동안에 특별 이용으로 얻을 수 있는 것으로 할인판매, 사은품 증정 등과 같은 특별 이벤트와 관련된 정보.

Q14. 보증: 제품에 관한 품질보증, 애프터서비스, 소비자 상담을 말함. 고객이 제품에 대해 만족하지 않거나 문제가 발생했을 때, 환불을 포함한 별도의 조치에 관련된 내용.

Q15. 안전성: 제품의 사용으로 보장되는 안전성. 안전에 관련된 정보로 대체선택과 비교하여 특정 제품에 관련된 안전 특성.

Q16. 독립기관의 조사: 자사와 관련되지 않는 조사회사에 의한 조사 결과로 고객 또는 특정 조직을 대상으로 한 테스트의 객관적 결과에 대한 정보.

Q17. 새로운 아이디어: 독창성(new concept)과 그에 따른 이득. 새로운 컨셉을 소개하는 것으로 새로운 아이디어 장점을 표현하거나, 기존 제품을 이용하는 데 있어 새로운

방법에 대한 소개.

Q18. 이벤트 스폰서쉽: 경품대회를 포함한 모든 이벤트, 선물
제공.

Q19. 정보성은 광고물에 포함된 정보단서의 합을 코딩한다.

Part Ⅱ. 표현전략(Creative Strategy)

Q20~Q32는 해당내용을 포함하고 있지 않으면 "0", 포함하고
있으면 "1"로 코딩한다.

Q20. 정보: 설명이나 논증이 아닌 제품에 관련된 뉴스로 있
는 그대로의 사실을 표현.

Q21. 논증: 제품 이용의 명분을 표현하는 논리적인 카피로
제품 이용을 사실과 관련시켜 설명(제품의 구매동기 유
인이나 이유 등을 묘사함). 소비자에게 제품의 기능과
관련된 속성의 우위적 요소를 강조함.

Q22. 심리적 소구: 제품 이용으로 얻을 수 있는 고객 혜택에
대한 명백한 표현으로, 이용욕구를 창출하는 감정적 동
기 유발에 관한 소구. 제품에 관한 대소비자 소구에 있
어 정보위주의 이성적인 접근보다 감성, 만족감 등의 심
리적 효용에 소구함.

Q23. 구매유인: 소비자가 제품을 정규적으로 이용하도록 샘
플제공 또는 가격을 낮춤으로써 "구매 고객"으로 유인
하는 표현전략.

Q24. 브랜드 친숙: 친화적이며 우호적인 카피를 사용하여, 제

품과의 신뢰관계를 돈독히 하기 위해 사용하는 표현방법. 제품의 특징보다는 브랜드 네임을 소비자에게 친숙하게 각인 시키거나 상기시키는 전략. 브랜드 네임을 기억시키기 위해서는 브랜드의 의미를 소비자가 정교화 할 수 있도록 배려하는 것이 필요하다. 주로 기업광고나 브랜드를 알리기 위한 이미지제고전략. 예컨대, '여러분의 삼성이 여기에 ……', 'Mild Seven을 잊으셨나요', '파로마', '2% 부족할 때' 등.

Q25. 사은전략: 정보나 사은품을 무료로 제공하여 소비자로 하여금 만족을 얻게 하는 전략.

Q26. 일반적 편익소구전략: 특별한 제품의 우수한 특성을 강조하지 않고 제품의 일반적인 특징이나 편익을 전달. 새로운 범주의 신제품을 소개 시 사용. 예컨대, 숙취해소에 '컨디션'.

Q27. 선제공격적전략: 제품이나 서비스의 배타적 우수성을 포괄적으로 주장. 자사의 기술적 경쟁우위가 있으며 경쟁사가 쉽게 모방할 수 없을 때 적합하다. 예컨대, '반도체 잘 만드는 회사가 PC도 잘 만듭니다(삼성)'.

Q28. 제품의 특장점소구전략: 단 하나의 중요한 제품의 특장점을 집중적으로 소구. 제품수명주기상의 도입기나 성장기에 일반적으로 많이 사용하며, 특장점이 소비자에게 중요한 의미를 가질 때 효과적임.
예컨대, '8줄의 러브레터 LG 싸이언'.

Q29. 과장광고: 소수의 편익이나 한 가지의 편익을 극단적으

로 과장해서 소비자에게 쉽게 전달하는 전략. 소비자의 주의를 끌 수 있고 흥미를 유발하는 소구전략. 예컨대, '삶은 효과, 퍼펙트 하나로, 앗 뜨거!'.

Q30. 공명전략: 강하게 제품을 팔고자 하는 관점에서 벗어나 애매모호함이나 유머, 기타의 방법을 통해 소비자의 정서를 자극하거나 일시적으로 관여수준을 증가시키는 전략. 직접적인 설득이라기보다 간접적이며 장기적인 관점에서 소비자를 서서히 메시지에 젖게 만드는 전략. 예컨대, '여자라서 행복해요. 디오스', '꼭 011이 아니어도 좋습니다'.

Q31. 포지셔닝전략: 소비자의 마음에서 경쟁사에 비해 유리한 인식의 고지를 점령하기 위한 전략. 성숙기에 접어들어 제품의 차이가 경미해져도 한번 확립된 소비자의 인식은 변하지 않는다. 따라서 제품 차별화가 어려울 때 브랜드의 이미지를 차별화하여 소비자에게 지각된 품질(perceived quality)감을 높이는 전략. 예컨대, '슈퍼용 화장품, 식물나라'.

Q32. 정서소구전략: 제품의 특징이나 기능을 말하지 않고, 특정 브랜드와 '사랑', '희망', '자유', '카리스마', '정'과 같은 호의적인 정서를 연결시켜, 브랜드를 회상하면 이와 연결된 정서를 연상시키는 전략. 예컨대, 쵸코파이 '정', 경동보일러 '효', '돈 주고 살 수 없는 감동의 순간, 마스터카드와 함께 합니다' 등.

Q33. 표현전략의 다양성은 광고물에 포함된 표현전략의 합을

코딩한다.

Part Ⅲ. 기술적 관점(Technical operation)

Q34. 광고의 길이를 확인하고 해당번호를 코딩한다.

1) 1페이지 미만   2) 1-2페이지   3) 3페이지 이상

Q35. 광고의 카피형태를 확인하고 해당번호를 코딩한다.

1) text-heavy   2) text-visual balance   3) text-limited

Q36. 광고에 사용된 멀티미디어를 확인하고 해당번호를 코딩한다.

1) text-only

2) text and photo/illustration

3) text and sound and/or video

Q37. 광고의 main/first페이지(광고메뉴 이외의 초기화면)에서 상호작용(hyperlinks/clickable) 할 수 있는 아이템의 수가 몇 개인지 확인하고 해당번호를 코딩한다.

1) 없음   2) 1-5개   3) 6개 이상

Q38. 광고메뉴에서 상호작용(hyperlinks/clickable) 할 수 있는 아이템의 수가 몇 개인지 확인하고 해당번호를 코딩한다.

1) 없음   2) 1-5개   3) 6개 이상

〈부록 3〉

표본 수집을 위해 사용된 모집단의 웹사이트 목록

한　국	중　국	미　국
daum.net	hinet.net	yahoo.com
kr.yahoo.com	sohu.com	msn.com
naver.com	cnet.com	google.com
dreamwiz.com	sina.com	passport.com
hanmir.com	17173.com	alexa.com
lycos.co.kr	8u8.com	microsoft.com
netian.com	51.net	ebay.com
chollin.net	lycos.com.cn	go.com
hananet.net	legendofmir.com.cn	amazon.com
empas.com	baidu.com	aol.com
hihom.com	chinamp3.com	gator.com
bugsmusic.co.kr	mir2.com.cn	hotmail.com
mediakernel.com	mypcera.com	cnn.com
com.ne.kr	psky.com	lycos.com
freechal.com	yimg.com	msnbc.com
msn.co.kr	6to23.com	altavista.com
superboard.com	y365.com	com.com
auction.co.kr	ca.gov	excite.com
imbc.com	boxup.com	kinghost.com
chosun.com	24cc.com	netscape.com
kbs.co.kr	cctv.com.cn	webshots.com
new21.com	people.com.cn	iwon.com
netmarble.net	bjradio.com.cn	smutserver.com
dreamx.net	xinhuanet.com	doubleclick.net
hankooki.com	CRIonlinecri.com.cn//english.cri.com.cn	overture.com
simmani.com	china.com.cn	x10.com
cafe24.com	cnradio.com.cn	real.com
sbs.co.kr	gmw.com.cn	mapquest.com
sayclub.com	southon.com	ask.com
maxmp3.co.kr	beijingnews.com.cn	archive.org
mycgi.co.kr	eastday.com	pogo.com
i-soccer.co.kr	china.com	windowsmedia.com
megapass.net	chinadns.com	nytimes.com

표본 수집을 위해 사용된 모집단의 웹사이트 목록

한 국	중 국	미 국
sportsseoul.com	sina.com.cn	neopets.com
joins.com	163.com	weather.com
x-y.net	ccw.com.cn	monster.com
netsgo.com	tom.com	sportsline.com
buddybuddy.co.kr	fm365.com	match.com
doubleclickkorea.net	tencert.com	attbi.com
donaga.com	yn.chinfo.net	about.com
korea.com	cnco.org	cometsystems.com
hitel.net	tjip.net	freeserve.com
hompy.com	sdinfo.net	expedia.com
stoo.com	hd.cninfo.net	barbie.com
iloveschool.co.kr	tibetinfo.com.cn	ezboard.com
nexon.com	qh.cninfo.net	adultfriendfinder.com
easynara.co.kr	whaic.com	new.net
dearyou.com	263.net	infospace.com
imufe.com	21cn.com	hp.com
cgiworld.net	ccidnet.com	cnet.com
sportschosun.net	cjol.com	cartoonnetwork.com
damoim.net	online.sh.cn	shockwave.com
nate.com	netbig.com	usatoday.com
edunet4u.net	999.com.cn	imdb.com
weppy.com	elong.com	nexon.com
crazyarcade.com	nm.cninfo.net	orbitz.com
okcashbag.com	hi.cnifo.net	nfl.com
mtrack.co.kr	oline.ha.cn	macromedia.com
shinbiro.co.kr	hk.hi.cn	voyeurweb.com
lgeshop.com	xaoline.com	washingtonpost.com
samsungcard.com	ganet.com	travelocity.com
hani.co.kr	inhe.net	adobe.com
lotte.com	sc.cninfo.net	realtor.com
hantime.com	TIFO.COM	cj.com
hot.co.kr	chinabyte.com	marketwatch.com
inerpark.com	cn99.com	dogpile.com

표본 수집을 위해 사용된 모집단의 웹사이트 목록

한 국	중 국	미 국
magicn.com	jsinfo.net	bellsouth.net
kookmincard.co.kr	online.jx.cn	rediff.com
011e-station.com	stockstar.com	bankofamerica.com
ggame.net	2118.com.cn	freeservers.com
lgcard.com	runsky.com	mcafee.com
hncdworld.com	zhaopin.com	classmates.com
kookmin.co.kr	51jop.com	alltheweb.com
metro.seoul.kr	ycwb.com	rr.com
gowww.net	MEGAJOY.COM	ancestry.com
sun.ac.kr	isjh.org	netsol.com
barunson.com	scol.com.cn	looksmart.com
nalsee.com	telecom.sn.cn	citysearch.com
bccard.com	chinaren.com	hotjobs.com
nanghyup.com	yahoo.com	matchmaker.com
mytripod.co.kr	microsoft.com	mail.com
kornet.net	etang.com	symantec.com
nartbox.com	myrice.com	superpages.com
maxmovie.com	msn.com	mlb.com
cjmall.com		craigslist.org
ktf.com		asiafriendfinder.com
muzcast.com		careerbuilder.com
x2game.com		ibm.com
dacom.co.kr		foxnews.com
skdtod.com		ups.com
infomail.co.kr		register.com
byulnow.com		ebaymotors.com
dawars.com		travelzoo.com
		bravenet.com
		cleanadulthost.com
		nick.com

• 저자 •

• 김은희　•약　력•
　金恩姬　　청주대학교 사회과학대학 신문방송학과 졸업
　　　　　　청주대학교 대학원 신문방송학 전공
　　　　　　한국외국어대학교 대학원 신문방송학과 광고전공(광고학박사)

　　　•주요저서•
　　　「디지털 거리가 인터넷 광고에 미치는 영향에 관한 연구」
　　　「한국 근대 소비문화 변천사 연구 :
　　　　근대 신문광고(1886~1949)에 나타난 소비가치체계를 중심으로」
　　　「한, 중, 미 홈페이지 광고의 표현전략에 관한 연구」
　　　「인터넷 광고의 표현전략에 관한 비교연구」
　　　「한, 중, 미 홈페이지 광고의 정보내용에 관한 연구 :
　　　　정보문화와 인터넷 환경요인을 중심으로」
　　　「인터넷 광고의 내용분석을 통한 국가간 비교연구 :
　　　　아시아-태평양지역 7개국을 중심으로」
　　　외 다수

본 도서는 한국학술정보(주)와 저작자 간에 전송권 및 출판권 계약이 체결된 도서로서, 당사와의 계약에 의해 이 도서를 구매한 도서관은 대학(동일 캠퍼스) 내에서 정당한 이용권자(재적학생 및 교직원)에게 전송할 수 있는 권리를 보유하게 됩니다. 그러나 다른 지역으로의 전송과 정당한 이용권자 이외의 이용은 금지되어 있습니다.

인터넷 광고와 문화

• 초판 인쇄	2005년 9월 20일
• 초판 발행	2005년 9월 25일
• 지 은 이	김은희
• 펴 낸 이	채종준
• 펴 낸 곳	한국학술정보㈜
	경기도 파주시 교하읍 문발리 526-2
	파주출판문화정보산업단지
	전화 031) 908-3181(대표) · 팩스 031) 908-3189
	홈페이지 http://www.kstudy.com
	e-mail(e-Book사업부) ebook@kstudy.com
• 등　　록	제일산-115호(2000. 6. 19)
• 가　　격	18,000원

ISBN　89-534-4058-0 93070 (Paper Book)
　　　　89-534-4059-9 98070 (e-Bock)